# AUTOUR DE 1300

# NICO H.J. VAN DEN BOOGAARD

# AUTOUR DE 1300

*Etudes de philologie et de littérature médiévales*

**recueillies par**

*Sorin Alexandrescu*
*Fernand Drijkoningen*
*Willem Noomen*

**Avec une préface de**
*Paul Zumthor*

AMSTERDAM 1985

# FAUX TITRE 21

Traductions et rédaction technique: Jean-Pierre Kent
Impression: Henk van den Boogaard

ISBN: 90-6203-518-3
©Editions Rodopi B.V., Amsterdam 1985
Printed in The Netherlands

Nico H.J. van den Boogaard
1938 - 1982

# Table des matières

# Préface

C'est avec un étrange sentiment que j'écris ces quelques mots en tête d'un tel volume: comme si le temps passait à contre-courant de la vie et des années que nous prenons... Nico van den Boogaard fut, dans un passé encore presque proche, mon étudiant, mon collaborateur, mon très jeune collègue; et me voici, moi qui deviens pas à pas un vieillard, inaugurant le recueil posthume de ses articles, rassemblés par ceux qui lui survivent. C'est d'un homme qui parvenait – après une jeunesse riche déjà d'expérience – à sa pleine maturité que nous publions ici les études dispersées en diverses revues. Ces textes témoignent à la fois de ce qu'en si peu d'années il nous apporta et, je le pense, de ce que nous lui aurions dû s'il avait poursuivi sa carrière.

Je ne puis m'interdire de mettre dans ces phrases une touche personnelle: dès sa première année d'université je fus le professeur de Nico; je présidai successivement tous les jurys d'examen devant lesquels il eut à fournir les preuves de sa compétence; j'eus la chance de l'avoir durant plusieurs années comme assistant, puis comme maître de conférences; et, quand je quittai l'Europe, je n'eus pas de peine à convaincre la Faculté qu'il était digne du titulariat. A ce titre, il devint dès 1971, à trente-deux ans, mon successeur et prit possession du bureau qui avait été longtemps le mien dans le bel hôtel baroque où était logé l'Institut de Romanistique de l'Université d'Amsterdam. Ce quart de siècle de coexistence et de collaboration m'avait lié à lui comme on peut l'être à un jeune frère. Nos relations restèrent toujours très amicales, avec la plus grande discrétion. D'une nature ouverte et franche, Nico cultivait de lui-même une certaine image: détendu, tourné vers le monde, maître de soi, bon administrateur. Il m'arriva de penser qu'au-dessous néanmoins de cette surface s'étendaient des profondeurs plus anxieuses. Cet homme fort pressentait-il inconsciemment son destin?

Confiant dans la générosité de sa nature, et soucieux de ne pas infléchir ses propres tendances intellectuelles, je me suis toujours gardé d'exercer sur son activité ce qu'on nomme une influence. Il m'arriva de lui suggérer un objet d'étude: ce fut le cas pour sa thèse de doctorat, à une époque où les refrains de la poésie des trouvères faisaient, dans mes recherches, problème. Mais alors même Nico sut définir et traiter ce problème en termes qui ne devaient rien qu'à la conception personnelle des textes, qui l'habitait, supportée par une remarquable maîtrise des techniques philologiques: qualité que mit ultérieurement en haute valeur sa collaboration à la grande édition des fabliaux. Par un effet de distanciation que permet la lecture d'un livre clos sur lui-même (mieux que de brefs articles), celui-ci provoque ainsi en moi une sorte de révélation: celle de la diversité, de l'originalité et de l'envergure d'un homme qu'au jour le jour j'ai trop bien et de trop près connu pour en avoir pleine conscience, pour ne pas être tenté de penser à lui comme à mon "élève", mot (je m'en rends compte) facile et simpliste. Ce que nous offrons ici au lecteur, c'est l'oeuvre d'une personnalité accusée, c'est l'écho d'une voix au ton inimitable et qui, j'en suis persuadé, retentira aussi longtemps encore que subsisteront parmi nous le goût et la pratique des études médiévales.

*Paul Zumthor*

# Nico van den Boogaard

Le jour de Noël 1982 la mort, survenue de façon aussi abrupte qu'inattendue, mit fin aux multiples activités de Nico van den Boogaard. Ecrasante pour sa famille, bouleversante pour ses amis et ses collègues, sa brusque disparition a brisé une carrière universitaire pleine de promesses, mais où il n'avait guère eu le temps de donner la pleine mesure de ses qualités.

Né en 1938, Nico van den Boogaard fit de brillantes études universitaires, qu'il termina en 1962. Après une brève période d'activité dans l'enseignement secondaire, il fut nommé assistant, puis chargé de cours à l'Université d'Amsterdam. Il devint le collaborateur de Paul Zumthor, de qui il avait reçu une bonne partie de sa formation de médiéviste et à qui il succéda dans la chaire de philologie romane en 1971. Ainsi donc, il assuma les tâches et les responsabilités incombant à un titulaire de chaire à l'âge exceptionnellement jeune de trente-deux ans.

La publication de ce recueil d'articles de Nico van den Boogaard poursuit un double but: celui de rendre hommage à un homme de science que la mort a enlevé avant qu'il ait pu se déployer pleinement; celui de mieux faire connaître sa personnalité scientifique et sa contribution aux études médiévales. La rédaction a dû faire un choix parmi les articles dispersés dans différentes revues et autres publications et dont on trouvera ci-après la liste complète dans la bibliographie de ses oeuvres. En opérant ce choix elle s'est laissé guider par le critère du niveau scientifique et celui de la représentativité. La bibliographie cependant montre que Nico van den Boogaard n'a pas écrit seulement pour des spécialistes et que l'érudit se doublait d'un lettré au meilleur sens du mot, imprégné des valeurs culturelles françaises et, plus généralement, occidentales, et désireux de les faire connaître dans des milieux de non-initiés.

L'importance des travaux de Nico van den Boogaard se situe essentiellement à deux niveaux. Il y a, d'une part, les résultats de ses recherches qui ont eu, comme point de convergence, la littérature des XIIIe et XIVe siècles. De là le titre du recueil: *Autour de 1300*. D'autre part la place importante qu'occupe dans sa pensée la réflexion méthodologique nous a déterminés à y consacrer l'une des sections du recueil.

Nico van den Boogaard possédait les qualités qui faisaient de lui un philologue dans le sens le plus authentique du mot: ses travaux portent le témoignage de ses vastes connaissances, de sa curiosité toujours en éveil et de sa fine intuition, de son sens rigoureux de la méthode. Sa thèse de doctorat intitulée *Rondeaux et refrains du XIIe siècle au début du XIVe*, soutenue à l'Université d'Amsterdam en 1969, était déjà un modèle de rigueur et d'abnégation philologique. Réunissant en une excellente édition la totalité du matériel – soit près de deux cents rondeaux et deux mille refrains – elle reste un instrument de travail précieux pour l'étude de la lyrique d'oïl. Thèse dont Paul Zumthor a noté ailleurs qu'il s'agit d'un ouvrage qui "restera encore longtemps irremplaçable [...] permettant à la fois un recours sûr aux textes originaux et fournissant les principes les plus généraux de leur lecture". Les recherches patientes et en apparence ingrates que nécessitaient la constitution de ce corpus et l'établissement de l'apparat critique lui ont valu une connaissance de première main d'une bonne partie de la littérature médiévale dans sa forme primitive manuscrite. Connaissance qui lui a servi en mainte occasion dans ses travaux ultérieurs.

Sa thèse cependant ne fut à ses yeux qu'une étape. Ayant perçu l'intérêt de l'ordinateur pour certains aspects de la recherche, il conçut le projet de réaliser une analyse lexico-grammaticale du motet dans le but de le situer de façon précise parmi les genres et registres lyriques des XIIe et XIIIe siècles. Ainsi, dès 1972, il avait fait enregistrer dans l'ordinateur un corpus de 60 chansons de trouvères, 73 romances et 182 pastourelles; les 449 voix de motets du manuscrit de l'Ecole de Médecine de Montpellier faisaient partie du même corpus. Il exposa les implications méthodologiques de ce type de recherches dans un rapport lu au Congrès des philologues néerlandais en 1970; nous le reproduisons ici en version française sous le titre 'La Statistique: outil de recherche pour la poésie lyrique' en le rangeant dans la section *Points de méthode*.

La tradition lyrique – titre de la deuxième section du présent volume – n'a jamais cessé de retenir son attention. Comme en témoignent les quatre articles réunis sous ce titre, ses recherches portaient sur divers aspects de cette tradition. Tantôt il s'agissait d'identifier un auteur, comme dans 'Martinet, ménestrel du Comte de Boulogne' et dans 'Les Chansons attribuées à Wilart de Corbie'; tantôt il cherchait à mettre en lumière des relations intertextuelles comme c'est le cas dans 'Les Insertions en français dans un traité de Gérard de Liège' et dans 'Jacquemart Giélée et la lyrique de son temps'.

Pour Nico van den Boogaard le texte médiéval n'était pas seulement une structure qu'il s'agissait de décrire et d'analyser. Il essayait également de saisir le fonctionnement des oeuvres dans leur contexte intellectuel et social. De là son intérêt pour les textes comme instruments d'action: 'La Forme des polémiques et les formes poétiques: dits et motets du treizième siècle', ou encore comme expression d'une forme de société: 'Français, Arithmétique, Histoire' - version française de sa leçon inaugurale, prononcée en néerlandais. Dans la même perspective il s'attaquait à des problèmes de diffusion et de réception comme en témoignent 'Le Caractère oral de la chanson de geste tardive' et 'Les Jongleurs et leur public'. Ces quatre articles ont été groupés sous le titre *Littérature et société*.

Depuis la mise en chantier, en 1972, de l'entreprise commune du *Nouveau Recueil Complet des Fabliaux (NRCF)*, à laquelle il participait avec L. Geschiere et W. Noomen, il consacra une bonne partie de son énergie à des travaux d'édition.

Il ne lui a pas été donné de voir la parution des dix volumes que comptera le *NRCF*: il était en train de corriger les épreuves du tome premier lorsque la mort le surprit. Cependant les travaux étaient suffisamment avancés pour que les cinq premiers volumes portent presque à chaque page les traces de son apport. C'est d'ailleurs lui qui, en 1977, avait exposé dans un article du *Neophilologus* les considérations qui étaient à la base de ce projet et avait formulé les principes de l'édition. Depuis lors, en marge de ses activités d'éditeur, il fait paraître plusieurs études portant sur divers aspects des genres narratifs brefs. Les plus intéressantes d'entre elles ont trouvé leur place, ensemble avec quelques autres portant sur des textes de caractère plutôt didactique, dans la section intitulée *La parole narrative et didactique*.

Dans tous ses écrits Nico van den Boogaard se montrait soucieux de mener une argumentation aussi explicite que possible. De là peut-être son inclination à recourir à des méthodes statistiques et à l'utilisation de l'ordinateur. A l'esprit de géométrie s'alliait l'esprit de finesse. Il était doté d'une imagination associative, qui lui inspirait des rapprochements pas toujours évidents à première vue, mais souvent fructueux à la réflexion. Plus d'une fois il trouva la formule heureuse, capable de caractériser un problème ou de suggérer une solution. Il écrivait à propos des chansons de geste tardives:

"On a comparé la *chanson de geste* débitée en tranches avec
un feuilleton. Il me semble plus juste de la comparer avec
les épisodes d'une série télévisée dans lesquels on décrit
les aventures d'une famille. On voit des rapports sur
beaucoup de points: l'ensemble est extrêmement long, il y
a bon nombre de répétitions, il y a une foule de personnages qui entretiennent toutes sortes de relations notamment des liens de famille, il y a plusieurs intrigues
menées simultanément, qui forcent le spectateur (et l'auditeur) à passer d'une situation à une autre et à abandonner un personnage pour s'intéresser à un autre. Mais le
fait que ces transitions sont explicites n'implique pas
que nous avons là des traces de la fin d'une journée ou
d'une séance. Au contraire! L'auteur aura soin d'offrir de
la variété à l'intérieur d'une séance. Les transitions
explicites ne permettent pas de diviser la représentation
en tranches, mais elles indiquent l'articulation de la
narration."

De tels passages se retrouvent dans la plupart de ses travaux et
paraissent caractéristiques de sa 'manière'.

Nico van den Boogaard n'était pas de ceux qui vivent retirés
dans un cabinet de travail ou une salle de bibliothèque pour mener
leurs recherches dans la solitude. Il voyait les avantages du travail en commun et il recherchait volontiers la collaboration soit
des collègues, soit des étudiants. Sans en exagérer l'importance,
il considérait les congrès et les colloques comme un moyen de com-
muniquer avec des confrères. Membre de la plupart des associations
internationales d'études littéraires médiévales, il fut l'une des
forces motrices derrière les colloques internationaux sur *L'Epopée
animale, la fable et le fabliau*; le deuxième fut organisé par lui
à Amsterdam en 1977. Il eut l'occasion, à plusieurs reprises, d'y
faire apprécier ses qualités d'organisateur et d'administrateur.
Passionné qu'il était pour la recherche, Nico van den Boogaard ne
négligeait pas pour autant l'enseignement. Bien au contraire, il
s'y consacrait de tout son coeur. S'adressant, dans la péroraison
de sa leçon inaugurale, à son maître Paul Zumthor, il s'exprima en
ces termes:

"Je suis fier d'être votre disciple. Dès ma première année
d'étudiant vous m'avez inspiré par votre oeuvre importante, par votre énergie, par votre enthousiasme. Vous
avez dirigé ma thèse, et aujourd'hui encore vous êtes mon
maître. Je vous remercie de tout ce que vous m'avez donné,
et tout particulièrement de votre amitié".

Energie, enthousiasme, amitié: ce sont précisément les qualités
dont il faisait preuve dans ses activités didactiques. Ses cours,
qui couvraient tout le domaine de la littérature française et oc-

citane du moyen âge, étaient fort appréciés: sa connaissance approfondie de la civilisation médiévale et la clarté de sa pensée n'échappait à personne et l'on goûtait la façon vivante et souvent pleine d'humour dont il exprimait ses idées. Il se sentait très lié à ses étudiants; il pouvait se passer de bien des choses, disait-il, mais non de ses cours. Ayant parlé, dans sa leçon inaugurale, de la polyphonie et des motets, il s'adresse, pour terminer, aux étudiants en leur disant: "Ma voix est faible sans votre contrepoint". A son tour, il jouait le rôle de maître compétent et dévoué envers ses étudiants; à un grand nombre d'entre eux il inspira le goût des études médiévales. Cependant, il a disparu trop tôt pour voir s'achever, à l'exception d'une seule, les thèses dont la préparation avait commencé sous sa direction. Le temps qu'il a vécu a été malheureusement trop court pour que son activité didactique ait pu porter les fruits qu'on pouvait légitimement en attendre.

En dehors du cadre restreint des études proprement dites, il aimait à entretenir des rapports avec le monde estudiantin. Huit jours avant sa mort encore, il participait à une journée d'études organisée par une association d'étudiants: il leur parlait des difficultés où se trouvaient les Universités à la suite d'une série de décisions politiques et il y exposait ses vues sur l'attitude à prendre par les étudiants devant les changements profonds qui étaient en train de se produire.

Les activités scientifiques et les charges pédagogiques n'ont pas empêché Nico van den Boogaard de consacrer bien du temps et bien de l'énergie à d'autres tâches d'intérêt commun. Dès le début de sa carrière universitaire il avait fait preuve de remarquables qualités d'administrateur et d'organisateur. Il n'a jamais considéré que ses responsabilités devaient rester confinées à la recherche et à l'enseignement en tant que tels. Se rendant pleinement compte de l'importance de l'infrastructure, il participa largement à la vie, parfois turbulente, d'une université démocratisée. Il n'hésita pas à assumer de nombreuses charges, non seulement dans le département de français qu'il dirigea pendant plusieurs années, mais aussi au niveau de la Faculté. Nombreuses sont les commissions dont il a fait partie ou qu'il a présidées.

Ces activités ont trouvé leur point culminant dans son élection, en 1981, comme doyen de la Faculté des Lettres. En une période particulièrement difficile du fait des réformes et des restrictions brutales que le gouvernement néerlandais croyait devoir imposer à l'enseignement supérieur, il assumait cette lourde tâche sans hésitation, fort de ses convictions intimes et de son courage, et confiant dans la force de ses arguments. Il s'en acquittait avec un sens du devoir, une prudente sagesse et une charmante distinction qui lui valurent le respect et l'estime de tous.

L'image de Nico van den Boogaard ne serait pas complète si nous n'évoquions pas l'intérêt qu'il portait à la propagation des valeurs culturelles françaises aux Pays-Bas, et le plaisir qu'il éprouvait à partager avec d'autres le fruit de ses lectures, ses idées et certains résultats de ses recherches. Il n'est pas étonnant, dès lors, qu'il acceptât d'être membre du Conseil d'administration de la Maison Descartes à Amsterdam ou qu'il participât à des émissions radiophoniques sur la littérature et la culture médiévales. Il avait le don d'exposer, en termes simples et clairs, sans ombre de pédantisme, les sujets qui lui tenaient à coeur. S'adressant à des auditoires variés, il n'hésitait pas à sortir du cadre des études médiévales. Nous relevons, parmi d'autres, une conférence qu'il a tenue devant un public de Français de passage en Hollande, et qui nous paraît donner une idée du style dans lequel il traitait ce genre de sujets. Il s'agit de la façon dont les Français, au cours des siècles, ont vu le caractère des Néerlandais. Confrontant les jugements exprimés par des Français, surtout aux XVIIe et XVIIIe siècles, dans un grand nombre de lettres et de récits de voyage, avec les résultats d'études sociologiques modernes, il affirme, à propos des Hollandaises:

> "Le portrait physique, laissé par les Français, des femmes de la Hollande n'est pas toujours très flatteur. Diderot renvoie aux tableaux de Rubens pour décrire comment elles sont faites et d'autres précisent: grandes, robustes, traits peu fins, trop courbées, elles portent la tête en avant, elles manquent de légèreté et d'élégance. Pourtant il y en a qui constatent que la femme idéale pourrait être trouvée en Hollande, si l'on combinait le visage d'une Amsterdamoise, la démarche d'une Delftoise, le port d'une Leydoise, la voix d'une Goudoise, la taille d'une Dordrechtoise et la mine d'une Harlemoise".

Et, s'adressant directement à son auditoire, il ajoute:

> "J'espère que vous avez déjà observé au cours de votre bref séjour en Hollande que nos femmes ont fait un progrès important vers la réalisation de ce portrait".

Nico van den Boogaard aimait la "grande" littérature. Mais il était également amateur de romans policiers. Et *Le Nom de la Rose* d'Umberto Eco éveillait son enthousiasme parce que c'était là justement le type de roman que parfois il avait rêvé d'écrire lui-même: un roman policier dans un cadre médiéval qui lui aurait permis de jouer avec son érudition, avec toutes ses connaissances historiques et littéraires et de les rendre vivantes; un roman qui lui aurait permis à la fois de s'identifier avec l'objet de ses études et d'en prendre distance.

En choisissant les articles qu'on lira ci-après, la rédaction a voulu que ce recueil soit un reflet de la pensée variée et originale de leur auteur. Elle souhaite que ce reflet soit assez fidèle pour montrer que, s'il avait vécu, Nico van den Boogaard aurait sans aucun doute enrichi la philologie romane et les études médiévales d'importants travaux d'érudition et de synthèse. Il n'en a pas été ainsi. Ses amis et collègues, au Pays-Bas et hors des frontières, gardent comme un trésor précieux la mémoire de son érudition souriante, de son intelligence sensible et de sa parfaite courtoisie.

*Fernand Drijkoningen*
*Willem Noomen*

# BIBLIOGRAPHIE

# Bibliographie des oeuvres de Nico van den Boogaard

*Les textes publiés dans le présent volume sont signalés dans la marge par un astérisque; les chiffres précédés d'une flèche indiquent les pages où l'article se trouve reproduit ou traduit.*

## 1. Thèse de doctorat

1969    *Rondeaux et refrains du XIIe siècle au début du XIVe: collationnement, introduction et notes.* Paris.

## 2. Articles

1962    Note sur l'utilisation de motifs et formules dans la Chanson de Sainte Foy. *Cahiers de Civilisation Médiévale* 5, 195–202.

1966    Quelques remarques sur une pastourelle en moyen néerlandais, en particulier sur le refrain "provençal": **Harba lori fa.** *Mélanges offerts à René Crozet,* vol. II, 1213–1216.

1969    Les Formes en **–ria** et en **–ra** en ancien occitan, et plus spécialement dans le **Roman de Flamenca.** *Het Franse boek* 39, 36–52.

\*    1970    Statistiek als hulpmiddel bij het onderzoeken van lyrische poësie (= La Statistique: outil de recherche pour la poésie lyrique). *Handelingen van het Nederlands filologencongres van 1970,* 88–101. → **215–228**

\*    1971    Les Chansons attribuées à Wilart de Corbie. *Neophilologus* 55, 123–141. → **73–92**

1971    Aspects du Songe du Vieil Pelerin de Philippe de Mézières. *Het Franse Boek* 41, 11–20.

\*    1973    *Taal, Rekenen, Geschiedenis: over Franse motetten-teksten uit de Middeleeuwen* (= Français, Arithmétique, Histoire: observations sur les textes des motets français du moyen âge). Leçon inaugurale, Amsterdam. → **3–17**

\*    1974    L'Art d'Aimer en prose. *Etudes de civilisation médiévales, IXe-XIIe s.: Mélanges ... Labande,* 687–698. → **147–160**

\*    1974    Martinet, ménestrel du comte de Boulogne. *Mélanges d'histoire littéraire ... offerts à Charles Rostaing,* 1183–1199. → **93–107**

\*    1975    Amplification et abréviation: les contes de Haiseau. *Mélanges Lein Geschiere,* 55–69. → **161–174**

* 1976 La Forme des polémiques et les formes poétiques: dits et motets du XIIIe siècle. *Miscellanea Mediaevalia* 10, 220-239. → **19-40**

1977 Van chanson de geste tot allegorie (= De la chanson de geste à l'allégorie). *Muziek en Cultuur - letterkunde van de Middeleeuwen*, 8-19.

1977 Le Nouveau Recueil Complet des Fabliaux (NRCF). *Neophilologus* 61, 333-346.

1978 Le Récit bref au moyen âge. *Marche Romane* 28, 6-15.

1978 Les Fabliaux: versions et variations. *Marche Romane* 28, 149-161.

* 1978 Le Caractère oral de la chanson de geste tardive. R.E.V. Stuip (éd.), *Langue et littérature françaises du moyen âge*, 25-38. → **41-58**

* 1978 Les Insertions en français dans un traité de Gérard de Liège. *Mélanges Jeanne Wathelet-Willem*, 679-697. → **109-124**

* 1979 Le Fabliau anglo-normand. *Third international beast epic, fable and fabliau colloquium*, 66-77. → **179-189**

* 1979 Rapport sur le classement des manuscrits et son approche formelle. J. IRIGOIN & G.P. ZARRI (éds.), *La pratique des ordinateurs dans la critique des textes*, 279-284. → **229-236**

* 1979 Exemplum de Ysengrino et Renardo. *Marche Romane* 29, 77-80. → **175-178**

* 1980 Jacquemart Giélée et la lyrique de son temps. H. ROUSSEL & F. SUARD (éds.), *Alain de Lille, Gautier de Châtillon, Jakemart Giélée et leur temps*, 333-353. → **125-144**

1981 La Définition du fabliau dans les grands recueils. *Epopée animale, fable, fabliaux: Actes du 4ème Colloque de la Société Internationale Renardienne*, 657-667.

* 1982 Jongleurs en hun publiek (= Les Jongleurs et leur public.) *Handelingen van het 37ste Nederlands filologencongres*, 31-39. → **59-70**

* 1982 Le Dit allégorique du Cerf amoureux. *Mélanges de linguistique ... offerts à J.R. Smeets*, 21-41. → **191-211**


### 3. Collaborations.

avec J. DE CALUWE

1978 *Epopée animale, fable et fabliau: actes du colloque de la Société Internationale Renardienne tenu à Amsterdam du 21 au 24 octobre 1977. (Marche Romane* 28, n° 3-4).

avec M. KHOE & W. CROON

1979  Vocabulaire de lais, Vocabulaire de fabliaux. *Het Franse Boek* 49, 97-106.

avec W. NOOMEN

1983-  *Nouveau Recueil Complet des Fabliau (NRCF)*. (En cours de parution).

## 4. Comptes-rendus.

1963  G. RAYNAUD DE LAGE, *Introduction à l'ancien français*. Paris, 1962. (*Cahiers de Civilisation Médiévale* 6, 82-83).

1964  J. ZAAL, *Etude sur les chansons de saints gallo-romanes du XIe siècle*. Leiden, 1962. (*Cahiers de Civilisation Médiévale* 7, p. 2).

1966  A. LEROND, *Chansons attribuées au Chastelain de Couci*. Paris, 1964. (*Neophilologus* 50, 74-76).

1966  F.P. KIRSCH, *Studien zur languedokischen und gascognischen Literatur der Gegenwart*. Wien, 1965. (*Neophilologus* 50, 462-463).

1967  D'A.S. AVALLE, *Latino "circa romançum" e "rustica romana lingua": testi del VII, VIII e IX secolo*. Padoue, 1965. (*Cahiers de Civilisation Médiévale* 10, 45-46).

1967  U.T. HOLMES & K.R. SCHOLBERG, *French and Provençal Lexicography*. Ohio State University Press, 1964. (*Het Franse Boek* 37, 49-50).

1967  F. KRETZSCHMER, *La technique romaine*. Bruxelles, 1966. (*Het Franse Boek* 37, 59).

1969  S. VIARRE, *La survie d'Ovide dans la littérature scientifique des XIIe et XIIIe siècles*. Poitiers, 1966. (*Het Franse Boek* 39, 88).

1969  J. FOURQUET, *Wolfram d'Eschenbach et le Conte del Graal*. Paris, 1966. (*Het Franse Boek* 39, 89).

1979  Q.I.M. MOK, *Manuel pratique de morphologie d'ancien occitan*. Muiderberg, 1977. (*Het Franse Boek* 49, 131-135).

1979  K. BALDINGER, *Dictionnaire onomasiologique de l'ancien gascon - fasc. 2/3*. Tübingen, 1977. (*Het Franse Boek* 49, 136).

1979  F. DE LA CHAUSSEE, *Initiation à la phonétique historique de l'ancien français*. Paris, 1974. (*Het Franse Boek* 49, 136).

1979  F. DE LA CHAUSSEE, *Initiation à la morphologie historique de l'ancien français*. Paris, 1977. (*Het Franse Boek* 49, 136).

1979   A. MICHA, *De la Chanson de geste au roman*. Genève, 1976. *(Het Franse Boek* 49, 106–107).

1979   F.C. TUBACH, *Struktur im Widerspruch: Studien zum Minnesang*. Tübingen, 1977. *(Het Franse Boek* 49, 107–108).

## 5.   Divers.

1982   Taakverdeling binnen de letteren. *Kwaliteit van de studie, Kwaliteit van het leven: verslag van een studiedag ter gelegenheid van het vierde lustrum van het Studentenhuis Leidenhoven*, 17–25.

1982   Regards français sur le caractère du Néerlandais. *Le Rotarien* 347, 20–24.

# I
# LITTÉRATURE ET SOCIÉTÉ

# Français, Arithmétique, Histoire :
## observations sur les textes des motets français du moyen âge

Au temps où la croissance des Universités était exponentielle, au temps où l'occupation du campus par la police et l'ingérence des autorités dans les affaires universitaires provoquaient sans cesse des émeutes d'étudiants, au temps où professeurs et étudiants étaient organisés en un seul et même syndicat de la science, au temps où l'on ne cessait de s'interroger sur ce qu'était en fait la science, au temps où l'Université s'était fermée à l'enseignement professionnel, en un mot, au XIIIe siècle, la *logique* prenait, à la Faculté des Lettres de l'Université de Paris, une importance toujours grandissante, au détriment des Belles-Lettres. Henri d'Andeli rend compte de cette rivalité dans sa *Bataille des Sept Arts*, où il présente Orléans et Paris face à face: Paris vainqueur, c'était la victoire de la *logique*. Paris était en effet le centre du monde savant; l'Université de Paris était la *"Parens scientiarum"*. De près et de loin on montait sur Paris, et c'est de là que se répandait sur l'ensemble du monde occidental tout ce que le domaine de la science offrait de neuf.

Le monde était devenu plus savant, la littérature se fit savante à son tour. Jean de Meung continue le roman d'amour de Guillaume de Loris, le *Roman de la Rose*, à la manière d'une encyclopédie. Adenet le Roi ne dit pas au début de sa chanson de geste *Berthe aux grands pieds*: "Ecoutez-moi, j'ai une bonne histoire à raconter": non, il s'étend sur la façon dont il a réuni sa documentation. Rutebeuf s'exprime sur des questions théologiques et politiques d'actualité. Les *branches* du *Roman de Renart* sont toujours plus allégoriques, didactiques, moralisantes, émettent des critiques à l'adresse de la société.

Chez les *troubadours* occitans, c'est clairement au début du XIIIe siècle que la tradition du *trobar* prend son essor, à la faveur du climat social transformé par la Croisade contre les Albigeois. L'amour devient le sujet de traités savants comme le *Breviari d'Amor* de Matfre Ermengau, le *Leys d'Amors* du *Consistóri del Gai Saber* au XIVe siècle.

Un seul îlot de paix et d'immobilité dans ce XIIIe siècle: la poésie lyrique; ce sont les mêmes thèmes, voire parfois les mêmes mots que l'on retrouve dans les chansons des *trouvères* du nord de la France de 1160 à 1300.

Les chansons des trouvères n'ont suscité longtemps qu'un intérêt négligeable*: les différences minimes entre les textes indiqueraient un manque d'originalité. Cette idée a été changée de
façon radicale depuis que nous sommes conscients du fait que nous
ne pouvons pas appliquer telle quelle notre notion d'originalité à
des textes du moyen âge, où elle signifiait dans une mesure importante l'exploration des possibilités offertes par la tradition.
Néanmoins ce jugement périmé pèse encore lourdement sur un important groupe de quelques centaines de textes: les *motets* du XIIIe
siècle. C'est sur ce groupe oublié et délaissé que je me propose
d'attirer votre attention aujourd'hui, car je les trouve propres à
illustrer les problèmes généraux qui se posent à l'étude d'une
littérature qui nous est si étrangère.

Par leurs caractéristiques formelles, les motets se distinguent
nettement de tous les autres textes chantés: ce sont des chants
polyphoniques. Jusqu'à la fin du XIIe siècle il s'agissait exclusivement de textes liturgiques en latin. Ensuite des textes en
langue populaire vinrent côtoyer les textes latins. Les sujets
passèrent du sacré au profane. Nous connaissons des motets à deux,
trois ou quatre voix. Il y a toujours un *ténor* qui dans quelques
rares cas seulement, vers la fin du siècle, est emprunté à la musique profane: dans les autres cas il s'agit toujours d'une mélodie liturgique n'ayant qu'un seul mot comme texte. A cela s'a-
joutent plusieurs voix qui ont des textes différents, le *double*
(que l'on appelle aussi "motet"; j'utilise le mot "motet" exclusivement pour désigner la composition entière), éventuellement un
*triple* ou un *quadruple*.

Le caractère particulier de ces motets est donc le fait que
plusieurs exécutants chantent en même temps des textes différents.
Ces différences entre les textes exécutés simultanément peuvent
être très grandes: tandis qu'une voix chante en latin, l'autre est
française; tandis que l'une décrit comment un chevalier essaye de
séduire une bergère, l'autre voix décrit la beauté de la "dame
courtoise"; contre un ténor d'un seul mot il y a des voix de quarante vers. Ce qui ˉcependant est essentiel, c'est que le tout
forme une unité, avec une particularité cependant: aucune voix
n'est subordonnée à l'autre, conformément aux idées que l'on

---

* *Trad:* Ce paragraphe et les suivants (→ p. 5) sont repris de la traduction que l'auteur en a donnée lui-même dans *La forme des polémiques
et les formes poétiques: dits et motets du XIIIe siècle*, voir ci-après
p. 21 sq.

trouve par exemple chez St. Thomas d'Aquin sur la relation individu-groupe: non pas subordination, mais combinaison des possibilités individuelles (TISCHLER 1942:17). Aussi, un théoricien
écrit-il vers 1274:

> "Les sons doivent bien aller ensemble; chacun des chanteurs
> doit bien connaître la partie des autres et en tenir
> compte lors de l'exécution de la sienne"[1].

Evidemment, ce modèle d'harmonie supposait un degré d'habileté
technique élevé chez le compositeur de la musique et les musicologues ont consacré de nombreuses études à l'examen détaillé de ce
phénomène[2].

Mais qu'en est-il des textes? Gaston Raynaud écrivait voici
près d'un siècle dans la brève introduction à son édition des motets connus à ce moment (RAYNAUD & LAVOIX 1882–1884:I,XXXV–XXXVI):

> "D'un intérêt de premier ordre au point de vue musical, les
> compositions du chansonnier de Montpellier, comme d'autres
> encore appartenant à divers manuscrits, ne méritent pas
> moins d'être étudiées du point de vue de la littérature et
> de la versification en ancien français".

Mais les motets n'ont fait jusqu'à ce jour l'objet d'aucune
étude littéraire. Il est vrai que le *Répertoire* qui vient de voir
le jour (MÖLK & WOLFZETTEL 1972) tient compte de leur versification, mais il se base malheureusement sur des éditions périmées.

Nous avons bien un *reprint* de l'édition de RAYNAUD, mais il n'y
a pas d'édition plus récente, et il faut se résigner aux nombreuses erreurs et insuffisances du travail de RAYNAUD. La plupart
des manuels se contentent de donner une liste des motets, certains
les passent complètement sous silence. Si l'on en parle, c'est
pour établir une comparaison avec les thèmes traités par les trouvères, mais alors leur prétendu manque d'originalité fait juger
les motets encore plus sévèrement que les chansons à une seule
voix.

Donnons la parole à FRAPPIER (1962):

> "En ce qui concerne les idées ou les thèmes, à nous en te-
> nir aux motets profanes, nous devons constater que les
> auteurs, pour la plupart anonymes, n'ont pas fait preuve
> de grandes ressources d'invention. Les banalités consa-
> crées et les formules courantes de la poésie lyrique repa-
> raissent très fidèlement: la dame et sa beauté parfaite,

---

1. Elie Salomon, cité par ROKSETH (1935–1939:IV, 44).
2. A côté des oeuvres de TISCHLER et ROKSETH, entre autres par MATHIASSEN
(1966) et APFEL (1970).

le réveil de la nature et le chant des oiseaux".

Ceci est précisément le jugement prononcé dès 1882 par RAYNAUD et que l'on retrouve cité et approuvé dans une étude musicologique récente des chansons des troubadours et des trouvères (van der WERF 1972:71).

On décrit en général les motets comme une sorte de chansons de trouvères qui seraient encore moins originales, moins raffinées aussi en raison des exigences posées par la musique. C'est sans doute le texte qui prime dans les chansons des trouvères, tandis que dans les motets c'est la musique. Mais ceci n'implique pour moi en aucune manière une appréciation négative du texte des motets. La lecture de ces textes me donne l'impression que les motets ont un caractère qui leur est propre, un style bien à eux. Mais vous êtes en droit d'attendre de moi plus qu'une simple impression: les jugements fondés sur des impressions ont été trop longtemps la plaie des études de lettres.

Je vais tâcher de donner une idée des particularités stylistiques et de les expliquer par rapport à d'autres phénomènes. Je définis le style comme étant la totalité des choix qui s'opèrent dans un texte donné entre les possibilités offertes par la langue. Comme les choix dont témoignent les différents motets sont déterminés par les mêmes facteurs et convergent vers un même point, comme ces choix révèlent un certain nombre de *tendances*, j'opte pour un modèle descriptif de type probabiliste. Je suis d'accord avec DOLEŽEL (1969), que dans le cas qui nous préoccupe c'est une théorie stylistique adéquate.

Il est cependant nécessaire, s'agissant ici de textes médiévaux, de préparer la recherche stylistique par une étude des problèmes relatifs à la manière dont ces textes nous sont parvenus.

Je ne m'étendrai pas sur les nombreuses corrections aux éditions existantes, dont la nécessité s'impose à la lumière de la collation des manuscrits, ni sur le découpage en vers proposé par RAYNAUD, qu'il faut souvent revoir pour des raisons musicologiques. Deux remarques sur la tradition manuscrite sont néanmoins à retenir, car selon moi elles caractérisent les motets globalement par rapport aux chansons à une voix des trouvères. Nous connaissons la poésie lyrique avant tout grâce à des recueils, appelés *chansonniers*, qui datent tous de la fin du XIIIe et du début du XIVe siècles. Les textes ont donc été notés cinquante à cent ans après leur création. Or les textes à une et à plusieurs voix ne se trouvent presque jamais dans les mêmes manuscrits[3]. Dans les quelques cas où des chansons et des motets se côtoient dans le même codex, ils sont donnés dans des sections séparées. Dans tous les cas donc, une claire distinction des genres. De plus, si l'on examine différentes versions d'un même texte, on est frappé par la différence qui distingue les types de variantes et de variations. Dans le cas des chansons on observe d'importantes différences qui s'expliquent difficilement si l'on ne tient pas compte d'une tradition orale précédant la tradition écrite. Au contraire, les variantes des motets témoignent clairement d'une transmission exclusivement écrite; ceci s'explique entre autres par les règles de composition strictes auxquelles la musique des motets était soumise, et par lesquelles la liberté d'interprétation était sévèrement limitée. Ces règles devaient à mon avis s'appliquer également au texte des motets. Cette opinion n'est pas en contradiction avec la liberté des structures métriques des textes de chaque voix des motets, qui contraste avec la versification régulière de la chanson courtoise.

Si l'on veut caractériser le style des motets il faut le faire à plusieurs niveaux.

Tout d'abord au niveau du *signifiant*: phonèmes, sonorités, longueur des mots et des vers, accentuation, rythme. Dans le cas qui nous préoccupe c'est le niveau le plus directement lié à la musique.

Puis il faut décrire la construction des phrases et les liens qui les unissent.

Enfin c'est une description sémantique qu'il faut donner.

Les difficultés auxquelles on se heurte dans une telle entreprise sont innombrables: nous savons encore si peu de chose du phénomène langue en général et en particulier de la structure des langues naturelles parlées de nos jours qu'on doit se demander sérieusement si la description d'une phase ancienne comme le vieux français n'est pas une entreprise prématurée.

C'est par exemple prendre un grand risque que d'affirmer d'une construction non attestée qu'elle est ou n'est pas correcte en ancien français. Il n'existe pas de théorie sémantique adéquate. Quant aux problèmes pratiques, ils sont souvent insurmontables. Je ne prétends donc pas offrir une description complète ou pleinement explicite. Et comme je ne vous présente ici qu'une portion réduite

---

3. Sigles des mss et renvois d'après van den BOOGAARD (1969:272-273, 297-298).

d'une recherche plus étendue, je ne donnerai qu'un choix des caractéristiques générales pertinentes de ces textes.

Je prends pour point de départ de mon exposé une partie de la recherche lexicologique que je mène à l'aide de l'ordinateur du Centre de Mathématiques. L'étude porte sur 50 chansons des trouvères Chastelain de Couci[4], Gace Brulé[5], Thibaut de Champagne[6], Gautier Dargies[7], ainsi que 10 chansons anonymes des mss KNPX[8]. J'ai également examiné les 73 pièces intitulées *romances* et les 182 *pastourelles* de l'anthologie de BARTSCH (1870). Enfin l'ensemble des motets français du ms de MONTPELLIER, Ecole de Médecine H 196[9] ont été analysés. Des listes de fréquence complètes et des concordances exhaustives ont été tirées de tout ce matériel. Pour rendre accessible la matière de plus de 110.000 mots il a fallu encoder chaque mot en fonction de sa catégorie grammaticale. Or pour l'ancien français, avec tous ses homonymes et homographes d'une part, avec ses nombreuses variantes orthographiques d'autre part, il n'est pas prudent de s'en remettre à la machine pour déterminer la catégorie grammaticale[10]. Il a donc fallu exécuter l'analyse des textes à la main, ou plutôt avec la tête, parce que ce travail exige une grande part d'interprétation et de correction des éditions existantes.

La matière a été découpée de façon à rendre possibles toutes sortes de comparaisons. Dans le groupe des motets par exemple on peut confronter les différents *fascicules* qui font partie du manuscrit. On observe une grande homogénéité au sein du groupe des motets: la distribution des catégories grammaticales y est significative. C'est aussi le cas du groupe des chansons de trouvères. Mais si l'on compare entre eux les groupes comprenant respectivement les chansons de trouvères, les romances, les pastourelles et les motets, les différences sont énormes. Cette homogénéité interne et cette diversité externe sont selon toute probabilité à interpréter comme l'effet de règles différentes auxquelles ces groupes, ces genres sont soumis.

Voilà une constatation intéressante si l'on pense à l'idée courante qui voit dans les motets une sorte de chansons de trouvères. Il est cependant difficile d'identifier les causes de ces différences.

---

4. Ed. de LEROND (1964).          7. Ed. de HUET (1912).
5. Ed. de PETERSEN DYGGVE (1951). 8. Ed. de SPANKE (1925).
6. Ed. de WALLENSKÖLD (1925).      9. Ed. de ROKSETH (1935–1939:IV, 44).
10. J'ai une dette de reconnaissance considérable envers mon assistant A. Driessen, dont la précision dans l'exécution de ce travail d'envergure ne le cède qu'à peine à celle de l'ordinateur.

Prenons par exemple la fréquence des articles: les chansons d'amour et les motets en sont très pauvres en regard des romances et des pastourelles. On pourrait interpréter ce phénomène comme un effet de l'évolution de la langue: dans le cas des pastourelles j'ai étudié celles de Froissart, qui datent du XIVe siècle. Toutefois la convergence des deux genres narratifs suggère la possibilité de les caractériser en les opposant aux genres "lyriques".

Une analyse au moyen du test $\chi^2$ révèle également d'importantes différences dans les fréquences des autres catégories grammaticales, qui montrent une fois de plus que les motets et les chansons courtoises dévient dans la même direction. Ceci paraît à première vue confirmer l'idée généralement admise selon laquelle le motet est une sorte de chanson courtoise. Il y a cependant des différences frappantes qui opposent chansons courtoises d'une part et motets d'autre part. Ce qui attire tout particulièrement l'attention c'est la fréquence élevée des adjectifs dans les motets, celle des adverbes dans les chansons courtoises. Cependant, quoique les motets offrent plus d'occurences d'adjectifs, on observe en comparant des fragments d'égale longueur que le nombre de vocables est moins élevé dans les motets. Pour les substantifs et les verbes le rapport vocables/occurrences se révèle également nettement inférieur. Il faut en déduire que le vocabulaire des motets est plus réduit.

Une comparaison du vocabulaire des deux genres d'un point de vue sémantique montre qu'il est possible de voir le lexique des motets comme un sous-ensemble de celui des chansons courtoises. Ainsi les substantifs les plus fréquents: *ami, amour, corps, coeur, dame, dieu, douleur, joie, jour, mal, merci,* sont les mêmes dans les deux ensembles, mais leur fréquence est plus élevée dans les motets. Le nombre d'éléments lexicaux différents appartenant à un même champ sémantique est considérablement plus réduit dans les motets, le choix en est plus limité. Ce qui frappe ici c'est la relative rareté du mot "dame" dans les motets, manifestement supplanté par "amie", d'un usage plus fréquent, ainsi que le retour incessant de l'exclamation "Dieu".

Si l'on examine les pronoms on observe une distribution égale de celui de la première personne. *Vous* et *elle* ont un comportement insolite: tandis que *vous* est plus fréquent dans les chansons courtoises, je trouve plus d'occurrences de *elle* dans les motets. Un mot comme *tout* est beaucoup plus fréquent dans les motets. Cette observation vaut également pour la conjonction *car,* pour le *quant* causal et pour l'article indéfini *un.*

Ces quelques remarques signalent les plus évidentes des différences qui distinguent motets et chansons courtoises. Maintenant
vous vous attendez peut-être à me voir caractériser les motets en
me fondant sur la fréquence élevée de *un, amie, dieu, elle, tout,
car, quant* et des adjectifs et sur le faible rapport vocables/
occurrences, et j'imagine l'effroi qui vous étreint le coeur:
serais-je donc de ceux qui croient que les idées intéressantes
surgissent spontanément du rassemblement d'une masse de matériel?
Suis-je quelqu'un qui s'attend à tomber sur des "trouvailles" en
comptant des mots? Rassurez-vous, je ne confonds pas bonne fortune
et méthode scientifique. En revanche je crois à la valeur d'une
vérification précise quand je pars de quelques vagues impressions.

Malheureusement je ne peux vous présenter ici qu'une portion
réduite de l'ensemble de cette recherche lexicale. Je me contenterai donc de vous donner quelques-unes des lignes directrices de la
recherche. Dans la brève esquisse présentée jusqu'ici j'ai traité
les mots comme des nombres en les isolant des textes où ils apparaissent. Mais grâce aux concordances qui ont été établies je suis
en mesure de comparer les contextes entre eux. On découvre alors
un fait surprenant: le retour de fragments de vers, de vers en-
tiers, voire souvent de passages de deux ou trois vers. Ceci se
produit non seulement à l'intérieur d'un motet mais aussi et surtout d'un motet à l'autre et entre les motets et le répertoire
classique des chansons de trouvères. Je devrais donc sur-le-champ
me mettre à la recherche d'influences et de sources et m'efforcer,
comme tout philologue qui se respecte, d'établir une chronologie
et de distinguer des écoles de poètes. Mais une telle recherche
n'aboutirait pas à grand'chose: nous ne connaissons que quelques
auteurs, et ce sont avant tout ceux des motets latins. Tout ce que
nous savons c'est que les motets furent composés principalement à
Paris et aussi à Arras, mais probablement sous l'influence de
Paris.

Comment les vers sont repris d'un motet à l'autre, qui cite
qui: voilà des questions auxquelles j'attache peu d'importance.
J'éprouve beaucoup plus d'intérêt pour le phénomène de l'*intertextualité*, certes présent dans toute littérature, mais nulle part
de façon plus explicite que dans la littérature médiévale; il est
si manifeste dans le cas des motets que nous pouvons le considérer
comme l'une de leurs caractéristiques essentielles.

Nous avons des collections entières de pièces appelées *motets
entés*: ce sont des motets qui se construisent à l'intérieur d'une
citation venue d'ailleurs: la première partie de la citation se

trouve au début et l'autre est à chercher à la fin. Il y a même des textes de motets, appelés *centons*, qui se composent exclusivement de citations venues d'ailleurs. On parlerait aujourd'hui de *collage*.

Il va de soi que ces phénomènes sont à mettre en rapport avec la relation du poète au public, comme on le voit dans le passage où Jean de Garlande conseille de recourir autant que possible au type de citations qu'il appelle *colores*:

> "Il vaut mieux utiliser des *colores* que des sonorités nouvelles: plus les *colores* seront connues de l'auditeur, plus la sonorité lui semblera familière; et ce qui est familier est apprécié[11].

Mais à l'intérieur même du motet les citations ont une fonction toute particulière: quoique nous n'ayons de la littérature médiévale qu'une connaissance fragmentaire, il y a des cas évidents où une citation à elle seule éveille le souvenir d'un texte tout entier. Il est toutefois important d'examiner les citations sans perdre de vue la question de la prétendue absence de règles régissant le motet; du moins en ce qui concerne le texte, car tous les musicologues, ceux du moyen âge inclus, sont d'accord pour considérer que le motet forme, du point de vue musical, un tout structuré d'une singulière complexité. Il n'est donc pas à la portée de chacun de composer, d'interpréter ou d'apprécier un motet. Pour savoir si les poètes médiévaux disposaient d'un système de règles pour les textes des motets on pense d'abord à regarder s'ils sont peut-être codifiés dans des *Arts Poétiques* comme celui de Geoffroi de Vinsauf et d'autres. Mais on a vite fait de se convaincre que ces traités n'ont pas grand'chose à offrir pour la poésie lyrique en langue vulgaire. A cet égard il est instructif de comparer les motets français et latins: dans les textes latins il est facile de mettre le doigt sur les effets de la mise en pratique des règles de la rhétorique scolastique, tandis que les textes français ont une poétique propre.

Il y a cependant des considérations prescriptives d'un tout autre ordre qui méritent notre attention. Ces motets ne doivent surtout pas nous faire penser au traditionnel ménestrel qui s'en va de cour en cour pour épancher ses sentiments par des formules simples. Nous avons affaire à des spécialistes, dont la spécialité est la musique, c'est-à-dire l'une des branches enseignées à l'Université. Nous nous trouvons dans un milieu clérical, dans un

---

11 Cité par TISCHLER (1942:116).

milieu savant. N'appliquons surtout pas à cette poésie la double fiction du primitif moyenâgeux et de la séparation de la raison et du sentiment. Rien n'oblige le poète à bannir la réflexion (POLET 1972:82). Je prends à nouveau pour point de départ l'examen de la tradition manuscrite. Ce qui frappe pour quiconque connaît les habitudes des copistes médiévaux, c'est la rareté des déplacements de vers si l'on compare les différents manuscrits. Ce fait semble montrer que la cohésion interne est si forte qu'il est impossible de la briser. En d'autres termes, les textes ont une structure logique. Mais *logique* a ici un sens très précis et même trivial du point de vue de l'étymologie: les études de langue et littérature (latines bien entendu) étaient au moyen âge englobées dans le *trivium*, constitué par trois des *Artes Liberales*: la *grammaire*, la *rhétorique*, la *logique*. A Paris on mettait l'accent principal sur la *logique*, également appelée dialectique, considérée comme: *Ars artium et scientia scientiarum*[12]. La *dialectique* est manifestement une science du langage qui a pour objet la langue et qui s'exprime au moyen de la langue.

Eh bien je pense que la cohérence des motets est déterminée pour une part considérable par les règles de la logique telles qu'on les trouve dans les traités du XIIIe siècle basés sur l'oeuvre d'Aristote. Il faut voir ces motets non seulement dans la tradition de la chanson courtoise, mais aussi comme un effort pour étendre à ce domaine la sphère d'influence de la *ratio* scolastique. Il ne faut pas oublier que la logique exerçait une attirance magique sur les intellectuels du XIIIe siècle.

Je vais vous donner l'exemple d'une modeste chanson d'amour qui montre comment les conceptions transformées du XIIIe siècle se répercutent sur la structure de l'ensemble. Pourtant elle est conçue en des termes qui ne s'écartent en rien du vocabulaire d'une lyrique amoureuse vieille de plus de cent ans, elle est modelée en phrases toutes faites, en lieux communs et en formules, comme le révèle l'analyse par ordinateur. Ce n'est pas le genre d'exemple que l'on finit par trouver après avoir fureté pendant des jours: je le tiens pour représentatif. Dans le ms de MONTPELLIER H 196 se trouve aux fol. 139v-140r un motet à trois voix. Le triple commence ainsi:

---

12. *Petri Hispani Summulae logicales*, éd. par BOCHENSKI (1947:1).

(M13)

     Qui bien aime, il ne doit mie
        Demie
      La nuit dormir,

Superficiellement le double lui ressemble un peu:

(M14)

     Cuer qui dort, il n'aime pas
      Ja n'i dormirai,

Ces vers introductifs doivent conduire à la conclusion: "Je vous aime". Si surprenant que cela paraisse, ni le triple ni le double ne justifient une telle conclusion, si l'on essaye d'y parvenir par l'application de règles strictement déductives. Le triple offre un paralogisme dont la forme ressemble beaucoup au *modus ponens*: "si **p** alors **q**; or **q**; donc **p**". Pierre d'Espagne, dont les *Summulae logicales* furent dès le XIIIe siècle le manuel de logique par excellence, parle dans ce cas de *fallacia secundum consequens* et donne comme exemple du *secundus modus*: *"si est homo, est coloratus; ergo si est coloratus, est homo"*[13]. Ce type de raisonnement se rencontre, dit Pierre d'Espagne, *in rhetoricis*, et son caractère fallacieux s'explique par la possibilité d'en tirer deux conclusions: une vraie et une fausse. La même observation s'applique au double, qui raisonne sous la forme d'une *fallacia secundum consequens*, *tertius modus*: "si **p** alors **q**; or **non-p**; donc **non-q**". L'exemple de Pierre d'Espagne est: *Si homo est, animal est; ergo si non est homo, non est animal*. Ici aussi, la conclusion à tirer peut être vraie ou fausse. En revanche le raisonnement est correct si d'une part les deux paralogismes sont mis en rapport l'un avec l'autre et si d'autre part on résout l'ambiguïté de *Qui* et de *Cuer qui* en les comprenant dans le sens de "quiconque". Or les deux voix se font effectivement entendre simultanément et forment donc un tout. La deuxième condition est satisfaite par le ténor, qui ne chante qu'un mot: OMNES. Parmi les mots que l'on appelle *syncategoremata* dans les traités de logique, *omnis* est le plus important *signum universale* (MOODY 1953:44).

Nous avons maintenant un raisonnement juste, pour lequel toutes les parties du motet sont nécessaires. On peut dès lors se demander si de ce raisonnement formellement correct découle effectivement une conclusion vraie. Ceci dépend de la justesse des prémisses. Ce n'est pas par une démonstration déductive que l'on peut répondre à cette question. Que tous les amoureux sont des sans-

---

13. *Ibid.*, 88.

sommeil et tous les dormeurs des sans-amour, on ne peut l'affirmer qu'en faisant appel à sa propre expérience ou à celle d'autrui. Or dans les motets les poètes se basent de manière frappante sur les impressions énoncées par d'autres. Ils se placent expressément dans la ligne de la tradition. L'opinion d'autrui sert d'axiome à leur propre texte, d'une manière qui s'accorde tant avec la structure logique qu'avec les autres méthodes scolastiques.

Pour éclairer ce point il me faut maintenant accorder quelque attention à d'autres aspects de l'enseignement universitaire médiéval. Pour l'*Artiens* il s'agit tout d'abord de l'étude du *Quadruvium*: Arithmétique, Géométrie, Astronomie, Musique. Nous voyons apparaître ici la musique, qui fournit avec les autres *Arts Libéraux* une introduction à l'étude des *Facultates Superiores*: Droit, Médecine et Théologie. Cette dernière était, dans le Paris du XIIIe siècle, de loin la plus importante (DELHAYE 1969:167). Je veux montrer ici le lien qui unissait les motets et les méthodes en usage à la Faculté de Théologie de cette université. Un tel rapport paraît certes plausible si l'on pense à l'origine liturgique des ténors, mais semble par ailleurs quelque peu abusif si l'on se réfère au contenu des motets: quelques cantiques à la Vierge contre des centaines de chansons d'amour profanes. Toutefois ce que je me propose de vous dire ce n'est pas qu'il faut voir dans les motets une collection de disputes théologiques et philosophiques, mais que la construction des motets repose sur les mêmes principes que les techniques de rédaction pratiquées à la Faculté de Théologie. Je n'essaye pas de prouver que les motets ont pour auteurs des théologiens diplômés. Un certain nombre d'activités étaient d'accès aisé à tout étudiant: par exemple les *disputationes* et les sermons tenus en public, à l'occasion desquels tous les cours étaient suspendus. Ce que théologiens, étudiants et écrivains avaient en commun, c'était leur intérêt pour les problèmes de structure textuelle: tout enseignement donnait au texte une place centrale (CHENU 1969:15). Le sermon universitaire, qui fait son apparition vers 1230 à Paris, a profondément impressionné tous ceux qui éprouvaient de l'intérêt pour le phénomène texte. L'ancienne manière de prêcher, qui était un commentaire courant d'un long passage biblique, cédait maintenant la place à une forme d'une complexité inaccoutumée. Nous en trouvons la description dans un type de traité rhétorique auquel peu de médiévistes prêtent l'attention qu'il mérite: l'*Ars praedicandi* (CHARLAND 1936; MURPHY 1971). Le sermon commence par un *thème*, en général un verset biblique ou une partie d'un verset. Ce thème est lié, par le sens ou par la répétition de quelques mots, au *prothème*.* L'*introduction* qui suit consiste en trois parties. D'abord la *division*: le thème est repris et divisé en plusieurs parties, le plus souvent trois. Puis la *déclaration*: chaque partie est expliquée et confirmée par des "autorités" dans la *confirmation*. Quelques mots de ces *auctoritates* doivent correspondre au *thème*. Les trois parties *divisio, declaratio* et *confirmatio*, sont reliées par un système compliqué de *correspondentiae* et finalement réunies dans le *thème*.

Pierre de Baume compare les motets aux sermons:

> "Il en est des sermons comme des motets. Autrefois le chant était simple et clair. Alors on pouvait comprendre la musique et les paroles parce qu'on pouvait les distinguer. De même, il y avait des sermons qui vous étaient profitables. Mais à présent ils ont des rimes et des comparaisons curieuses et ils contiennent des subtilités philosophiques"[14].

Plus encore que le degré de complexité des deux formes, ce qui mérite l'attention c'est le fait qu'il s'agit d'une même structure. Dans les motets il y a une construction semblable avec des citations, la similitude des fragments de citations, la division du thème, les correspondances. Il y a des citations extraites d'autres motets ou d'autres textes lyriques, ce qui les dote de la fonction d'*auctoritas*.

Les vers introductifs du motet que je vous ai donné comme exemple, je les ai également retrouvés ailleurs, l'un dans une *Abeie du chastel amoureux* encore inédite, l'autre dans la *Cour d'Amour* de Mathieu le Poirier. Qu'il s'agit ici de plus qu'une analogie, cela ressort du fait que pour les savants du moyen âge les textes lyriques avaient bien réellement le statut d'autorités. Dans le traité de Gérard de Liège, *Quinque Incitamenta ad Deum amandum ardenter*, on trouve cités côte à côte St. Augustin, St. Bernard, St. Grégoire et des vers en langue vulgaire: tous ces textes sont présentés sans distinction comme des arguments soutenant le raisonnement[15]. Peter DRONKE (1965:59) s'étonne que l'auteur d'un traité d'une telle piété se montre si familier de la poésie profane. Il n'y a pas là de quoi s'étonner si l'on pense que Gérard de Liège a tiré toutes ses citations de la littérature

---

* *Trad.*: Le passage qui suit est repris de la traduction que l'auteur en a donnée lui-même dans *La forme des polémiques et les formes poétiques: dits et motets du XIIIe siècle*, voir ci-après p. 38.
14. B. SMALLEY (1960:43–44).
15. Ed. de WILMART (1933:205–247).

des motets, où le sacré et le profane sont étroitement liés. La *dispositio* de la littérature homilétique nous aide à mieux voir et comprendre celle des motets et signale clairement le caractère rationnel de la poésie lyrique du milieu universitaire parisien. L'*argumentum ex auctoritate* introduit un texte dans le texte, c'est-à-dire un morceau de réalité – la seule forme de réalité possible dans un texte. Ceci est avant tout le signe d'une réflexion sur la littérature: la littérature est ici clairement l'objet de la littérature. Ceci fournit aussi à l'ensemble d'un texte de motet une base logique pour soutenir le raisonnement.

Ce point de vue permet d'expliquer presque tous les écarts de fréquence importants: *un*, *tout*, *car* et *quant* sont des syncatégorèmes, qui montrent que beaucoup de motets se présentent sous la forme de syllogismes. Le faible rapport vocables/occurrences correspond à la fréquence élevée des mêmes expressions, des citations. La préférence pour *elle* par rapport à *vous* découle de l'effort pour donner aux affirmations une valeur générale.

La présence côte à côte de plusieurs voix est souvent exploitée pour aller du général au particulier et du particulier au général. Ceci est très clair dans les motets dont l'amour forme le thème des deux voix: tandis que l'une des voix traite de l'amour de façon très abstraite et générale, la dame est désignée à la troisième personne dans l'autre voix. Ou bien elle est désignée dans une voix par *vous*, dans l'autre par *elle*. Il m'est impossible de vous donner ici des exemples de toutes les formes sous lesquelles se manifeste ce phénomène étrange du point de vue de l'exploitation des moyens linguistiques que représente la superposition de deux ou plusieurs textes: effets de contraste et d'écho, retour de thèmes et de motifs, développements différents d'un même thème. Cela se retrouve à tous les niveaux: tant dans les sons que dans les constructions, tant dans le rythme qu'au niveau du sens. Les sujets, les thèmes et les motifs des textes ne se combinent donc pas sous l'empire du hasard. S'il y a un contraste violent, il permet de varier le point de vue sur une même donnée: la courtoisie vue à travers l'idéal chevaleresque du XIIe siècle, contre la vision du citadin du XIIIe siècle. Dans le motet se côtoient, ou plutôt se pénètrent et se fondent en un tout l'ancien et le nouveau, la tradition et le renouvellement. Si l'on pense à d'autres formes littéraires complexes qui font leur apparition au début du XIIIe siècle, comme les romans avec leurs "entrelacements" d'actions simultanées au développement parallèle, on ne s'étonne plus que le milieu citadin et universitaire de Paris soit le berceau du motet, ce genre qui permet d'exprimer la complexité de la vie sociale: un même motet peut nous faire entendre le traditionnel amant qui chante son amour, déplorer la disparition de la courtoisie, thème traditionnel également, mettre en scène beuveries, amours, disputes logiques et jeux de hasard dans une taverne parisienne.

C'est un genre dans lequel tout à la fois un chevalier s'adresse à sa dame, un berger à sa bergère, un croyant à la Vierge, et dans lequel le langage laïque sonne aussi clairement que celui de l'église, où la tradition de la courtoisie s'harmonise avec les méthodes scolastiques les plus récentes. Les nombreuses possibilités offertes par la vie réelle sont à exploiter: satire de la spiritualité et piété intérieure, latin solennel et français ordinaire, joie et chagrin.

L'une des locutions lexicalisées les plus fréquentes est *mal d'amours*. Et là-dessous résonne le ténor que je trouve dans le manuscrit de MONTPELLIER au fol. 332r: A PARIS. C'est cette ville qui voit naître le motet, auquel s'applique la question rhétorique de Pierre GALLAIS (1972:12):

> "La plus belle des réalisations de l'homme occidental – l'une des rares dont il puisse ne pas avoir honte – n'est-elle pas la polyphonie?"

# La forme des polémiques et les formes poétiques:
## dits et motets du XIIIe siècle

Cette étude se base d'une part sur une partie de la production littéraire relative à la polémique autour de Guillaume de Saint-Amour par un homme que Mgr. GLORIEUX (1971:346-350) a bien voulu inclure dans sa précieuse liste de *La Faculté des Arts et ses maîtres au XIIIe siècle*, mais non sans nous avertir, comme tant d'autres, que nous savons très peu sur lui et sur ses liens, comme étudiant ou maître, avec l'Université de Paris: je nomme Rutebeuf, d'autre part sur quelques "motets" en langue vulgaire, qui nous introduisent bien dans le même milieu universitaire que les ouvrages de Rutebeuf, mais qui ne touchent pas au fonds doctrinal ou à l'historique de la question.

En effet, je n'ai pas l'intention d'étudier de façon directe le problème de savoir comment ces textes peuvent contribuer à une meilleure connaissance ou compréhension d'un "fait d'actualité". Il faut bien comprendre que Rutebeuf n'a pas contribué à la constitution du dossier d'arguments dans la querelle de l'Université; FARAL est très explicite là-dessus (FARAL & BASTIN 1969[2]:I, 37):

> "S'il s'agit de ses poèmes du groupe relatif à l'Eglise, à
> l'Université et aux ordres mendiants, il est bien évident
> qu'il n'a pas constitué lui-même l'arsenal des arguments
> tirés des évangiles et des épîtres canoniques dont il
> s'est servi contre les Frères: le travail avait été fait
> en 1255 par Guillaume de Saint-Amour et ses partisans dans
> le *De Periculis*, où il a trouvé un arsenal de références
> toutes prêtes".

J'étudie la façon dont une polémique universitaire a pu devenir objet de la littérature en langue vulgaire, autrement dit, comment elle a pu être insérée dans un ensemble qui sans aucun doute était senti comme l'ensemble de la production littéraire. Le champ de vision sur l'objet est encore limité par le fait que je concentre mes efforts sur l'aspect formel de la structure des textes, du "dit" de Rutebeuf et du "motet".

Ces limitations dues en partie au choix de Rutebeuf comme objet d'étude se justifient par la place importante qu'il occupe comme intermédiaire entre les protagonistes de la polémique et le grand public. C'est lui qui essayait de gagner le grand public à sa cause. En effet, FARAL (*ibid*. I, 56), suivi en cela par FRAPPIER (1962:220), voyait dans Rutebeuf un représentant du peuple qui s'adressait à des princes, des barons, des prélats. N. FREEMAN REGALADO (1970:78), l'auteur du livre le plus important sur Rutebeuf des dernières années, polémise contre FARAL. Elle montre un autre Rutebeuf, un propagandiste qui s'adresse à des non-initiés, un vulgarisateur de la cause de Guillaume de Saint-Amour auprès du grand public. Je considère cette dernière fonction des *dits* de Rutebeuf comme la plus importante, la fonction primaire, mais je ne voudrais pas négliger l'autre aspect de l'oeuvre poétique de Rutebeuf: il avait à tenir compte de la réaction de ceux qui, dans la querelle, occupaient la place la plus importante, soit parce qu'ils lui avaient demandé d'écrire le dit, soit parce qu'ils étaient visés eux-mêmes. C'est à Rutebeuf que nous devons toute une littérature contre les Mendiants, c'est à sa suite que nous trouvons les satires de Jean de Meung jusqu'à Villon. E.B. HAM dans le *Dictionnaire des Lettres*[1] le qualifie de: "publiciste-pamphlétaire privé de tout successeur voulant se réclamer de ses idées", mais il juge trop vite en se basant probablement sur le fait que nous ne trouvons aucune mention de lui, ni dans des documents de l'époque, ni chez des poètes contemporains ou postérieurs.

Il est beaucoup plus important de constater que son oeuvre a vécu, a occupé une place importante dans des recueils manuscrits et dans l'esprit de bien des auteurs.

Si la place de Rutebeuf, à l'intérieur de la polémique, est modeste à côté de celle d'un Guillaume de Saint-Amour, d'un St. Thomas, dans l'histoire littéraire de la France il en est autrement. C'est avec lui que l'histoire rencontre, pour la première fois, la poésie, fait dire P. ZUMTHOR (1972:412) à Nancy FREEMAN REGALADO. Ce n'est pas sans exagération, certes, mais le lecteur de Rutebeuf comprend pourquoi ZUMTHOR dans son enthousiasme, cite FREEMAN REGALADO de façon incorrecte. On n'a qu'à penser au sirventés de Peire Cardinal pour se rendre compte de l'exagération. FREEMAN REGALADO (1970:188), plus précise, indique bien dans quelle mesure la poésie de Rutebeuf marque une étape de l'histoire littéraire:

> "The encounter between poetry and history, which takes place in Rutebeuf's University poems is perhaps the necessary first step toward our modern conception of poetry as an expression of individual consciousness".

---

1. *Dictionnaire des Lettres françaises*. *Le Moyen Age*, Paris, 1964, 665.

On constate d'autre part que, sutout ces dernières années, on apprécie de plus en plus la technique poétique de Rutebeuf. On ne le considère plus comme un rimeur assez quelconque, imitateur trop servile de modèles médiocres, amteur de jeux de mots puérils (comme le disait naguère E.B. HAM[2]) et qui devrait sa célébrité uniquement à la polémique universitaire (comme un journaliste qui doit sa réputation à une cause célèbre), mais on apprécie sa façon de dire, parce qu'on a une meilleure compréhension du cadre dans lequel se place son activité littéraire.

Il en est de même pour la littérature des motets. Il y a sept ans à peu près, quand je me suis intéressé à cet ensemble de plus de 500 textes en ancien français, les médiévistes romanistes à qui j'en parlais me répondaient: "Mais c'est de la musique". Les choses ont bien changé: j'ai inclus les refrains des motets dans mon propre livre, et MÜLK & WOLFZETTEL (1972) présentent les schémas des motets dans leur *Répertoire métrique*. Pour les motets aussi, il faut une connaissance plus complète du cadre, pour qu'on puisse en apprécier pleinement l'intérêt. Les motets ont souffert trop longtemps du préjugé qu'on avait aussi contre les chansons de trouvères: les différences minimes entre les textes indiqueraient un manque d'originalité. Pour les chansons des trouvères cette idée a été changée de façon radicale depuis que nous sommes conscients du fait que nous ne pouvons pas appliquer telle quelle notre notion d'originalité à des textes du moyen âge, où elle signifiait dans une mesure importante l'exploration des possibilités offertes par la tradition. Pour les motets le préjugé se trouve encore dans des livres très récents[3]. Par leurs caractéristiques formelles, les motets se distinguent nettement de tous les autres textes chantés: ce sont des chants polyphoniques. Jusqu'à la fin du XIIe siècle il s'agissait exclusivement de textes liturgiques en latin. Les sujets devinrent pratiquement exclusivement profanes vers le milieu du XIIIe siècle, après avoir été pieux au début du siècle. On constate un retour partiel vers des sujets religieux dans la deuxième moitié du siècle. Nous connaissons des motets à deux, trois ou quatre voix. Il y a toujours un "ténor" qui dans quelques rares cas seulement, vers la fin du siècle, est emprunté à la musique profane: dans les autres cas il s'agit toujours d'une mélodie liturgique n'ayant qu'un seul mot comme texte. A cela s'ajoutent plusieurs voix qui ont des textes différents, le double

---

2. *Op. cit.*, 665.
3. Van der WERF (1972:71).

(qu'on appelle aussi·"motet"; j'utilise le mot "motet" exclusivement pour désigner la composition entière), éventuellement un
triple ou un quadruple. Le caractère particulier de ces motets est
donc le fait que plusieurs exécutants chantent en même temps des
textes différents. Ces différences entre les textes exécutés simultanément peuvent être très grandes: tandis qu'une voix chante
en latin, l'autre est française; tandis que l'une décrit comment
un chevalier essaye de séduire une bergère, l'autre voix décrit la
beauté de la "dame courtoise"; contre un ténor d'un seul mot il y
a des voix de quarante vers. Ce qui cependant est essentiel, c'est
que le tout forme une unité, avec une particularité cependant:
aucune voix n'est subordonnée à l'autre, conformément aux idées
qu'on trouve chez les penseurs du XIIIe siècle sur la relation
individu-groupe: non pas subordination, mais combinaison des possibilités individuelles. Aussi, un théoricien écrit-il vers 1274:
"Les sons doivent bien aller ensemble; chacun des chanteurs doit
bien connaître la partie des autres et en tenir compte lors de
l'exécution de la sienne". Evidemment, cela posait de graves problèmes au compositeur de la musique et dans de nombreuses études
ce phénomène a été examiné de façon très détaillée.

Quelle est la situation concernant l'étude des textes? Il y a
un siècle Gaston RAYNAUD[4] a édité les motets connus à ce moment et
il a indiqué l'utilité d'une étude littéraire. Elle n'a pas paru
jusqu'à ce jour et j'ai pu montrer ailleurs[5] que les mêmes jugements de valeur sur "les banalités et les formules" circulent toujours. Les motets furent considérés surtout comme des chansons de
trouvères, mais moins originales, moins raffinées, ce qui serait
dû aux exigences de la musique.

En ce qui concerne Rutebeuf, je n'ai pas besoin de vous rappeler que les Dits contre les Mendiants et concernant l'Université
ne forment qu'une partie de son oeuvre très variée. Nous possédons
de cet auteur des ouvrages hagiographiques ("Vie de Sainte Elisa-
beth" et "Vie de Sainte Marie l'Egyptienne"), une pièce de théâtre
("Miracle de Théophile") et une mime ("Dit de l'herberie"), des
fabliaux, des poèmes de croisade, des poésies dites personnelles.
Sa spécificité ressort le mieux si on le considère comme l'auteur
de "dits", et c'est ce genre qu'il a illustré en particulier, té-

---

4. RAYNAUD & LAVOIX (1882–1884).
5. Van den BOOGAARD (1973:8–9) – *Réd:* reproduit en traduction dans le
   présent volume, 5–6.

moin le copiste du ms BN 837 (fin XIIIe siècle) qui présente une série de 31 ouvrages de Rutebeuf sous la rubrique: "Ci commencent li dit Rutebeuf". Il inclut aussi des textes comme le "Miracle de Théophile", et à la fin il donne encore le terme global: "Expliciunt tuit li dit Rutebeuf". Pour définir les "dits" de Rutebeuf, on a eu trop souvent tendance à définir le "dit" de façon négative[6], à souligner l'absence de musique. En effet, il est difficile de trouver un dénominateur commun pour tous les textes qui, au XIIIe siècle, sont désignés par le mot "dit": on ne peut faire entrer en ligne de compte le contenu, qui est très variable, ni la forme métrique, à part le fait que c'est toujours en vers (et encore: le "Dit de l'herberie"). Donnons la parole à Gustav GRÜBER, dont l'essai de définition est encore cité avec approbation par H.R. JAUSS[7]:

> "Der Dit, ob nun moralisch belehrend, beschreibend, satirisch, mahnend oder erzählend, ernsthaft oder scherzhaft, deduzierend oder exemplifizierend, ist Fortsetzer des lateinischen Lehrgedichts des 12. Jahrhunderts, das schon in den unter Walter Maps Namen gehenden Gedichten Form und Farbe des französischen Dit hat".

ZUMTHOR (1972:412) nous dit à propos des textes qui nous intéressent ici:

> "Dans les poèmes évoquant les querelles de l'Université, quelques thèmes adaptés de la tradition des moralistes latins (ou inspirés par une première émotion, et dès lors inchangés quelle que soit la tournure des événements), se coulent naturellement dans la forme préétablie du dit 'comme une eau dans le creux du paysage'".

Cependant, il serait bien difficile de dire quelle était cette forme préétablie du dit, et il faut compléter cette formule en citant REGALADO (1970:113), à qui ZUMTHOR renvoie, et qui insiste sur les changements, sur la dialectique entre tradition et nouveau:

> "The poet tends to seek the preestablished moulds as naturally as water flows along a stream bed, gradually eroding and carving new forms".

D'ailleurs quelques pages plus haut (406) ZUMTHOR lui-même avait indiqué l'absence de contours très nets du "dit":

---

6. J. FRAPPIER (1962:224).
7. *Grundriss der romanischen Literaturen des Mittelalters*, VI/1, Heidelberg, 1968, 163.

"Die meist geistlichen Dichter setzen sich von den contes
und fables der weltlichen Dichtung ab und bezeichnen den
neuen "modus dicendi" der allegorischen Form mit Dit um
den höheren Rang des Nichterfundenen zur Geltung zu
bringen".

Cette notion de vérité se révèle, à l'analyse, particulièrement
fructueuse pour les dits de Rutebeuf: dans ses dits concernant
l'Université et les Mendiants l'indignation contre l'hypocrisie
est une constante: figurant dans le titre même d'un de ses dits,
le terme d'hypocrisie se retrouve dans bon nombre d'autres dits,
tandis que la notion est élaborée dans presque tous les dits, ac-
tualisée souvent par l'opposition entre paroles et actes: B 5-8, C
67-70, E 18. Partout Rutebeuf insiste sur le fait qu'il dit la
vérité. Dans cette perspective cela semble difficile à concilier
avec ce que M. DUFEIL (1972) dit à propos de la fonction de la
littérature dans la propagation des idées de Guillaume de Saint-
Amour:

"Les ordres mendiants nés d'hier n'apparaissent guère avant
lui dans la littérature et c'est de Guillaume par Rutebeuf
que procède leur peinture spécifique, malicieuse ou ma-
ligne. Guillaume prend donc, grâce à Rutebeuf, son profil
le plus sympathique. Il n'était pas à l'aise dans la philosophie dont les philosophes l'ont valablement chassé.
Etait-il tellement à l'aise dans les études? Mettant son
latin pauvre en français, Rutebeuf le met à l'aise et à la
portée du grand public. Que les injures ne soient pas des
arguments, qu'elles ne portent guère sur un Bonaventure,
un Thomas d'York, un Humbert de Romans, un Thomas d'Aquin
peut gêner en théologie. Mais en littérature, voilà tout à
sa place: personne ne demande au pamphlet une vérité
scientifique".

Mais ce serait trop simplifier la pensée de DUFEIL que de voir
dans ce passage une condamnation du travail de Rutebeuf en ce qui
concerne sa sincérité. En effet, nous dit DUFEIL (1972:308), "sin-
cère n'équivaut pas à vérace", et si Rutebeuf se réclame de vérité, c'est sans aucun doute parce que ses dits renfermaient, pour
lui, la vérité: il était convaincu de la véracité de ses arguments, et si l'historien d'aujourd'hui arrive à indiquer des erreurs, c'est parce que l'oeuvre de Rutebeuf trahit le souci de
deux intentions simultanées:

1. fournir des arguments qui avaient été utilisés (par Guillaume) dans le débat contre des théologiens réputés et qui
   par là même étaient déjà valables. Si ces arguments n'avaient
   pas encore été acceptés par les personnes haut placées et

responsables, cela pouvait tenir à ce qu'ils ne les avaient pas suffisamment entendus. Rutebeuf est là pour les répéter. Ou bien

2. soigner la forme, parce que c'est par une bonne rhétorique, par l'art oratoire qu'on peut amener non seulement des spécialistes, mais encore et surtout des non-initiés, à accepter les arguments avancés.

La réunion de ces deux efforts demande une certaine stylisation, dépouillement, simplification, demande aussi - et c'est là où intervient utilement la formulation de "vérité scientifique" - renoncement à la terminologie scientifique et acceptation du langage de tous les jours avec son ambiguïté, ou mieux, il faut profiter de l'ambiguïté même, lorsqu'il s'agit d'obtenir des effets oratoires.

Un seul exemple pour illustrer cette ambiguïté qui frise le manque de vérité: dans le *Dit de Guillaume de Saint-Amour* (FARAL & BASTIN 1969²:I, 243-248) Rutebeuf résume brièvement les éléments de la querelle qu'il suppose connue chez son auditoire:

> v. 47 Bien avez oï la descorde
> (Ne covient pas que la recorde)
> Qui a duré tant longuement
> Set anz tot pleins entirement
> Entre la gent saint Dominique
> Et cels qui lisent la logique

DUFEIL (1972:308) nous fait observer:

> "Transformer Guillaume, adversaire des *rationes logicae*, en liseur de logique est une assez belle licence poétique."

En effet, on a l'impression que Rutebeuf s'écarte ici de la stricte vérité, mais je chercherais l'explication dans une autre direction. Guillaume de Saint-Amour avait de forts appuis dans la Faculté des Arts (DUFEIL 1972:245) et ses partisans dans ce camp avaient bien le droit au titre de logiciens. Mais Rutebeuf présente l'expression: "ceux qui lisent de logique" dans une opposition avec "la gent saint Dominique", opposition sur le plan historique de la "discorde" évidemment, mais comme il est habituel de désigner les opposants par ce qui les diversifie, Rutebeuf suggère que les Dominicains n'ont pas droit à cette désignation, qu'ils ne sont pas logiciens, que leurs arguments n'ont pas de valeur logique. C'est comme si dans un match de football où l'une des deux équipes porte shorts noirs et maillots blancs, l'autre shorts noirs et maillots bleus, le reporter désignait les uns par les shorts noirs et les autres par les maillots bleus. Notons qu'on enseignait ces oppositions dès les premières pages des traités de logique[9]. Pourtant Rutebeuf n'a rien dit qui soit incorrect: et même si l'on voulait le condamner sur ce qu'il n'a pas dit, sur le sous-entendu, le présupposé, il pourrait rétorquer que pour lui la conclusion justifierait cet argument puisque les uns ont raison, les autres ont tort, les uns ont des arguments logiques, les autres ne les ont pas.

Cet exemple nous montre Rutebeuf attaché au camp de ceux qui enseignaient la logique, et même si nous ne savons pas s'il a enseigné lui-même, on peut être assez sûr du fait qu'il a fait des études dans la Faculté des Arts. C'est cet aspect que je voudrais souligner ici: les rapports entre la forme de l'oeuvre de Rutebeuf et la forme de l'enseignement qu'il a reçu, la forme des polémiques auxquelles il a été mêlé. De la même façon j'étudie des textes venant du même milieu universitaire parisien: les motets. J'avancerai un certain nombre d'hypothèses, je vous donnerai quelques arguments.

Voici mes hypothèses:

I. Dans les motets et dans les dits de Rutebeuf il y a une certaine structure que je tâcherai de vous décrire à l'aide d'un exemple.

II. Ces structures possèdent des caractéristiques communes.

III. L'identité des structures peut fournir une explication pour la composition, c'est-à-dire que la structure proposée par le chercheur dépendrait de causes identifiables au niveau de la composition. J'en distingue deux:
1. les conventions littéraires spécifiques du milieu universitaire,
2. la représentation et le public.

Pour saisir la structure caractéristique des productions littéraires en français venant d'auteurs du milieu de l'Université de Paris, dans notre cas Rutebeuf et les auteurs anonymes des motets, j'étudie cinq traits:

1. l'allégorie;
2. le caractère logique, raisonneur;
3. l'emploi d'exemples, de citations;
4. la présence de procédés rhétoriques, jeux de mots, répétitions;
5. la complexité, la division en parties (le plus souvent en 3 parties).

---

9. Cf. *Peter of Spain: Tractatus*. Ed. De RIJK (1972:6).

Dans beaucoup de cas je me contenterai de donner une indication rapide; je renvoie au livre très riche de Nancy FREEMAN REGALADO (1970) pour une étude détaillée des "poetic patterns of Rutebeuf".

## 1. L'allégorie

En ce qui concerne l'allégorie je donne un exemple de son emploi dans le triple *Certes mout est bone vie* du motet [(89, 90, 91)][10]. Les douze personnages cités du triple Tricherie, Traïsons, Mauvestié, Valor, Loyauté etc. auraient pu être pris dans un texte de Rutebeuf, car lui aussi s'en sert constamment. Le *Dit des Règles* n'en connaît pas, mais je puis vous renvoyer au *Dit d'Hypocrisie*, à la *Bataille des Vices contre les Vertus*, à la *Voie de Paradis* où les exemples abondent. Avec l'emploi de l'allégorie les auteurs des motets et Rutebeuf rejoignent ce qui pourra se généraliser au XIIIe siècle au point de devenir un jeu de société littéraire. On n'a qu'à penser au *Jeu du Chastel d'Amour*[11], basé sur le *Roman de la Rose*, dans lequel on posait la question:

> Du Chastel d'Amour vous demant
> Dites le premier fondement.

Après la réponse, la question suivante était:

> Or me nommez le mestre mur
> Qui joli le font, fort et seur

Ensuite:

> Dites moy qui sait li crenel
> Les fenestres et li carrel

On croit entendre une réponse quand Rutebeuf dit dans sa *Voie de Paradis*:

> Du fondement de la maison
> Vous di que tel ne vit més hom
> Un mur i a de felonie
> Tout destempré a vilonie

et plus loin

> En la maison a sis verrieres etc.

---

10. Texte de RAYNAUD & LAVOIX (1882–1884:I, 26–28), avec corrections d'après le fac-similé du manuscrit publié par ROKSETH (1935–1939). Voir ci-après p. 33.
11. Cité d'après le ms de MONTPELLIER, Bibl. de l'Ecole de Médecine, 236. Le même jeu, d'après un autre manuscrit, est cité par HUIZINGA (1957[9]:125).

Des regles
Puis qu'il covient verité tere,
De parler n'ai je més que fere.
Verité ai dite en mains leus:
4 Or est li dires pereilleus
A cels qui n'aiment verité,
Qui ont mis en auctorité
Tels choses que metre n'i doivent.
8 Aussi nous prenent et deçoivent
Com li gorpis fet les oisiaus.
Savez que fet li damoisiaus?
En terre rouge se toueille,
12 Le mort fet et la sorde oreille;
Si vienent li oisel des nues
Et il aime moult lor venues,
Quar il les ocist et afole:
16 Ausi, vous di a brief parole,
Cil nous ont mort et afolé
Qui paradis ont acolé.
A cels le donent et delivrent
20 Qui les aboivrent et enyvrent
Et qui lor engressent les pances
D'autrui chatels, d'autrui substances,
Qui sont, espoir, bougre parfet
24 Et par paroles et par fet,
Ou userier mal et divers,
Dont el sautier nous dit li vers
Qu'il son ja dampné et perdu.
28 Or ai le sens trop esperdu
S'autres paradis porroit estre
Que cil qui est le roi celestre:
Quar a celui ont il failli,
32 Dont en la fin sont mal bailli;
[Mais il croient ces ypocrites
Qui ont les enseignes escrites
Einz vizages d'estre preudoume,
36 Et il sont teil com je les noume.]
Qui porroit paradis avoir
Aprés la mort por son avoir,
Bon feroit embler et tolir.
40 Més il les covendra boillir
Ou puis d'enfer sanz ja reembre:
Tel mort doit l'en douter et criembre.
Bien sont or mort et awoglé,
44 Bien sont or fol et desjuglé
S'ainsi se cuident delivrer.
Au mains sera Diex au livrer
De paradis, qui que le vende.
48 Je ne cuit que sains Pieres rende
Ouan les clez de paradis:
Et il i metent dis et dis
Cels qui vivent d'autrui chaté!
52 Ne l'ont or bien cist achaté?
S'on a paradis por si pou,
Je tieng por bareté saint Pou,
Et si tieng por fol et por nice

56  Saint Luc, saint Jaque de Galice
    Qui s'en firent martirier,
    Et saint Pierre crucefier;
    Bien pert qu'il ne furent pas sage
60  Se paradis est d'avantage,
    Et cil si rementi forment
    Qui dist que paine ne torment
    Ne sont pas digne de la grace
64  Que Diex par sa pitié nous face.
    Or avez la premiere riegle
    Des cels qui ont guerpi le siecle.
    La seconde vous dirai gié.
68  Nostre prelat sont enragié,
    Si sont decretistre et devin.
    Je di por voir, non pas devin:
    Qui por paor a mal se ploie
72  Et a malfetor se souploie
    Et por amor verité lesse,
    Qui a ces deux choses se plesse
    Si maint bone vie en cest monde,
76  Qu'il a failli a la seconde!
    Je vi jadis, si com moi samble,
    Vint et quatre prelas ensamble
    Qui, par acort bon et leal
80  Et par conseil fin et feal,
    Firent de l'Université,
    Qui est en grant aversité,
    Et des Jacobins bone acorde.
84  Jacobins rompirent la corde.
    Ne fu lors bien nostre creance
    Et nostre loi en grant balance,
    Quant les prelaz de sainte Yglise
88  Desmentirent toz en tel guise?
    N'orent il lors assez vescu
    Quant l'en lor fist des boches cu,
    C'onques puis n'en firent clamor?
92  Le preudomme de Saint Amor
    Por ce qu'il sermonoit le voir
    Et le disoit par estovoir,
    Firent tantost semondre a Romme.
96  Quant la cort le trova preudomme,
    Sanz mauvestié, sanz vilain cas,
    Sainte Yglize, qui tel clerc as,
    Quant tu le lessas escillier
100 Te peüz tu miex avillier?
    Et fu baniz sanz jugement.
    Ou Cil qui a droit jugement,
    Ou encor en prendra venjance
104 Et si cuit bien que ja commance:
    La fin du siecle est més prochiene.
    Encor est ceste gent si chiene,
    Quant un riche homme vont entor,
108 Seignor de chastel ou de tor,
    Ou userier ou clerc trop riche
    (Qu'il aiment miex grant pain que miche),
    Si sont tuit seignor de leenz:

112  Ja n'enterront clerc ne lai enz
     Qu'il nes truisent en la meson.
     A ci granz seignors sanz reson!
     Quant maladie ces genz prent
116  Et conscience les reprent
     Et Anemis les haste fort,
     Qui ja les voudroit trover mort,
     Lors si metent lor testament
120  Sor cele gent que Diex ament:
     Puis qu'il sont saisi et vestu,
     La montance d'un seul festu
     N'en donront ja puis por lor ame.
124  Ainsi requeut qui ainsi same.
     Sanz avoir cure or ont l'avoir,
     Et li curez n'en puet avoir,
     S'a paine non, du pain por vivre
128  Ne achater un petit livre
     Ou il puisse dire complies:
     Et cil en ont pances emplies
     Et bibles et sautiers glosez,
132  Que l'en voit cras et reposez.
     Nus ne puet savoir lor couvaine,
     Je n'en sai c'une seule vaine:
     Il vuelent fere lor voloir,
136  Cui qu'en doie le cuer doloir.
     Il ne lor chaut, més qu'il lor plese,
     Qui qu'en ait paine ne mesese.
     Quant chiés povre provoire vienent
140  (Ou pou sovent la voie tienent
     S'il n'i a riviere ou vingnoble),
     Lors sont si cointe et sont si noble
     Qu'il samble que ce soient roi.
144  Or covient por els grant aroi,
     Dont li povres hom est en trape.
     S'il devoit engagier sa chape,
     Si covient il autre viande
148  Que l'Escripture ne commande.
     S'il ne sont peü sanz defaut,
     Se li prestres de ce defaut,
     Il ert tenuz a mauvés homme,
152  S'il valoit saint Piere de Romme.
     Puis lor covient laver les james.
     Or i a unes simples fames,
     Qui ont envelopé les cols
156  Et sont barbees comme cols,
     Qu'a ces saintes genz vont entor,
     Qu'eles cuident au premier tor
     Tolir saint Piere sa baillie;
160  Et riche fame est mal baillie
     Qui n'est de tel corroie çainte.
     Qui est plus bele s'est plus sainte.
     Je ne di pas que plus en facent,
164  Més il samble que pas nes hacent,
     Et sains Bernars dist, ce me samble:
     "Converser homme et fame ensamble
     Sanz plus ouvrer selonc nature,

```
    168  C'est vertu si nete et si pure,
         Ce tesmoingne bien li escriz,
         Com de Ladre fist Jhesus-chriz".
         Or ne sai je ci sus qu'entendre:
    172  Je voi si lun vers l'autre tendre
         Qu'en un chaperon a deus testes,
         Et il ne sont angles ne bestes.
         Amis se font de sainte Yglise
    176  Por ce que en plus bele guise
         Puissent sainte Yglise sozmetre;
         Et por ce nous dit ci la lettre:
         "Nule dolor n'est plus fervant
    180  Qu'ele est de l'anemi servant".
         Ne sai que plus briefment vous die:
         Trop sons en pereilleuse vie.
         Expliciunt les Regles.
```

## 2. Le caractère logique

En ce qui concerne le caractère logique, le riche commentaire
de FARAL & BASTIN (1969) montre que Rutebeuf a suivi dans son exposé les arguments fournis par Guillaume de Saint-Amour.
Pour le *Dit des Règles*[12], on peut même affirmer que chaque idée,
chaque argument, et même une grande partie des termes utilisés
pour exprimer ces idées, dérivent des écrits des maîtres de l'Université de Paris qui défendaient Guillaume de Saint-Amour. Le vocabulaire de Rutebeuf aussi porte l'empreinte des raisonnements
scolastiques: DUFEIL (1972:311) attire, par exemple, l'attention
sur le terme de "conclus" du v. 65 de la *Complainte de maître
Guillaume*. Pour les motets il est beaucoup plus difficile de déce-
ler une structure logique. Le vocabulaire, à première vue, offre
très peu de termes scolastiques: je n'oserais pas invoquer l'emploi du mot "logique" du v. 62 "Qui n'ont cure que la soit logique
disputée", puisqu'il fonctionne dans une scène de taverne. Mais ce
caractère devient visible par une étude minutieuse du vocabulaire
contrasté avec celui de la poésie courtoise des trouvères. J'ai pu
réunir, grâce à une subvention de l'Organisation Néerlandaise pour
le Développement de la Recherche Scientifique, et grâce à l'utilisation des ordinateurs de l'Université d'Amsterdam, un corpus de
plus de 100.000 mots des chansons de trouvères et des motets. Un
examen statistique a révélé dans les motets une proportion très
forte de mots qu'on appelle *syncategoremata* dans les traités logiques et qui seraient l'indice d'une structuration logique. Dans

---

12. Texte de FARAL & BASTIN (1969²:I, 269-276).

l'ensemble des motets il y a d'excellents exemples de syllogismes qui pouvaient sortir tout droit de manuels tels que le traité de Pierre d'Espagne[13].

## 3. L'emploi d'exemples, de citations

Les textes qui nous occupent renferment aussi des éléments qui se présentent nettement comme des blocs d'expérience toute faite: des citations, des exemples. Il n'est pas toujours facile, pour nous autres lecteurs du XXe siècle, de les reconnaître comme tels, mais pour l'auditeur ou le lecteur du moyen âge la référence au monde (c.q. monde poétique) extérieur a dû être évidente. Dans le motet que vous avez devant vous, c'est le hasard d'une citation dans le *Roman de Fauvel* qui nous fait reconnaître les deux derniers vers du double:

> Ci nous faut un tour de vin
> Dieus, car le nos donez[14],

comme le refrain d'une chanson qui a dû être chantée dans les rues de Paris. Mais le procédé est constant dans les motets: on n'a qu'à penser aux motets entés sur un refrain, aux centons[15]. En ce qui concerne les "exempla", ils sont plus difficiles à trouver, mais si l'on analyse notre motet en ses parties, on pourrait maintenir que la description précise d'une soirée de bonne chère fonctionne comme "exemplum" par rapport à la "bone vie" abstraite, réalisée à travers des abstractions, des allégories, du triple. Pour le dit de Rutebeuf, le procédé crève les yeux: exemple dès le v. 7:

> Aussi nous prenent et deçoivent
> Con li gorpis fet les oisiaus.
> Savez que fet li damoisiaus?
> En terre rouge se toueille etc.

Pour les citations, j'indique uniquement les v. 165 et suivants où Rutebeuf renvoie explicitement à St. Bernard. Il serait facile de multiplier les exemples.

## 4. Les jeux de mots

Les jeux de mots, les "annominationes" en particulier, ont été

---

13. J'en ai donné un exemple dans: *Taal, Rekenen, Geschiedenis*, 1973, 18–19 *(Réd.*: Reproduit en traduction dans le présent vol., p. 13).
14. Van den BOOGAARD (1969:126).
15. *Ibid.*:297–312.

89    

1° Ce que je tieng pour deduit, c'est ma dolors,
Car ce qui plus mi destraint, c'e[s]t bone amors
    Ou je m'ai doné tous jors
        Sans repentir,
5 Si que ne m'en quier partir
    Ne mon cuer de li mouvoir.
    A mon gré me fait doloir;
    S'en doi mieus mes maus souffrir
    Et plus doucement sentir
10      En bon espoir,
      Et pour mieus valoir;
    Car nus ne puet sans amie
    Savoir, sens ne cortoisie
      Ne grant joie avoir.
15 Ne voil cuer mie removoir,
Par toz sainz qu'en ore et prie,
Mout a amours grant pooir.
Qui si me destraint et lie,
      Qu'a li remanoir
20 M'estuet et main et soir.

4°

90     2°

Certes mout est bone vie
D'estre en bone compaignie
    Vraie et esprovée,
    Car plus tot trovée
25 Est orendroit tricherie,
Traïsons et mauvestés
Que valors ne loiautés,
    Sens ne cortoisie.
Detractions et fausetés
30     Est si essaucie
    Par ypocrisie,
Que sozmise en est equités
Et la fois abaissie.
Dieus! tant est granz folie
35 De mener tel boidie!
Cil par qui fois et veritès
Devroit estre enseignie,
Ont les cuers si avuglès
    D'estre en signorie,
40 Que trop pou reluist lo bontés,
Car ils sunt trop enclin
    Au monde d'assès;
A peines voit on devin
44 Qui n'i soit adourez.

91    

3°

    Bone compaignie,
    Quant ele est bien privée,
Maint jeu, mainte druerie
    Fait fere a celée.
Mès quant chascun tient s'amie
50     Cointe et bien parée,
Lors a par droit bone vie
    Chascun d'aus trovée.
Li mengiers est atornès
    Et la table aprestée:
55 De bons vins i a assès
Par qu[o]i joie est menée.
Après mengier font les dès
    Venir en l'asamblée
    Sour la table lée.
60 Et si ai sovent trové
    Maint cler, la chape ostée,
Qui n'ont cure que la soit logique desputée.
Li hostes est par delès,
      Qui dit: "Bevès!
65 Et quant vins faut, si criès:
Ci nous faut un tour de vin!
Dieus, car le nos donez!"

longtemps méprisés dans les études sur Rutebeuf. J'ai déjà cité la qualification de "puéril" donnée par HAM à ce procédé. C'est à FREEMAN REGALADO (1970:205 sqq.) que nous devons la revalorisation de cette technique de Rutebeuf. Un petit exemple: au v. 84 Rutebeuf joue évidemment sur les deux sens du mot corde:

Jacobins rompirent la corde:

"accord" et "corde" et il réussit à impliquer, sans pourtant le dire, les Cordeliers dans l'affaire. C'était un jeu de mot favori chez Rutebeuf; je ne cite que quelques vers de son *Dit des Cordeliers:*

En la corde s'entordent cordee a trois cordons<br>
A l'acorde s'acordent dont nes descordé sons<br>
La descordance acordent des max que recordons.

Dans les motets on trouve un même procédé grâce à l'exploitation de l'exécution simultanée de plusieurs voix de motets: un même mot, les mêmes sons pouvaient être employés en même temps dans des sens différents, avec la possibilité de la suggestion d'un rapport entre les deux. Ainsi dans l'avant-dernier vers du triple et du double on entend "devin" qui signifie "théologien" en même temps que "tour de vin". L'effet de satire est évident!

## 5. La structure complexe de l'ensemble

Je n'ai pas beaucoup insisté sur les quatre phénomènes que je viens de passer en revue de façon rapide. Quelque intéressants qu'ils soient, et quelle que soit leur fréquence, ils ne restent qu'incidentels et ne concernent guère l'organisation de l'ensemble. Et c'est la structure de l'ensemble qui, à mon avis, trahit le mieux ce que nos textes ont de spécifique, et montre à quel point l'ère scolastique est obsédée par une volonté de structuration. Je vous ai déjà dit que la combinaison de quatre voix dans un seul motet supposait un degré d'habileté technique très élevé chez le compositeur. Je vous ai dit aussi que, selon des vues traditionnelles, le texte en souffrait. Or, je suis convaincu du contraire. Dans bon nombre de motets il y a une structuration qui met à profit au maximum la présence de deux ou plusieurs textes différents. Ce n'est pas le hasard qui a décidé de la rencontre des textes des voix différentes, mais un poète conscient de son métier. Je me limite dans ce contexte à quelques remarques seulement sur l'échantillon donné. Le quadruple est dans la tradition de la chanson courtoise avec l'antithèse joie-douleur, le triple cri-

tique ceux qui devraient enseigner la foi et la vérité (v. 36-37),
mais qui sont aveuglés par leur haute position ("signorie" v. 39);
même les théologiens ("devin" v. 43) n'en sont pas exclus (on reconnaît un thème cher à Rutebeuf), le double donne le registre de
la bonne vie: jeu, femmes, repas, vin. Le ténor est latin: MANERE.
Le triple permet, à plusieurs niveaux, une division tripartite:
les v. 21-34 présentent trois fois l'opposition "bone vie - mau-
vaise vie" suivie d'accusations générales aux enseignants et plus
précises aux théologiens.

Le double fait écho au triple (ou l'inverse, puisque l'un n'est
pas subordonné à l'autre) par la reprise de "bone compagnie". Il
ne s'agit pourtant pas de la même bonne compagnie: l'une étant
"vraie et esprovée", l'autre "bien privée". Nous sommes dans deux
registres différents (ZUMTHOR 1963:156) qui pourtant se complètent
quand la scène de taverne coïncide avec la description de l'arrogance des maîtres. Cette dialectique entre triple et double où
nous sommes à l'intérieur du monde clérical, est encore accompagnée, illustrée, soulignée, par la présence de l'amour courtois du
quadruple et la mélodie liturgique du "ténor". J'ai voulu souligner par cet exemple l'arrangement savant des textes. Avec la même
intention je vous soumets le texte du *Dit des Règles*. Mais le
choix du texte est encore déterminé par un autre facteur: ne serait-il pas possible d'arriver à une correction aux remarques de
FARAL sur la composition de la pièce en soumettant sa structure à
un examen détaillé. La notice de FARAL est un défi pour celui qui
s'attache à montrer qu'un chercheur pourrait donner une description de la structure d'un dit de Rutebeuf:

> "La composition de la pièce laisse beaucoup à désirer.
> C'est un tumulte d'idées dont l'ordre logique n'apparaît
> pas clairement et où les dominantes sont mal dégagées. Ces
> "régles" dont parle l'auteur, ce sont les règles des
> Ordres qu'il attaque, visant spécialement les Jacobins. Or
> la règle de ces religieux leur imposait, avant toutes
> choses, la pauvreté et l'humilité. L'idée de Rutebeuf a
> été probablement de montrer que, de fait, c'est là pure
> hypocrisie: en réalité, les Frères sont cupides (première
> règle) et orgueilleux (deuxième règle). Mais dans ce cadre
> règne beaucoup de confusion. Dans la première partie,
> c'est l'idée de tromperie, illustrée par celle d'un pou-
> voir d'absolution que les Frères s'arrogent menteusement:
> mensonge grâce auquel ils satisfont leur cupidité, en fai-
> sant payer des scélérats, qu'ils abusent en leur promet-
> tant l'absolution. La deuxième partie, concernant la deu-
> xième règle, s'ouvre par une diatribe contre les prélats,
> sans qu'on puisse voir du premier coup comment celle-ci se
> rattache à l'idée d'orgueil: on ne le voit qu'à la fin de

toute une tirade, quand l'esprit de domination des Frères apparaît enfin pour le lecteur, du fait qu'ils ont maté les prélats et fait condamner sans jugement Guillaume de Saint-Amour. Enfin, à partir du vers 106, commence une série de développements où s'expriment des griefs divers, qu'on a peine à faire rentrer dans une stricte définition de la deuxième règle. Manifestement, l'auteur s'est laissé entraîner en dehors de son plan primitif, en fonçant sur l'adversaire et en le harcelant de toutes parts, avec une fougue qui se soucie peu de l'ordre".

Evidemment la structure globale ne fait pas de difficulté: il y a nettement deux parties, marquées par une transition explicite aux vers 64-67:

> Or avez la premiere riegle
> De cels qui ont guerpi le siecle.
> La seconde vous dirai gié.

Mais je ne suis pas de l'avis de FARAL quant au contenu des deux règles, ou plutôt leur ordre. Pour moi la première règle s'applique à l'orgueil, la deuxième à la cupidité. Un examen des mots-clés confirme ce point de vue: dans la première partie le mot "paradis" est répété 7 fois. FARAL est induit en erreur par la mention aux vers 21-22 de ceux à qui les Jacobins promettaient le paradis: aux riches, mais ce n'est qu'un détail, car ce que le poète affirme fortement c'est l'orgueil de ceux qui osent s'arroger le droit de promettre le paradis, droit qui ne revient qu'à Dieu.

Rutebeuf revient trois fois sur cette idée. Après l'"exemplum" du Renard dont nous avons déjà parlé, il enchaîne trois types de raisonnements contre ceux qui promettent le paradis:

1. ils le promettent à des usuriers qui sont déjà condamnés
2. si l'on peut avoir le paradis par des vols, il faut devenir voleur
3. si l'on peut avoir le paradis sans se donner de mal, les saints martyrs ont été bien fous.

Chaque fois il termine son exposé par une référence à Dieu, le seul qui puisse en disposer:

v. 29 - 30  S'autres paradis porroit estre
            Que cil qui est le roi terrestre
v. 46 - 47  Au mains sera Diex au livrer
            De paradis, qui que le vende
v. 63 - 64  Ne sont pas digne de grâce
            Que Diex par sa pitié nous face.

Les mots-clés de la deuxième partie montrent que la deuxième règle (ou contre-règle) concerne la cupidité: les "riches hommes" sont nommés quatre fois, le mot "pauvre" s'y trouve trois fois. La deuxième partie a une structure rigoureusement parallèle à la première, ce qui n'est pas sans étonner celui qui voit dans Rutebeuf le défenseur de Guillaume de Saint-Amour. Il serait enclin à voir, comme FARAL, le centre même de la pièce dans les vers 77 à 101, puisque l'histoire de Guillaume y est narrée dans ses détails. Mais l'habileté technique de Rutebeuf réside précisément dans l'emploi qu'il en fait comme exemple. Ces vers ont le même statut que la narration de Renard dans la première partie. De cette façon il confère à cette partie, marquée formellement par l'emploi du parfait, un caractère d'objectivité. FARAL ne voyait pas comment rattacher ce passage à l'idée d'orgueil. Mais il faut bien comprendre que ce n'est pas un exemple qui serve à illustrer l'une des deux règles. Le *Dit des Règles* a comme "thème", et là je rejoins ce que j'ai dit plus haut sur l'histoire du mot "dit" dérivant de "veritatem dicere", la vérité et, par opposition, l'hypocrisie. En effet, la première partie commence par le mot "vérité" répété trois fois (1, 3, 5), la deuxième partie débute par la notion de "vérité":

> 70 je dis por voir, non pas devin
> 73 qui por amor vérité lesse

et le texte clôt sur l'hypocrisie, la vérité bestournie:
> 175 Amis se font de sainte Yglise
> etc.

Dans les deux parties de son texte Rutebeuf insiste sur la *vérité* et combat l'hypocrisie. Les deux fois Rutebeuf fait suivre immédiatement des exemples d'hypocrisie: Renart et ceux qui ont banni Guillaume de Saint-Amour. Et chaque fois Rutebeuf développe une contre-règle, une preuve d'hypocrisie: d'abord l'arrogance en trois points, ensuite la cupidité également en trois points, les Jacobins dépouillent non seulement les riches de leurs biens (107-124), mais encore les pauvres curés (125-153), et leur cupidité s'étend même aux béguines (154-174). Mon analyse est évidemment une construction hypothétique. A mes yeux, l'ensemble des traits: emploi de l'allégorie, caractère logique, emploi d'exemples et de citations, la présence de procédés rhétoriques, la complexité et la division en parties, vont dans le même sens quand on essaye de découvrir les principes à la base du travail poétique de Rutebeuf et de ses collègues musiciens de l'Université de Paris. Leurs textes avaient une double fonction, existaient deux fois, furent re-créés deux fois:

1. Il y avait la représentation: exécution du motet, lecture à
   haute voix du dit devant un public. D'où la présence d'une
   couche de propriétés oratoires, déclamatoires. La recherche
   d'effets immédiatement perceptibles: des simplifications, des
   à-peu-près, pour emporter une conviction immédiate.
2. Mais il y avait aussi, pour les collègues universitaires dont
   les auteurs ont tenu compte, le moment de la lecture permettant un va-et-vient constant entre non seulement tous les
   éléments du même texte, mais encore entre le texte qu'ils
   avaient sous les yeux et d'autres textes: ainsi s'expliquent
   les refrains qui se retrouvent d'un motet à l'autre, les passages des dits qui se retrouvent, dans la même forme linguistique, dans d'autres dits ou d'autres ouvrages de Rutebeuf.
   Pour les yeux critiques de ces lecteurs une cohérence logique, une structure nette étaient indispensables, puisqu'ils
   en avaient l'habitude.

En effet, toutes les caractéristiques que j'ai signalées dans
les motets et les dits sont celles d'une forme qui dominait le
milieu parisien: le sermon, le sermon universitaire qui avait
cette double exigence: convaincre immédiatement le public, résis-
ter aux critiques détaillées. Le sermon a profondément impressionné tous ceux qui s'intéressaient aux problèmes de la structure des
textes. La nouvelle forme du sermon datait des années 1230 et remplaçait la vieille forme qui était un commentaire courant d'un
long passage biblique. La forme qui la remplaçait était particulièrement compliquée. Nous en trouvons la description dans les
*Artes praedicandi* (MURPHY 1971; CHARLAND 1936), qui depuis quelques années ont su éveiller l'intérêt de plusieurs spécialistes du
domaine littéraire. Le sermon commence par un "thème", en général
un verset biblique ou une partie d'un verset. Ce "thème" est lié,
par le sens ou par la répétition de quelques mots, au "prothème".
L'"introductio" qui suit consiste en trois parties. D'abord la
"divisio": le thème est repris et divisé en plusieurs parties, le
plus souvent trois. Puis la "declaration": chaque partie est expliquée et confirmée par des "autorités" dans la "confirmatio".
Quelques mots de ces "auctoritates" doivent correspondre au
"thème". Les trois parties "divisio", "declaratio" et "confirmatio" sont reliées par un système compliqué de "correspondentiae"
et finalement réunies dans le "thème".

Nous voilà proche de l'analyse que j'ai proposée pour le *Dit des Règles* et aussi pour les motets. En effet, Pierre de Baume a comparé les sermons avec les motets (SMALLEY 1960:43-44):

"Il en est des sermons comme des motets. Autrefois le chant était simple et clair. Alors on pouvait comprendre la musique et les paroles parce qu'on pouvait les distinguer. De même, il y avait des sermons qui vous étaient profitables. Mais à présent ils ont des rimes et des comparaisons curieuses et ils contiennent des subtilités philosophiques".

Un autre observateur est frappé par le mouvement en spirale: le prédicateur revient à son point de départ (SPEARING 1964:74-75). C'est dans cette perspective qu'on doit aussi placer les citations qui fonctionnent comme des "auctoritates", qu'il s'agisse de passages bibliques, de renvois à des docteurs de l'Eglise, ou de citations lyriques. Je crois qu'il s'agit d'autre chose que d'une simple analogie: les citations lyriques ont le statut d'"auctoritates" dans plus d'un traité. Je cite Gérard de Liège qui dans son *Quinque Incitamenta ad Deum amandum ardenter* utilise, dans son argumentation, indistinctement des passages de St. Augustin, de St. Bernard, de St. Grégoire, et des motets de son temps (WILMART 1933:205-207). L'"argumentum ex auctoritate" introduit dans le texte une partie de la réalité - la seule réalité possible dans un texte. Dans le cas de Rutebeuf, il convient de songer encore à d'autres modèles que la littérature homilétique: la forme même des polémiques se reflète dans le double souci de tenir compte de la représentation aussi bien que de la lecture: toute la polémique se jouait dans cette double ambiance orale et écrite: d'une part des disputes, des discussions, des lectures de manifestes, des sermons, d'autre part des lettres, des bulles, des traités. Avec ces quelques remarques je ne prétends nullement avoir expliqué le phénomène des dits de Rutebeuf, mais j'ai essayé dans quelques hypothèses de vous fournir des éléments pour un arrière-plan du travail de Rutebeuf. Je l'ai placé dans le cadre d'autres activités qui se déroulaient à côté de lui: les motets, les sermons, les polémiques. J'ai proposé, dans une analyse de son *Dit des Règles*, une structure qui pourrait correspondre à la réalité de la composition. L'extrême complexité de ces ouvrages du milieu parisien doit être expliquée en fonction de la volonté de rendre visible quelque chose de la complexité grandissante de la vie urbaine du XIIIe siècle, exactement comme l'a observé E. KÖHLER pour les "entrelacements" des romans. Je n'ai pas donné de jugement de valeur; si l'on pouvait se servir des critères de Thomas d'Aquin pour ce

qui est nécessaire pour la beauté, ma contribution pourrait peut-
être aider à apprécier favorablement le *Dit des Règles:*

> "Ad pulchritudinem tria requiruntur. Primo quidem, integri-
> tas sive perfectio: quae enim diminuta sunt, hoc ipso tur-
> pia sunt. Et debita proportio sive consonantia. Et iterum
> claritas."

Mais si vous n'acceptez pas mon analyse et si vous préférez
dire avec FARAL que la composition de la pièce laisse beaucoup à
désirer, je vous soumets un autre passage bien connu de Thomas,
que je citerai en traduction allemande:

> "Jeder Künstler zielt aber darauf hin, dem Kunstwerk die
> beste Verfassung zu geben, nicht zwar die schlechthin bes-
> te, sondern die beste im Hinblick auf den Zweck. Und wenn
> mit einer solchen Verfassung ein Mangel verbunden ist, so
> kümmert das den Künstler nicht"[16].

---

16. Textes et traductions dans ASSUNTO (1963:178–179).

# Le caractère oral de la chanson de geste tardive

Certains problèmes historico-littéraires se présentent d'une façon beaucoup plus impérieuse au médiéviste qu'à celui qui s'occupe de littérature moderne. Ses textes ont fonctionné dans une réalité sociale différente de la nôtre et imparfaitement connue. D'une part il est donc rejeté sur ce qu'il peut tirer des textes eux-mêmes (la biographie d'un auteur n'existe pratiquement pas), d'autre part on lui pose des questions spécifiques en rapport avec le fait qu'il s'occupe des *plus anciens* textes français: d'où viennent les textes, qu'y avait-il avant ces premiers textes? C'est une des constantes de la recherche historique: quelles sont les sources, quelle est l'origine? Je ne dis pas que tout historien, tout médiéviste devra se poser cette question, mais plutôt que la société est en droit d'espérer une réponse à cette question de la part des spécialistes. Cette recherche du témoignage le plus ancien ne peut pas être traitée comme une simple chasse aux records (pour être insérée dans le *Guiness' Book of World Records)*, mais correspond au besoin très général de connaître son passé.

Légitime en soi, nécessaire, l'étude des sources et des origines a dominé le XIXe siècle et une grande partie du XXe. L'exemple le plus clair est sans aucun doute fourni par les nombreuses études sur la *Chanson de Roland*. Un manuscrit de 1150 permet d'affirmer que l'original remonte à 1100, mais les événements racontés se situent en 778: la bataille de Roncevaux. C'est précisément cet écart de plusieurs siècles qui a provoqué un très grand nombre de publications sur la présence (point de vue traditionaliste) ou absence (point de vue individualiste) d'une chaîne ininterrompue de poèmes transmettant les événements historiques. Certes, on retrouve la même problématique dans d'autres domaines et les titres sont éloquents à cet égard:

*De l'origine et du développement* des romans de la Table ronde (P. Paris 1872); *Les sources* du Roman de Renart (Sudre 1892); *Origines et sources* du Roman de la Rose (Langlois 1890); *Les Origines* de la poésie lyrique en France au moyen age (Jeanroy 1889).

Mais les données du problème sont beaucoup plus nettes dans le cas de la *Chanson de Roland*. En effet, il s'agit d'un événement historique et nous n'avons plus l'habitude de considérer la mémoire comme une source de connaissances historiques[1].

Pourtant, il faut bien comprendre que l'histoire a toujours formé l'objet de récits oraux, même dans les civilisations lettrées[2]: notre temps n'accepte pas que la transmission orale s'accompagne de changements, qu'elle s'adapte à de nouvelles circonstances sociales, et on se hâte de parler de falsification. Ces changements sont illustrés par une anecdote racontée par un homme qui "s'est mis à conter pour prolonger la mémoire du peuple": Pierre-Jakez Hélias, auteur du *"Cheval d'Orgueil"*, (Paris, 1975). Dans une interview avec *Lire* (octobre 1977) il raconte ce qui lui est arrivé lors de ses enquêtes en Bretagne (108-109):

> "Invité à une fête de village, j'ai composé une chanson satirique sur quelqu'un de la compagnie. Quelques années plus tard, on m'a parlé de cette chanson, sachant que je m'intéressais au folklore. Et le héros de ces couplets, ayant complètement oublié les circonstances de leur naissance, m'a dit: 'Cette chanson est depuis longtemps dans la tradition familiale'".

Mais dans la discussion autour des origines des chansons de geste des éléments autres que la recherche des sources et la fidélité à l'événement jouent un rôle. Les travaux de BEDIER (1908-1913) eurent le mérite de déplacer l'attention vers les qualités littéraires de l'oeuvre et vers la question: qu'est-ce que c'est que la *Chanson de Roland*?

La parution de RYCHNER, *La chanson de geste* (1955), donna une orientation très précise aux recherches sur "l'art épique des jongleurs": quel est le rapport entre la forme d'une chanson de geste et la façon dont elle fut présentée devant le public? RYCHNER s'exprimait avec caution et indiquait clairement les limites de son travail: il préférait faire une analyse descriptive de la chanson de geste avant d'oser se prononcer sur les sources: "Décrire d'abord, les origines viendront ensuite" (p. 7). Pourtant son livre se retrouvait au centre même du débat entre traditionalistes et individualistes. RYCHNER a été accusé d'être traditionaliste, bien qu'il occupe une position intermédiaire pour la *Chan-*

---

1. WEST (1977:54-55): "So, why no record of colonisation or settlement?" 'Wrong question Mr Magnusson. There is a record – but, in oral legend, because the Polynesians had no system of writing.'
2. MALRAUX (1977:93): "Les récits sont communs à toutes les civilisations, l'antiquité comprise; mais ils étaient oraux, même quand elles connaissaient l'écriture." (On a d'abord nommé romans, les histoires écrites en langue romane pour qu'un lecteur les récitât à un public qui ne savait pas lire.)

*son de Roland*[3]. Dans ces discussions les arguments sont pris exclusivement dans les plus anciens textes, principalement ceux du
XIIe siècle. Presque tous les critiques s'accordent pour louer les
qualités littéraires de la *Chanson de Roland* et de quelques autres
textes anciens. On souligne au contraire la longueur et le manque
d'unité des chansons tardives:

> "Le XIVe siècle est loin d'être le siècle de la concision;
> tout au contraire: la chronique et la poésie ont alors
> d'insupportables longueurs. Les gens de ce temps-là ont
> les oreilles rebattues des anciens romans; il leur faut
> tout au moins de nouveaux détails, des formes rajeunies.
> Alors apparaissent d'énormes poèmes, pénibles, laborieux
> et longs, longs, longs. Vingt mille vers ne font peur ni
> aux poëtes, ni (dit-on) aux lecteurs de ce siècle coura-
> geux. Encore ces vers sont-ils de lourds alexandrins"[4].

La conséquence en a été que les études se limitent, non seulement
pour les faits historiques mais encore là où il s'agit de décrire
*une technique*, à une dizaine de textes (RYCHNER 1955:708). C'est
la conséquence du sentiment intuitif que les plus anciens textes
se rapprochent le plus de "l'origine" d'une technique formulaire.
J'ai l'intention de montrer dans ce qui suit qu'un tel raisonnement n'est pas nécessairement correct et que, au contraire, les
chansons tardives permettent mieux de saisir les traits spécifiques de la technique formulaire et du caractère oral de la chanson
de geste que les textes les plus anciens. J'espère "en passant",
pouvoir prouver que la chanson de geste a vécu plus longtemps
qu'on ne le croit généralement.

Je me base sur l'édition récente d'une de ces chansons tardives, *Tristan de Nanteuil* par K.V. SINCLAIR (1971). On peut même
dire, avec P. PARIS[5]: "A tout prendre, la chanson de Tristan de
Nanteuil n'est pas seulement le dernier mot des gestes consacrées
à la famille de Doon de Maience, c'est encore le dernier écho de
la chanson de geste française." J'admire le courage des éditions
Van Gorcum, Assen, qui ont osé entreprendre la première édition de
cet énorme ouvrage. En effet, un tel texte est d'une importance
scientifique éminente pour une connaissance en profondeur de la
littérature médiévale, et à mes yeux il contribue davantage à la
connaissance de la société médiévale que la ennième édition de la
*Chanson de Roland*. En outre, on lit avec plaisir les aventures
rocambolesques, à condition toutefois de ne pas vouloir lire le

---

3. P. 36; J. DUGGAN (1973:3).
4. GAUTIER (1878:I, 455).
5. *Histoire littéraire de la France*, XXVI, 1873, 268.

texte d'un bout à l'autre. Il faut prendre un fragment de mille ou
deux mille vers au maximum pour pouvoir l'apprécier. On y trouve
de tout: enlèvement et séduction, fête et assassinat, fées et sul-
tanes, duchesses et esclaves, bûchers et impôts, anges et incubes,
diables et monstres, hermites et espions, tempête et déprédation,
parents adoptifs et enfants trouvés, guerres et batailles, châ-
teaux enchantés et serpents, séparations et retrouvailles, lutte
entre père et fils, entre frères, infidélités, guet-apens, accusations, mariages et naissances, changement de sexe et pierre magique, théologie et moeurs, enfin de quoi étoffer dix, vingt romans. Toutes les aventures des romans du XIIIe et du début du XIVe
siècle se trouvent accumulées dans une seule chanson de geste.

Il est impossible de faire un choix représentatif dans un ouvrage aussi diversifié et comportant plus de 23000 vers alexan-
drins. Je me limite ici à signaler une influence "savante" ou
"pseudo-savante" qui se manifeste clairement dans un passage où il
est question d'histoire, d'étymologie et d'impôts! Et cela à propos de la ville d'Utrecht:

> 9552 Seigneurs, celle cité dont je fais mencïon,
> C'on appelle ore Utret, une cité de non,
> On l'appelloit Nanteul au temps du roy Charlon.

Après la destruction de Nanteuil, le roi Hugues séjourne à cet
endroit dans un pavillon (une tente, en ancien français: *tref,*
*tret)* et

> 9586 La engendra ung fil qui ceur ot de griffon,
> Mais le roy commanda pour cestuy pavillon
> Ou il fut engendrés et nés, que bien scet on,
> Que pour l'amour du *tret,* le chevalier de non,
> Quand on reffist la ville, *Utret* l'appellast on.

La géographie du jongleur n'est pas très sûre:

> Encore maintenant Utret a elle a non,
> A l'entree est de Frise, le nobile royon[6].

Que ce texte n'ait pas trouvé d'éditeur avant SINCLAIR tient
sans aucun doute au fait que les chansons tardives ont été condam-
nées en bloc par des savants qui, avec des jugements littéraires

---

6. Voici l'état lamentable des pauvres habitants de ce proto-Utrecht:
   9601 Car en Nanteul n'avoit sy petite maison
   Que ly huis a ouvrir ne paiast sans raison
   .iiii. sous la sepmaine – c'estoit grande rançon
   De chascune fenestre .ii. deniers paioit on;
   Aultretant en paioit de l'autre venison.

du XIXe siècle, se mettaient à lire d'affilée 23000 vers et con-
cluaient, comme P. PARIS:

"Cette énorme chanson de geste [...] porte tous les caractères de la date relativement récente de sa composition.
C'est une oeuvre monstrueuse, informe, abondante en re-
dites, en contradictions, en fantaisies désordonnées et
confuses"[7].

A présent il faut être heureux non seulement parce qu'une chanson
décriée comme étant "écrite pour le peuple" (MEYER 1968:2) et
traitée comme "article de foire" (SICILIANO 1968:120, 127) est
enfin accessible à un public plus large, mais surtout parce que
SINCLAIR a fait un très bon travail et que les éditions Van Gorcum
en ont fait une publication soignée.

J'ai quelques corrections à proposer principalement à la suite
d'un collationnement avec le ms BN f.fr. 1478. Cette comparaison
m'a montré que la transcription est très fidèle et que vu la longueur du texte il y a très peu de corrections à apporter: *508* Cen
est, *591* chambre fust mise, *1035* marvoye, *1429* Dame Aye d'Avignon,
*4131* aussy tost *(cf. 4122)*, *4141* souvent lui prïoit, *leçon non
conservée 13583* Et dit. Quant au glossaire je ne crois pas que le
terme "une sour clef" 22615 etc. doit être traduite par "qui ne
fait pas de bruit" mais plutôt par "dont la tige est pleine" cf.
TL IX, 927: *les autres* [tenailles] *sont sordes, les autres
crueuses ...; Les sourdes sont celes qui n'ont cavité* H. Mondev.
Chir. 607-608.

Dans les discussions autour du caractère oral des chansons de
geste on se heurte toujours au même problème: les documents que
nous possédons sur ce genre sont des textes écrits!

Aussi est-ce aux traditionalistes de prouver qu'une épopée
orale transparaît à travers un texte écrit. Ce qui complique la
discussion singulièrement, c'est que d'abord il n'est pas facile
de convaincre les incrédules qu'il y a quelque chose comme un
style formulaire, et que, ensuite, on se heurte à l'objection que
style oral ou formulaire n'implique pas encore *composition orale*.
Autrement dit, il reste encore à choisir entre deux hypothèses
concernant le texte de la chanson tel que nous le connaissons:

---

7. *Ibid.*; cf. aussi L. GAUTIER (1878:II, 461): "Il n'y a rien à dire au
   sujet de la langue de ces nouvelles oeuvres, si ce n'est que nos
   pauvres poètes ont dû se servir de la langue de leur temps, qui est
   absolument insupportable et dont ils n'ont certainement pas relevé
   l'abaissement. Langue qui n'a ni syntaxe solide, ni vigueur, ni nerf."

a) c'est une copie fidèle d'une séance pendant laquelle un jongleur a créé une chanson en se basant sur la connaissance globale du récit et sur son arsenal de motifs et formules;

b) c'est un ouvrage créé sur la table de travail d'un auteur qui
   le destinait à la lecture à haute voix et écrivait dans un
   "style épique".

Pour le grand précurseur dans le domaine des études de la littérature orale Milman PARRY (dès 1928 il démontra le caractère
oral de l'*Iliade* et de l'*Odyssée* dans *L'épithète traditionnelle
dans Homère*) et pour celui qui dans un passé plus récent a contribué beaucoup à la diffusion de ces idées, Albert B. LORD (1965:5),
le mot "oral" a un sens très précis qui exclut l'hypothèse b:

> "Some of the misunderstandings of Parry's oral theory arise
> from the failure to recognize his special use of the word
> "oral". For example, one often hears that oral poetry is
> poetry that was written to be recited. Oral, however, does
> not mean merely oral presentation. Oral epics are per-
> formed orally, it is true, but so can any other poem be
> performed orally. What is important is not the oral per-
> formance but rather the composition *during* oral perform-
> ance".

PARRY et LORD se basèrent sur les "jongleurs" d'une tradition
épique vivante: celle de la Yougoslavie. Ils choquèrent par là
plusieurs savants habitués peut-être à un cloisonnement des domaines[8]. Cette vue est pour le moins surprenante, puisque les résultats d'une telle confrontation sont confirmés par l'étude
d'autres littératures, tant européennes qu'africaines[9].

Si l'on veut montrer, tout en restant à l'intérieur de la tradition française, que la *chanson de geste* appartient à la littérature orale dans le sens strict de PARRY, on peut, en théorie, essayer de montrer les différences entre toutes sortes de versions
d'une même chanson qui ne seraient pas dues à l'intervention d'un
poète, mais à celle d'un scribe. Dans le cas de *Tristan de Nanteuil* il n'y a aucun moyen d'étudier de plus près cet argument,
puisque le texte n'a été transmis que dans un seul manuscrit. S'il
faut tirer les arguments de ce texte unique, on peut en trouver
trois:

---

8. "However, it is difficult to accept the notion that the Yugoslav tradition is relevant and even determinative for our study of the Old
   French epic." (SPRAYCAR 1976:64); cf. également SICILIANO (1968:115).
9. Cf. par ex.: KERLING (1976:33–62); VOORWINDEN, (1976:63–82); VANSINA
   (1973).

1. Le texte lui-même emploie un méta-discours indiquant la présentation orale. En effet, *Tristan de Nanteuil* abonde en termes comme "écouter" et "dire":

477 Or *oyés* grant merveille, pour Dieu de paradis
512 Seigneurs, or *entendés*, pour Dieu le tout poissant
387 Mais ainçois vous *diray* et voudray *prononcer*
415 Sy vous vourray *conter* sans fere long termine
575 Seigneurs, dedens la bove dont je fais *parlement*.

Et il s'agirait même d'un texte chanté:

693 Ainsi que vous orrés es vers de la *chansson*
935 Ainsy que vous orrés en la bonne *chançon*
1184 Glorïeuse *chançon* vous vourray recorder
1589 Cy commance *chançon* qui moult fait a louer
2590 Or commance *chançon* de tres bonne mesure
4370 .xvi. ans avoit ly enffes au temps dont je vous *chant*
5071 Or diray du bastart bonne *chançon* rymee.

On pourrait objecter que d'autre part il est souvent question d'une *lecture* dans le *Tristan de Nateuil*. Cependant, il convient d'écarter d'abord les termes qui renvoient à une source:

20223 Seigneurs, or entendés, on le *treuve lisant*
20238 .xxx. ans tant le porta, *se trouvons nous lisant*,

comme ceux qui ont trait à une *autorité* écrite:

3657 C'estoit le plus beaulx homs, se dit *l'auttorités*
9939 Mais c'estoit la plus belle, se nous dit *le romans*
16433 La plus tres belle nee, se nous dit *ly escrips*
16810 Estoient bien par nombre, si con *l'istoire* crie
22919 En la propre nuytee, se nous dit *ly escrips*.

Restent les renvois à l'ouvrage lui-même comme texte écrit. On peut encore hésiter sur le sens à attribuer au mot *rommant* au vers 20245, source ou ouvrage même:

20243 Se toutes leurs journees vous aloie contant,
Bien sçay que trop yroie la chançon eslongant;
Mais j'en diray le gros pour fere le *rommant*.

Mais le rapport avec le texte même du *Tristan de Nanteuil* est indéniable dans le passage de la fin:

23353 Mais point ilz ne l'occïent, mais ne sçay retraiter
La cause ne commant. Point n'y volz varïer
Car n'ot plus de matiere pour le livre essaucer.
Cy fineray *mon livre* de Tristan le guerrier,
...
23359 Et vous aussy, seigneurs, je veul aussy prïer,

. Et *d'un aultre romant* vous vourray commancer.
(Il est temps d'aller boire, j'en ay grant desirier)[10].

La difficulté est donc que nous avons ici, à l'intérieur d'un même texte, des arguments apparemment contradictoires. On peut faire deux remarques:

a) la contradiction disparaît si nous ne partons plus de l'idée d'une composition orale, mais de la récitation d'un texte écrit;

b) la contradiction peut aussi être résolue si nous essayons d'expliquer le verbe *dictier* du vers 2007 autrement que SINCLAIR qui le traduit par "composer":

> 2006  Baron, or entendés, franche gent honoree,
> Glorieuse chançon bien fete et bien *dittee*.

Je préfère le sens "dicter" qu'on trouve aussi dans les exemples de TL II, 1962, 16-26. Même le sens de "composer" (abfassen, verfassen) donné pour les exemples *ibid.*, 27-39 s'applique toujours à des compositions "sous la dictée", à des lettres qu'on faisait écrire: "epistle, lettres, briés, chartre"[11].

Le jongleur avait tenu compte du fait que quelqu'un notait ce qu'il disait, et il avait conformé son débit à cette situation. En

---

10. PICKFORD (1960). Je distingue dans le chapitre consacré à la notion de *livre* au moyen âge trois sens principaux:
    a) le volume, p. 130: "Le mot 'livre' signifiait donc pour le copiste non pas le contenu du volume, ni l'une des oeuvres qu'il comprenait, mais le volume lui-même. Le livre n'est ici qu'un assemblage de cahiers écrits."
    b) le contenu du roman, p. 132: "Il n'empêche que pour maint copiste le mot *livre* signifiait le roman lui-même."
    c) une des parties, p. 138: "Le mot *livre* s'appliquait naturellement à l'une de ces parties et signifiait donc une des principales divisions de l'oeuvre qui, à l'origine, était en fait un livre ou un volume indépendant".
11. Le français ultérieur montre un développement particulier du sens du substantif "dicteur": "auteur, compositeur, poète" où la notion de "faire écrire quelqu'un sous la dictée" a complètement disparu comme le montre l'emploi qu'en fait Christine de Pisan dans son *Livre de la Mutacion de Fortune* (entre 1400-1403), éd. S. SOLENTE, Paris, I-IV, 1959-1966:

    > 4653  Aussi d'autres de leurs docteurs
    > Ytaliens tres grands dicteurs.

    Le deuxième passage où SOLENTE croit trouver le sens d'"auteur" est moins probant

    > Rethorique
    > 7981  C'est l'ordenance des parleurs
    > De beau langage et des dicteurs.

faisant cela il a introduit quelques termes qui étaient en rapport avec cette circonstance particulière, comme le mot *dittée* ici, comme peut-être le mot *dire* pour *chanter*.

2.  Une deuxième possibilité souvent exploitée pour prouver qu'un texte a été composé oralement consiste en la description de l'utilisation faite de motifs et de formules. Il suffit d'ouvrir le texte du *Tristan de Nanteuil* pour se convaincre de la présence de motifs et formules dans la chanson. Mais il ne suffit pas de montrer qu'il y a des formules dans une *chanson de geste*, l'essentiel est précisément que la structure même de la chanson est déterminée par le caractère formulaire. Cela veut dire que le chercheur doit montrer que la *chanson de geste* a une fréquence beaucoup plus élevée de formules qu'il n'y en a dans d'autres textes.

La méthode habituelle pour mesurer la densité en formules était la suivante: on prenait un passage assez court, et on étudiait combien d'hémistiches se retrouvaient dans le reste du texte. DUGGAN (1973) a montré qu'on doit examiner non pas les hémistiches d'un passage, mais la totalité du texte. L'ordinateur moderne a rendu possible une telle méthode, qui cependant est trop élaborée pour l'étude que j'entreprends ici, car elle nécessiterait l'examen de près de 200.000 mots.

Pour celui qui croit au caractère oral de la chanson de geste, ou pour celui qui est préparé à se laisser convaincre, un échantillon suffit. Pour celui qui ne veut pas croire, il reste toujours, même après l'application des méthodes les plus élaborées, le contre-argument qu'on a bien prouvé l'existence d'un style formulaire, mais qu'il est fort bien possible qu'un auteur se serve du style oral dans son texte écrit[12]! Cet argument risque surtout d'être valorisé à propos d'une chanson tardive, puisqu'on peut considérer l'emploi de motifs et de formules, la structure de la laisse et l'enchaînement de laisses consécutives comme des restes de traditions antérieures. Des statistiques concernant plus de 46.000 hémistiches ne sont d'aucune utilité contre un tel argument!

3.  Il n'y a alors qu'une seule manière pour montrer que jusqu'au milieu du quatorzième siècle la chanson de geste a vécu, c'est-à-dire a été composée oralement. On devrait alors indiquer les traces des limitations imposées par la composition orale au jon-

---

12. Voir par exemple le compte-rendu du livre de DUGGAN dans *French Studies* 31 (1977), 309–310 par D.D.R. OWEN.

gleur, sans qu'on puisse admettre une autre explication. Toutes les études ont montré qu'un jongleur était incapable de chanter pendant des heures sans interruption[13]. De temps à autre il devait interrompre son épopée et même l'étaler sur plusieurs jours.

RYCHNER (1955:49-54) a essayé de retrouver des indications de séances, mais il est extrêmement difficile de le faire pour la plupart des chansons. Dans la *Chanson de Roland* il n'y en a même pas du tout. Il est vrai que R. MENENDEZ PIDAL (499) a cru trouver un début explicite de récitation dans les vers 3747-3748 de la *Chanson de Roland*:

> Dés ore cumencet le plait et les novels
> de Guenelun, qui traïsun ad faite.

Je crois au contraire qu'il s'agit d'une *transition narrative* explicite qu'il convient de distinguer soigneusement d'avec le début de la récitation (voir ce que nous en disons plus loin).

Etant donné cette difficulté je voudrais montrer que le *Tristan de Nanteuil* présente un cas extrêmement clair, voire même qu'il fait ressortir cet aspect mieux que les autres chansons de geste. Nulle part la division en séances ne se laisse tracer avec une aussi grande précision. Ce ne sont, je crois, que des jugements de valeur sur la décadence d'un genre ("Rien n'est plus triste que l'histoire d'une décadence"[14]) qui sont cause que cette chanson a été négligée dans la critique.

On a comparé la *chanson de geste* débitée en tranches avec un feuilleton. Il me semble plus juste de la comparer avec les épisodes d'une série télévisée dans lesquels on décrit les aventures d'une famille. On voit des rapports sur beaucoup de points: l'ensemble est extrêmement long, il y a bon nombre de répétitions, il y a une foule de personnages qui entretiennent toutes sortes de relations notamment des liens de famille, il y a plusieurs intrigues menées simultanément, qui forcent le spectateur (et l'auditeur) à passer d'une situation à une autre et à abandonner un personnage pour s'intéresser à un autre. Mais le fait que ces transitions sont explicites n'implique pas que nous avons là des traces de la fin d'une journée ou d'une séance. Au contraire! L'auteur aura soin d'offrir de la variété à l'intérieur d'une séance. Les transitions explicites ne permettent pas de diviser la

---

13. Cf. RYCHNER (1955:48-49); SICILIANO (1968:115 n. 1), qui nous rappelle que L. GAUTIER, (1878:II, 227) avait déjà abouti à des conclusions semblables.
14. GAUTIER (1878:II, 407), à propos des chansons de geste tardives.

représentation en tranches, mais elles indiquent l'articulation de
la narration. C'est pourquoi elles se trouvent le plus souvent à
l'intérieur de la laisse. Quelques exemples:

> 4317 Dame Aye et son filz pleurent ensemble lez a lez.
> D'eulx vous lairay ung pou, sy seray retournés
> Au riche roy soudant qui moult fut aÿrés.
> 11837 De Galaffre leray, sy vous aray conté
> Du soudant qui repaire droitement à son tré.
> 18093 Caudas fut roy de Gresse, sy l'ot a justicer.
> Or vous vourray de lui et de sa gent lesser,
> Si diray de Clarinde, la courtoise mouller.
> 18504 La dame fut servie con femme d'admirant.
> Or en lairay ung poy, mais g'iray retournant
> A Guyon de Nanteul et au noble Tristan.

Parfois ces articulations narratives coïncident avec la fin de la
laisse, et tout permet de conclure qu'il y avait alors une interruption. Mais alors il faut que la dernière partie de la laisse
soit répétée au début de la laisse suivante. Les séries télévisées
nous présentent aussi ces annonces de ce qu'on verra plus tard:

> (fin de la laisse CDVII)
> 19457 D'eulx vous lairay ung peu, s'il vous plest et agree,
> Sy vous diray commant ot sa vie finee
> Guy de Nanteul le preux, qui arme soit sauvee!
> (début de la laisse CDVIII)
> Seigneurs, or entendés, pour Dieu de paradis.
> De Guyon de Nanteul diray a mon advis
> Commant ne par quel tour le bon duc fu murdris.

Ce nouvel épisode est introduit alors par un résumé de ce qui précède:

> 19463 Bien avés oÿ dire commant le duc gentilz ...

Cependant, pour éviter une *petitio principi*, j'élimine de mon
étude ce genre d'articulations narratives de même que les passages
nombreux où le jongleur s'adresse à son public en disant: *oyés* ou
*car sachés*, pour me limiter aux seuls passages dans lesquels le
jongleur demande *qu'on se taise* ou dans lesquels il parle explicitement du *commencement*.

Si nous étudions la distribution sur l'ensemble de l'épopée des
vers où se trouvent ces expressions, nous constatons en premier
lieu de très grandes différences en ce qui concerne la longueur
des tranches obtenues: elle peut varier de quelques vers (par ex.
13253-13258) à 2300 vers (10144-12464). Un examen détaillé de la
représentation schématique ci-dessous permet d'apporter des nu-

```
  * 489    Ainsy que vous orrés, mais que je soye oÿs
    511    Ainsy que vous orrés, ains que soit .xv. dis
    782    Ainsy que vous orrés, se ma voix est oÿe
   1198    Seigneurs, or fetes paix, lessés la noise ester
  * 1589    Cy commance chançon qui moult fait a louer
   1987    Ainsy que je diray, qui taire se vourra
   2005    Ainsy que vous orrés, qui taire se vourra
   2410    Ainsy que vous orrés, qui taire se vourra
   2573    Or commance chançon et istoire de non
   2590    Or commance chançon de tres bonne mesure
   3312    Ainsy que vous orrés, ainçois que tiers jour soit
  * 3446    Seigneurs, or faites paix, franche gent honoree
  * 4630    Ainsy que vous orrés, se ma voix est oÿe
  * 6140    Ainsy que vous orrés recorder cy avant
   6613    Or commance chançon qui moult fait a priser
  * 7499    Ainsy que vous orrés, se ma voix est oÿe
   8776    Or commance chançon, ains telle n'oÿst on
  * 8788    Ainsy que vous orrés, së il vous vient a bon
   9250    Mais encor vous diray assés prouchainement
   9315    Or vous traiés en ça, sergent et chevalier
   9373    Ainsi que vous orrés cy aprés deviser
  10125    Ainsy qu'en la chançon cy aprés vous orrés
 *10144    Ainsy que je diray, se je suis escoutés
 *12464    Ainsy que je diray, qui taire se vourra
  12793    Or commance chançon de moult grant seignorie
  13253    Ainsy que vous orrés en la chançon prisie
  13258    Seigneurs, or fetes paix, pour Dieu qui tout crea
  13311    Ainsy que vous orrés, qui bien m'entendera
 *13701    Or entendés chansson ou moult de beaulx mos a
  14650    Ainsy que vous orrés es vers de la chançon
  14880    Or commance matiere ou il n'a se voir non
 *15923    Or commance chançon qui oïr la vourroit
  16787    Ainsy que vous orrés es vers de la chançon
  16854    Seigneurs, ceste chançon doit bien estre escoutee
  17030    Ainsy que je diray, qui taire se voudra
 *17765    Or commance matiere et ystoire de non
  17782    Ainsy que vous orrés assés prouchainement
  18062    Ainsy que vous orrés, qui taire se vourra
  18072    Seigneurs, or fetes paix, pour Dieu le droiturier
  18918    Ainsy que vous orrés en la bonne chançon
 *19137    Mainte belle matiere, s'elle peut estre oÿe
  19740    Aussy que vous orrés, mes que je soye oÿs
  19901    Ainsy que vous orrés, qui taire se vourra
  20930    Seigneurs, or fetes paix, s'orrés bonne chançon
 *20947    Huymés orrés matiere et miracle de non
  21285    Or oyés grant miracle, s'entendre la voulés
  21844    Huymés orrés chançon qui doit estre escoutee
 *22356    Or commance matiere dont ly ver sont plaisant
  22369    Ainsy que vous orrés assés prouchainement
  22628    Huymés vous en sera la verité contee
  23361    Il est temps d'aller boire, j'en ay grant desirier
```

ances. Elle permet de distinguer clairement cinq groupes, et il est intéressant de les analyser:

A. Les tranches inférieures à 100 vers;
B. Les tranches d'une longueur entre 100 et 600 vers;
C. 700–1300;
D. 1500–1600;
E. 2300–2400.

*Longueur, exprimée en nombre de vers, des tranches obtenues par les démarcations du type:* "Or faites paix" *et* "Or commence chançon", *groupées 0-100 etc.*

nombre de tranches

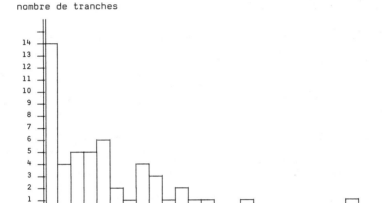

nombre de vers

A. Lorsque les vers en question sont très proches, il s'agit du même métadiscours indiquant un même début de séance. Ainsi le vers

    2573   Or commance chançon et istoire de non

introduit les neuf derniers vers de la laisse LVIII. Le poète annonce qu'il va chanter dame Aye, ce qu'il reprend au début de la laisse LIX dont les neuf premiers vers servent à souligner le caractère horrible de la situation. C'est après ces préambules que le poète commence pour de bon: v. 2590. C'est ainsi qu'on explique les petites tranches qui ne dépassent pas les 68 vers.

B. Le groupe qui va des tranches de 134 à 603 vers donne une idée de la longueur d'une seule séance, c'est-à-dire du nombre de vers chantés entre le début d'une séance (vers la fin de l'après-midi peut-être: RYCHNER 1955:49) et la première pause, le temps entre deux pauses, ou le temps entre la dernière pause et la tombée de la nuit.

C. Le groupe de 723-1277 vers indique quelle est la longueur lorsque pour deux tranches d'une même séance la pause n'est pas indiquée à l'aide de vers du type "or faites paix" ou "or commence".

D. Le cas isolé de 1510 vers donne la limite supérieure d'une seule séance pendant laquelle aucune des pauses n'a été indiquée (4630-6140).

E. Le cas exceptionnel de 2320 vers ne se laisse pas réduire au cadre décrit plus haut. Mais nous constatons qu'il y a une raison toute matérielle: entre les vers 10144 et 12464 il y a deux lacunes importantes (10353 et 12062). Si nous admettons qu'il y ait eu des indications explicites dans les passages qui font défaut dans le manuscrit unique, et si nous incluons aussi dans nos considérations un vers comme

10471  Ainsy que vous orrés raconter ou rommant

nous voyons qu'on peut distinguer ici une tranche d'environ 1600 vers. Cela correspond donc à une séance, décrite sous D.

En travaillant ainsi, on peut arriver à une division globale en séances, le plus souvent entre-coupées de pauses. J'ai essayé d'indiquer dans le relevé des vers (par l'emploi d'astérisques) où d'après moi les séances ont pu commencer. Deux vers semblent confirmer cette division. Au vers 511 le poète annonce qu'il aura terminé sa chanson en quinze jours:

511  Ainsy que vous orrés, ains que soit .xv. dis.

D'autre part, si d'après mes calculs le vers 3312 se situe vers la fin de la deuxième journée, on comprend pourquoi le jongleur dit:

3312  Ainsy que vous orrés, ainçois que tiers jour soit.

Il me semble peu probable qu'un auteur ait introduit ces annonces explicites aux endroits indiqués pour imiter le style épique, puisqu'on constate une concordance remarquable entre la distribution des vers en question et la technique d'un homme qui compose oralement.

54

On peut, pour compléter la démonstration, avancer encore un autre argument, de même nature: il s'agit des vers passe-partout, des clichés. Je fais allusion ici à un certain nombre de *formules* qu'on pourrait caractériser comme interventions d'auteur, mais dont la fonction principale semble être de donner au jongleur le temps de réfléchir à l'organisation de l'ensemble. Ces formules n'ont guère d'autre fonction lorsqu'on les trouve répétées à peu de distance, contrairement à ce qui se passe quand le jongleur les emploie isolément et qu'elles servent entre autres d'*argumentum ex auctoritate*. Il est remarquable que ces formules ne se rencontrent pas ou guère dans de très longs passages pour s'accumuler ensuite à d'autres endroits:

> 17877 Ains que cheïst a terre le roy *dont vous m'oés,*
> Le retint le bon rois, *ce dit l'auttorités.*
> A la pel en tenoit, *se dit l'auttorités.*

et deux vers plus loin

> Il estoit adonc nuz, *se dit l'auttorités.*

On trouve cette répétition de formules à peu de distance également dans des laisses qui ont d'autres rimes:

> 20205 Et tout droit en Prouvence, *pour voir le vous affie,*
> S'en alla ly sains homs *dont je vous signiffie.*
> Et pour cë y alla, *sy con l'istoire crie.*

La même laisse CDXXV présente encore un cas de l'emploi de chacune des trois formules et encore les formules

> 20191 *Mais je vous ay convent,* ne le trouverent mye
> 20220 De feulles, d'erbe aussy vesqui, *ne doubtés mye.*

Or c'est précisément cette alternance de l'emploi discret et fonctionnel des formules, et l'accumulation à d'autres endroits (laisse III -a, IV -on, XI -is) qui montrent à mes yeux que le jongleur considérait ces formules en effet comme des hémistiches de remplissage. Il était fort bien capable de les éviter (un tiers des 657 pages du texte ne comporte aucune de ces formules) ou de s'en servir très peu, à condition toutefois qu'il ne soit pas fatigué. Mais parfois, il l'était et il accumulait ces demi-vers qui lui permettent de se concentrer sur le déroulement du récit qu'il est en train de composer oralement, sans pourtant arrêter son débit. Il n'est pas étonnant que l'unique faute contre la rime (les autres cas cités par SINCLAIR (1971:67) s'expliquent par des "licences poétiques") concerne précisément un de ces vers passe-partout:

21515 ... dont je vous signiffie.

Ce vers se trouve dans une laisse en –ure (CDL), tandis que la laisse précédente CDXLIX était en –ie (cf. 21504 ... dont je vous signyffie). Le jongleur était fatigué et ne trouvait pas de vers de remplissage en –ure. En effet la laisse est très courte, 9 vers seulement; il n'emploie cette rime que dans une seule autre laisse LIX (19 vers) où nous voyons qu'il pouvait disposer, à tête reposée, d'une expression qu'il aurait pu adapter:

2589 La matiere en orrés et la verité pure.

Résumons ce que nous avons trouvé: une chanson de geste dans un style oral (formules, rapports entre les laisses) où les séances se laissent clairement distinguer, où la fatigue du jongleur peut être indiquée, un texte où les allusions au chant sont évidentes. Il faut arriver à la conclusion que nous avons ici dans cette dernière chanson de geste quelque chose qui correspond plus ou moins à une réelle représentation de chanson de geste. Je dis plus ou moins, car d'une part il faut se rappeler que nous possédons la copie d'un original écrit (comme le montre le renvoi à l'*exemplar*: "ci faut un feuillet") et que cet *exemplar* avait été fait sous la dictée d'un jongleur. Mais ... il dictait ce qu'il avait l'habitude de composer de mémoire. Certes, il avait lu des livres, et les nombreuses allusions à une source écrite sont là pour le montrer, mais il continuait dans un monde déjà lettré (et encore! car nombreux étaient ceux qui ne savaient pas lire) un métier qui doit remonter au temps où la mémoire humaine était l'unique archivage des connaissances historiques.

La place exceptionnelle occupée par un des derniers jongleurs dans une civilisation lettrée est illustrée par le cas du Morisco Román Ramírez[15], arrêté et condamné (après sa mort en 1599) par l'Inquisition pour collaboration avec le Diable. Un des arguments contre lui: il était capable – ce qui humainement était impossible – de réciter par coeur un très grand nombre de "romans de chevalerie". Il avouait qu'il avait lu ces romans, et quand il les récitait, il faisait semblant de lire d'une feuille blanche. Invité par l'Inquisition à réciter un des romans, il avouait sa tech-

---

15. HARVEY (1974:270–286).

nique: il apprenait par coeur combien il y avait de chapitres,
l'intrigue, les noms des villes et des personnages; puis en récitant, il rajoutait ou enlevait ce qu'il voulait tout en gardant
l'essentiel et le langage des livres. Notre auteur inconnu a travaillé de la même façon et à la question formulée par HAYMES
(1969:37) à propos du Héliand:

> "Wie lange kann die mündliche Technik einem zum Schreiben
> übergegangenen Dichter erhalten bleiben, oder wieviel ge-
> lehrtes Kulturgut kann ein noch schriftloser Sänger auf-
> nehmen und in seinen Liedern verwenden?"

on peut répondre que cette coexistence était fort bien possible
jusqu'au milieu du XIVe siècle, comme le montre *Tristan de Nanteuil*. Pendant quinze soirées (ou après-midis) le jongleur de
cette chanson a tenu son public en haleine par l'accumulation
d'aventures, les descriptions et la complexité des relations entre
les personnages (cf. P. PARIS, "Un auteur qui joue avec les personnages qu'il met en scène"[16]).

On a toujours cherché à juger de l'ensemble, et l'irritation
contre "le très ennuyeux auteur de Tristan de Nanteuil"[17] était
inévitable, mais on trouve parfois un jugement plus favorable: "On
ne peut s'empêcher d'admirer certains caractères, de trouver infi-
niment drôles certaines situations"[18].

Nous avons ajouté une étude à la bibliographie déjà longue sur
le caractère oral de la *chanson de geste*. Il y a peut-être déjà
trop d'attention pour ce domaine au détriment d'autres aspects des
études littéraires, comme le dit LIMENTANI:

> "On peut aussi se demander si l'étude de la technique for-
> mulaire ne s'est pas trop éloignée d'autres éléments de la
> technique littéraire, en se transformant, d'une façon pour
> ainsi dire abusive, en une sorte de petite discipline au-
> tonome"[19].

La dernière chanson de geste, *Tristan de Nanteuil*, mérite bien
qu'on la lise et replace dans un cadre plus large, car cette chanson témoigne de la vie d'un genre très populaire (au sens strict
du mot) au moyen âge, visant un public beaucoup plus large que celui des premières chansons de geste. Mais si le public est différent comme on le constate en lisant la description donnée par Jean

---

16. *Histoire littéraire de la France* XXVI, 1873, 229.
17. L. GAUTIER, (1878:II, 479).
18. MEYER, (1868:2).
19. A. LIMENTANI, *Olifant* 4 (1977), 230 dans le compte-rendu de MILETICH
    (1976).

de Crouchy au début du XIVe siècle[20], si son goût a changé, les techniques séculaires sont restées inchangées.

---

20. Jean de Crouchy (Johannes de Crocheo), auteur d'un traité de musique en latin qui nous donne un reflet de la réception de la musique dans les milieux parisiens, dit que ces chansons de geste doivent être chantées pour les ouvriers de la ville et pour le peuple qui sont mécontents de leur sort, pour qu'ils supportent plus facilement la misère en entendant parler de celle des autres. Voir BUKOFZER (1940: 39); ROHLOFF (1943) et la traduction anglaise: SEAY (1967).

# Les jongleurs et leur public

La question du public des fabliaux en ancien français a donné
le jour à deux thèses diamétralement opposées, ainsi qu'à un grand
nombre de propositions intermédiaires. BEDIER (1893) parle d'un
"public bourgeois", NYKROG (1957) d'un "public aristocratique", et
beaucoup de commentaires plus récents s'attachent à leur donner à
tous les deux, avec ou sans réserves, tort ou raison. Aux questions concernant le public de la chanson de geste française médiévale s'ajoute la suivante: dans quelle mesure le public est-il
lettré? Voilà encore une question qui suscite des réponses divergentes. Il ne faut pas oublier que nous avons affaire à plus de
cent textes de fabliaux qui ont vu le jour en un siècle et demi
et, pour les chansons de gestes, à une centaine de textes dont la
composition s'étend sur au moins trois siècles. Je me limiterai
ici à une période étroitement définie de cette longue histoire, à
savoir l'époque qui a livré presque tous les manuscrits de fabliaux, celle des alentours de l'an 1300. Il y a des fabliaux qui
doivent avoir été écrits vers et avant 1200, comme ceux de Jean
Bodel, mais toutes les copies datent de 1300 environ. Il n'y a que
deux manuscrits du XVe siècle, mais il s'agit ici aussi de copies
de manuscrits d'environ 1300. On constate aussi que d'autres
genres littéraires ont été transmis par des manuscrits de ce
temps. Il convient toutefois de remarquer que les chansons de
geste font exception à la règle: il y en a beaucoup aussi bien
dans des manuscrits du début que de la fin du XIIIe siècle, alors
qu'on en voit naître encore tout au long du XIVe. On aimerait donc
pouvoir donner une explication pour les deux types de tradition.
Une telle explication est d'autant plus nécessaire que chanson de
geste et fabliau faisaient tous deux partie du répertoire du jongleur. Aussi j'aimerais démontrer que les collections de fabliaux
telles que nous les connaissons aujourd'hui ont été réalisées sous
la responsabilité directe des jongleurs.

Nous connaissons à présent 127 fabliaux conformes à la définition établie par NOOMEN (1974) pour servir de base à la sélection
du corpus du *Nouveau Recueil Complet des Fabliaux (NRCF)*; pour
certains d'entre eux nous possédons plusieurs versions. La plupart
ont été conservés dans des recueils manuscrits, dont le plus
grand, BN f.fr. 837, contient 59 fabliaux. Les quatre plus grandes
collections fournissent ensemble 95 fabliaux différents. Ces

quatre recueils ont un grand nombre de textes en commun: il y a
cinq fabliaux communs aux quatre manuscrits; quatorze sont fournis
par trois manuscrits, dans toutes les distributions possibles, et
dix-sept d'entre eux se retrouvent dans deux manuscrits, également
dans toutes les distributions imaginables. Chacun de ces recueils
est, de la première à la dernière page, de la main d'un seul copiste; enfin, aucun d'entre eux ne contient uniquement des fabliaux. Dans mon approche je pars de l'idée que les recueils tels que
nous les connaissons représentent chacun un tout organisé. La
construction même des codex trahit une intention. Ainsi les premiers fabliaux donnent le mot *fabliau* dans le texte même. Mais
après quelque temps on dirait que le copiste s'est dit: "Maintenant j'ai compris ce que c'est qu'un fabliau". Il introduit alors
dans son manuscrit une série de fabliaux dans lesquels ce mot
n'apparaît plus. Dans cette étude portant sur le public nous pouvons également essayer de découvrir une certaine unité dans le
choix des textes inclus dans le recueil. Je choisis à cet effet un
groupe de textes qui ont pour ainsi dire échappé à l'attention des
philologues. On ne les trouve pas réunis dans une partie du volume, mais dispersés entre les autres dits, contes et fabliaux du
codex BERNE 354. Je cite les vers introductifs de cinq de ces
textes*:

> ... voudrai sanz contredire
> Des boulenguiers un biau dit dire.
> Je le vous os bien tesmoingnier
> Que lor mestier est le plus chier,
> Et le plus bel et le plus gent.
>
> Toz li monz doit cordier amer;
> Et si vos di tot a delivre:
> Sans cordiers ne puet nus hom vivre.
>
> Je di, selon mon sen,
> Que de ci jusqu'a San
> Ne porroit on trover
> Jant qui aient mestier
> Plus grant que li tissier.
>
> ... au mien cuidier
> De jant aidier sont moult leviers:
> Ce sont cil qui changent deniers
> Par tote la terre do monde.

---

* *Réd.*: Ces citations sont en néerlandais dans le texte de Nico van den
  Boogaard, où elles ne comportent pas de référence. Nous reproduisons
  la première d'après JUBINAL (1835:138); les quatre autres d'après JU-
  BINAL (1838: resp. 33, 20, 13, 24); quelques lapsus ont été redressés
  et la ponctuation a été adaptée.

> Moult buens talanz me prant do dire
> Ce ces don nuz ne doit mesdire;
> Que je voil parler des bochiers,
> Que toz li monz doit avoir chiers.

Ces citations, tirées de cinq dits, fabliaux et servantois, et
dont la liste pourrait encore s'allonger, montrent que le choix
des sujets est très étroitement lié au public visé. L'intention
évidente du jongleur est de faire entendre ces textes à des save-
tiers, à des bouchers, à des cordiers, à des changeurs, à des avo-
cats, à des boulangers, à des tisserands, à des forgerons, et de
se faire payer pour ses louanges. Le public visé s'identifie avec
la corporation de ces artisans, et l'on peut facilement admettre
ici que public réel et public visé ne font qu'un. Il semble à tous
égards plausible que des textes de ce type étaient récités à l'occasion des fêtes de corporations. Ceci fait penser à la chanson de
geste du XIVe siècle qui raconte avec une lourde insistance que le
personnage principal, le futur roi Hugues Capet, était surnommé *le
Boucher*. Dans sa jeunesse il élit domicile chez son oncle, un
riche maître-boucher parisien, chez qui il peut faire son apprentissage et dont plus tard il pourra même reprendre le commerce. On
peut imaginer le succès dont ce récit doit avoir joui auprès de la
corporation des bouchers; on a cependant l'impression que le jongleur avait également d'autres corps de métiers en vue, quand par
exemple il souligne l'opulence d'un drapier! Ces exemples montrent
clairement les liens qui unissent texte et public. Le jongleur
s'efforce de produire un récit propre à captiver l'intérêt du public. Il se sert à cet effet de la tradition et la retouche en
fonction de son but. On parle volontier du "réalisme de la chanson
de geste tardive". Ainsi ROUSSEL[1]:

> "Le narrateur [de Baudouin de Sebourc] oublie la croisade
> et se complaît à évoquer les villes flamandes, leurs ta-
> vernes, les soulèvements communaux, tout en prêtant à son
> héros des aventures dignes des meilleurs fabliaux."

On a voulu voir dans ce développement une évolution vers l'hé-
roï-comique. Mais il n'en est rien: loin de chercher à créer une
distance entre le sujet et sa présentation, l'auteur tente justement de jeter un pont entre le public et le sujet. Il y a bien eu
un changement, mais sur un autre plan: tandis que le jongleur de
bouche du XIIe siècle, qui est en même temps prestidigitateur,
acrobate, montreur d'ours ou musicien, a pour tâche principale de

---

1. H. ROUSSEL, in ADAM *et al.* (1967:45).

chanter des récits qu'il connaît par coeur, le XIIIe siècle voit apparaître la déclamation de textes lus. La différence entre ces deux arts ressort clairement de la *Jangle* et des deux *Contrejangles*. Ces textes, que l'on appelle aussi *Des deux bordeors ribauds*, présentent une discussion rimée entre deux jongleurs qui se reprochent mutuellement de ne rien connaître au métier, pour exalter ensuite chacun ses propres qualités et son répertoire. Ils exagèrent tous deux, c'est clair. Il est difficile de croire qu'ils connaissent tous les textes mentionnés. Et pourtant! L'un paraît être un spécialiste des chansons de gestes, l'autre donne toute une liste de fabliaux et de textes de divers genres. En faisant étalage de son répertoire, le jongleur ne prétend pas savoir tous ces textes par coeur ou les composer oralement; ce qu'il veut dire c'est qu'il est en mesure de les lire, donc qu'il dispose d'une collection comme celle du ms de BERNE. Il n'est pas possible d'établir avec précision la date à laquelle cet élargissement du répertoire a eu lieu; selon toute vraisemblance il s'est produit de façon progressive dans le courant du XIIIe siècle. Cette croissance doit s'être faite selon une courbe passablement accentuée, et pratiquement aucun genre n'a échappé à l'attention des jongleurs. Ils ont touché à tous les genres pour entretenir la croissance du marché. Le XIIIe siècle est parfois appelé le siècle d'or des jongleurs, et FARAL (1964) montre comment les jongleurs de l'époque ont joui d'une vogue toujours grandissante. Mais leur ascension de l'échelle sociale n'est pas le principe explicatif dont nous avons besoin pour bien comprendre ce qui s'est véritablement passé. Grâce à l'urbanisation qui a eu lieu au XIIIe siècle, le jongleur pouvait rester plus longtemps sur place, et, dans les localités de quelque importance, pouvait même s'établir à demeure. A ceci s'ajoutait le nombre croissant des intéressés: il était de bon ton dans les villes de faire appel à des jongleurs pour égayer fêtes, mariages et réceptions. Ils ont même contribué à faire circuler l'idée qu'une fête sans jongleurs était vouée à l'échec. Ils détenaient les mass-media de l'époque et bon nombre de textes offrent des suggestions dans ce sens. On trouve au XIIIe siècle de nombreux jongleurs au répertoire étendu. C'est sans aucun doute sous la pression de la demande que tant de manuscrits ont vu le jour précisément à la fin du XIIIe siècle. De plus, les copistes qui travaillaient vers 1300 étaient plus que de simples transmetteurs de la culture de la période précédente. Les jongleurs exerçaient, en tant que propagateurs, une grande influence sur le choix et la composition des textes. Le public voulait du neuf, et c'est pourquoi de nombreuses chansons étaient présentées comme étant "novel". Ce phénomène était cependant moins fréquent au XIIe siècle: on ne risquait pour ainsi dire pas dans les premiers temps d'assister à la déclamation d'un texte déjà entendu: le jongleur passait d'un groupe à un autre et pouvait donc reprendre son répertoire. C'était le cas de chaque jongleur, et chacun d'eux pouvait donc se contenter de son propre répertoire. Les doublures ne se produisaient pas facilement. Si l'on songe en outre que le mode de présentation pouvait varier en vertu de l'improvisation orale, le danger d'entendre deux fois la même chose était même pratiquement exclu. Il en allait tout autrement dans une société où le jongleur se produisait sans cesse à l'occasion de fêtes toujours plus fréquentes pour un public toujours plus nombreux. Par ailleurs la production de livres assurait à divers jongleurs un accès relativement aisé au même répertoire. Pour parer à la nouvelle situation il fallait élargir le nombre des textes et adopter des mesures protectionnistes. Pour le premier de ces objectifs le jongleur s'efforçait d'imaginer ce que son public attendait. Il pouvait à cet effet projeter le succès des représentations antérieures sur le nouveau public visé. Il ne pouvait pas revenir avec les mêmes textes et devait donc offrir du nouveau tout en restant dans le même cadre. Après avoir remporté quelque succès avec des fabliaux, il sait que le public veut encore des fabliaux. Nous voyons ainsi que vers la fin du XIIIe siècle la notion de genre revêt une importance sans précédent. Le jongleur prend parfois lui-même l'initiative de placer le mot *fabliau* dans le texte, ce que l'on peut constater en comparant les variantes. Dès que le jongleur a découvert quelles formes ont du succès, on observe peu à peu une forme avancée de spécialisation selon les intérêts ou le talent de l'interprète, mais déterminée aussi par le caractère de la rencontre: mariage, retour d'un voyageur, fête de corporation, fête religieuse, carnaval, entrée royale, représentation théâtrale, fin d'une guerre, manifestation folklorique. C'est surtout le ménestrel de mariage qui doit avoir vu sa cote monter en flèche. Il va sans dire que dans un certain nombre de cas ce rôle a pu être rempli par un musicien, mais le ménestrel récitant occupe aussi une position importante. Le jongleur ou le ménestrel spécialisé dans un tel domaine a la possibilité d'adapter ses textes au sujet de la fête. Des récits de noces y font bel effet. Mais ce qui compte avant tout, c'est qu'ils cadrent avec l'atmosphère. Le moment le plus favorable s'offre au jongleur après le repas, mais il va de soi que ce n'est pas le meilleur moment pour faire appel à l'attention des auditeurs. L'action d'un fabliau ne doit donc pas être trop compliquée et il convient de jeter ici et là un mot grivois. De ce point de vue les longues listes comiques sont encore plus efficaces. Par exemple on ne s'est jamais sérieusement demandé à quoi servaient les longues listes de proverbes d'un recueil de jongleur comme le ms BN f.fr. 19152. On s'est seulement interrogé sur le sens et l'origine des expressions. Je suis convaincu que ces listes sont le type de texte par excellence où il faut tenir compte de l'atmosphère: on peut se permettre de manquer un passage. Il est toujours possible de reprendre le fil. Ceci ne veut pas dire que le jongleur s'efforce de distraire son public en lui offrant une matière sans intérêt. Ce n'est d'ailleurs pas ce que le public attend de lui. Il y a un lien évident entre la matière présentée et la rémunération qui s'ensuit. Pour une récolte maximale (en renom et en argent) le jongleur doit non seulement faire rire son public, mais aussi donner l'impression que sa contribution littéraire est profitable. Ceci est conforme non seulement à notre exemple des Dits et Métiers - car y a-t-il quelqu'un pour juger son métier inutile? - mais aussi aux considérations moralisantes qui concluent plus d'un fabliau. L'idée de l'utilité de la littérature transparaît aussi clairement dans le célèbre passage de Jean de Crouchy, un intellectuel parisien qui explique l'utilité d'une chanson de geste: en entendant raconter les malheurs d'autrui les gens simples apprennent à supporter leurs propres difficultés avec courage. Un tel escapisme, peu importe s'il est basé ou non sur une pratique réelle, montre que l'utilité des textes joue un rôle dans le choix du répertoire du jongleur. Si le jongleur attire ainsi l'attention sur l'utilité de son oeuvre, c'est sans aucun doute qu'il y va du crédit attaché à son statut. Mais il ne faut pas, comme FARAL, considérer cette recherche de popularité comme le facteur explicatif universel. On pense tout naturellement à la supplique adressée au roi Alfonse le Sage, le priant de protéger officiellement l'usage du titre de troubadour mais, comme pour l'apparition des guildes de jongleurs, l'explication est à chercher ailleurs. Pour FARAL les jongleurs s'étaient réunis en guildes pour obtenir un statut officiellement reconnu, semblable à celui des artisans. Mais à mon avis il n'y a qu'une explication valable: le protectionnisme. Dans les deux cas, qu'il s'agisse de la protection du titre ou de la constitution d'une guilde, nous avons affaire à un marché saturé par la concurrence. Au début du XIIIe siècle les jongleurs pouvaient se produire sur un marché en pleine crois-

sance, et la vie sociale regorgeait de moyens financiers indivi-
duels et collectifs toujours grandissants. Quand les possibilités
diminuent et que les moyens financiers baissent, la concurrence se
fait plus rude, des mesures protectionnistes voient le jour et les
textes sont conditionnés de manière toujours plus évidente par le
public visé. Ce n'est pas encore le cas à l'apogée de la tradition
jongleresque. En 1260 Brunetto Latini pouvait encore écrire qu'un
jongleur était une personne qui se mouvait parmi les hommes en se
moquant de chacun: de sa femme, de ses enfants et du reste du
monde. A présent le jongleur peut encore se permettre de se moquer
de quelqu'un à condition, il est vrai, d'emballer son humour en
une raillerie à l'adresse de lui-même, de sa femme ou de ses enfants. Plus tard il portera son choix sur des louanges très explicites à l'adresse du public visé, comme on peut le voir dans les
citations extraites des Dits et Métiers.

Vers la fin du XIIIe siècle les jongleurs commencent à ressen-
tir la pression de la concurrence et le besoin de s'organiser.
Ceci n'a rien à voir avec leur organisation en "confréries", qui
tient au caractère varié du métier et à la position du jongleur
dans la société. Il faut concevoir l'organisation en confréries
comme une sorte de mutuelle destinée à couvrir la maladie, la re-
traite ou les obsèques. Dans le cas des guildes il s'agissait de
mesures concernant la distribution du travail. A ce propos je dois
dire que Barbara TUCHMAN, qui parle de ce qu'elle appelle "The
Calamitous Fourteenth Century", a remarquablement bien choisi le
titre de son livre, A Distant Mirror, car il y a encore bien
d'autres points de comparaison entre le XIVe et le XXe siècle.
Dans un article paru dans le NRC-Handelsblad du 1er février 1982,
p. 7, le député A. Nuis explique la nécessité d'une loi sur les
arts:

> "Les artistes ont droit à la même protection que celle qui
> est garantie aux petits métiers par la loi sur la petite
> et moyenne entreprise."

C'est précisément ce qui se passe autour de 1300. La loi sur la
petite et moyenne entreprise s'appelle alors Le Livre des Mestiers, et le Prévost de Paris y enregistre les règlements des
guildes parisiennes, dont celle des jongleurs! Les dispositions de
1321 laissent clairement transparaître les préoccupations protectionnistes:

> - interdiction de se faire accompagner à une fête par des
>   jongleurs de l'extérieur (1);

- interdiction d'envoyer un remplaçant, sauf en cas de maladie (3);
- interdiction d'intervenir dans des pourparlers tenus Rue des Jongleurs entre un jongleur et son client et de les interrompre pour vanter son propre talent (6 et 7);
- obligation aux jongleurs de l'extérieur de s'annoncer (9);
- interdiction de travailler avec des intermédiaires (cuisinier, etc.), en fait des recruteurs.

Il y a une disposition qui représente une mesure de protection du client: l'obligation de rester jusqu'à la fin de la fête pour laquelle le jongleur s'est engagé (2), tandis que la rédaction d'un certain nombre d'autres règles s'efforce de présenter les choses sous l'angle de l'intérêt du client.

L'alignement de ce métier sur les autres est complet du jour où même le terme *menestreus*, qui alterne avec *jongleur* dans la première version, est remplacé par *ménestrier*, un mot qui a le même suffixe que les autres noms de métiers: *bouchier*, *boulangier*, etc.

Je trouve que la recherche ne prend pas assez au sérieux l'existence de cette guilde. Dans les études qui en parlent, on songe plutôt à des musiciens qu'à des artistes du langage. Néanmoins on pense en général que ce type de métier se prête trop mal à une règlementation pour qu'il vaille la peine d'en tenir compte sérieusement. Moi je pense au contraire que l'existence de ces guildes revêt une importance de premier ordre pour tout ce que nous savons de la littérature du XIIIe siècle et pour les changements qui surviennent au XIVe. Ce qu'il y a de remarquable c'est que l'idée de corporation, qui conduit à la fondation d'une guilde de jongleurs et de jongleresses, reproduit avec exactitude un modèle courant dans les autres métiers et qui paraissait directement applicable.

Ce que toutes les guildes ont en commun, c'est le système apprenti-compagnon-maître, où le maître a l'obligation de veiller à ce que l'apprenti bénéficie d'un bon traitement et d'une formation professionnelle sérieuse. La première exigence lie le maître plus que tout à un endroit déterminé: il doit avoir une maison. La deuxième exigence ne semble pas faire de difficulté: si un jongleur se fait fort de connaître toute une série de textes, il faut bien qu'il les ait appris quelque part. Si l'on interprète le règlement à la lettre, l'apprenti tiendra donc son savoir du maître.

Ceci est de la plus haute importance puisque la question qui nous préoccupe est celle du public visé par les textes tels que nous les connaissons. Si ce système était effectivement en vigueur au XIIIe ou au début du XIVe siècle, cela pourrait signifier que les textes que nous connaissons avaient pour destinataires un groupe d'apprentis auxquels les enseignants, les maîtres, montraient comment s'y prendre. L'une des difficultés qui surgissent si l'on cherche à retrouver cette relation dans les textes est due à la polysémie du mot *Maistre*: il peut désigner un maître dans n'importe quel métier, mais peut aussi, ce qui est source de confusion dans ce contexte, traduire le titre académique de *Magister*.

Mais il est vrai que l'apprenti jongleur avait bien des choses à apprendre; et je ne parle pas ici de sa formation musicale, mais seulement de sa connaissance des textes. Il devait apprendre à déclamer ou à composer une chanson de geste par coeur. Mais il y avait quelque chose de changé dans le métier. En effet on n'était plus limité, pour l'acquisition de ce savoir, à l'audition de représentations: on pouvait parvenir au même résultat en lisant des livres. L'enseignement de la lecture devait donc selon toute vraisemblance faire partie du programme. L'écriture et son apprentissage devaient aussi en faire partie, mais on peut supposer que le maître ne confiait pas son précieux parchemin à des débutants. En revanche il devait fournir les textes et je crois que ce phénomène est une des principales raisons de l'apparition de nombreux manuscrits datant tous de la fin du XIIIe siècle.

Je pense que la plupart des manuscrits que nous possédons servaient principalement

   a) à montrer aux apprentis ce qu'ils allaient devoir apprendre et

   b) à offrir à d'autres jongleurs une démonstration du savoir-faire de l'auteur, qu'il fût lui-même apprenti ou patron.

Vu sous cet angle, un texte de jongleur tel qu'il nous est parvenu est écrit avant tout à l'intention d'un autre jongleur, d'un apprenti, ou d'un groupe chargé de juger si le texte est bon pour le public visé au deuxième degré.

Voilà une idée qui semble théoriquement plausible, mais elle serait encore plus convaincante si l'on pouvait l'asseoir sur des preuves. Eh bien, il y a un certain nombre de "manuscrits de jongleurs" typiques qui offrent des suggestions dans ce sens. Lors de la préparation de l'édition des fabliaux en ancien français j'ai eu l'occasion de comparer entre elles un certain nombre de versions différentes des mêmes fabliaux. Ce qui frappe c'est qu'il y a des différences pour lesquelles l'explication la plus satisfaisante tient compte de ce phénomène. Il y a des plaisanteries qui sont amusantes surtout pour des jongleurs entre eux. Je pense ici notamment aux passages qui suscitent le rire aux dépens de l'auteur. Si nous partons de la définition de Brunetto Latini nous comprenons que ce genre de plaisanteries fait partie de l'image que le jongleur donne de lui-même. C'est sa garantie de qualité. Mais on se demande pourquoi il ressent le besoin de mettre en évidence avec une insistance particulière certains traits peu recommandables des gens de son espèce. Ceci s'explique mieux si l'on essaye de se représenter le processus d'enseignement, et surtout la déclamation expérimentale de textes nouveaux. Le public auquel les textes étaient soumis en première instance était formé de collègues, maîtres et apprentis de la Rue des Jongleurs. Cela renforce l'effet comique des perversions et des misères, mais aussi des qualités du jongleur qui y sont dépeintes. Voilà pourquoi tant de jongleurs font leur apparition dans les textes littéraires du XIIIe siècle. Mais ce qui mérite un intérêt plus particulier à cet égard c'est ce qui se passe à la fin du XIIIe: les jongleurs disposent alors d'un répertoire d'une étendue convenable et ne sont pas particulièrement portés à l'amplifier, parce qu'ils ont de quoi offrir au public un service satisfaisant. En revanche il faut faire des retouches pour l'adapter à l'attente du public visé, dont les futurs jongleurs, les apprentis, font également partie. C'est dans ce phénomène que nous cherchons la réponse à la question suivante: pourquoi les chansons de geste tardives ont-elles la forme que nous leur connaissons? On affirme en général que les jongleurs qui écrivaient une chanson de geste tardive avaient besoin de faire usage d'un style archaïsant. Voilà pourquoi leurs textes étaient encore plus "oraux", si j'ose m'exprimer ainsi, que ceux de leurs prédécesseurs. J'ai toujours considéré que ce que l'on appelle les traits oraux: formules, répétitions, exhortations au public, étaient dus à une reproduction exacte de ce qui s'était passé lors d'une représentation réelle. Je suis maintenant d'un autre avis: nous avons ici affaire à des chansons de geste écrites par un enseignant à l'intention de l'apprenti jongleur. C'est pour lui que les interruptions dites spontanées ont été insérées çà et là dans les chansons, à l'endroit même où un jongleur expérimenté les aurait introduites. On y trouve aussi les formules exactes auxquelles il faut recourir pour demander du vin ou de l'argent. Dans le cas des chansons de geste les plus anciennes les textes que nous connaissons ne recèlent pas ce type de formules. Ceci me semble dû au fait que le public intermédiaire visé par l'original était essentiellement différent: c'était un jongleur expérimenté et non un apprenti.

Les traces de cette relation maître-élève se retrouvent dans certains textes. Dès les premiers textes il est d'usage courant de vanter sa propre version de la chanson en affirmant avec insistance que d'autres jongleurs ont massacré le récit.

Le poète Adenet le Roi traite le même motif au début de sa *Berte aus grans piés* (fin du XIIIe), mais ici ce sont des *aprentiç jougleour et escrivain mari* (v. 13) qui ont massacré l'histoire: les apprentis et les copistes, les deux groupes dont l'influence sur la production des textes est considérable. C'est aussi dans ce sens que nous devons comprendre le texte appelé *sirventés* ou *ensenhamen*, dans lequel le jongleur occitan Bertran de Paris de Roergue s'adresse à son élève:

"Guordo, je te fais chaque année un servantois,
Et je m'efforce de te le faire beau et bon;
Or maintenant je vois que c'est peine perdue,
Je veux que désormais tu cherches un autre maître"*.

Ce texte ne laisse planer aucun doute sur le public visé au premier degré par un servantois: c'est un public de jongleurs et d'aspirants jongleurs. Cette idée est en tous points conforme à l'opinion émise par RIEGER dans son étude détaillée du servantois occitan: c'est un texte du répertoire des jongleurs dont l'auteur et le public appartiennent tous deux au groupe des jongleurs/ménestrels/serviteurs. Le terme revêt souvent une connotation péjorative, comme chez Raoul de Houdenc, qui oppose *bon conteor* à *rimeor de servantois*.

Les Dits des Métiers sont souvent désignés par le terme *servantois*. Il ne faut pas dériver ce mot, comme pour *ménestrel*, de l'attitude serviable de celui qui acclame boulangers et tisserands. Non, il faut absolument s'en tenir à la définition: pièce du répertoire des jongleurs destinée à d'autres jongleurs/ménestrels/serviteurs. Mais je voudrais hasarder une suggestion: RIEGER affirme que l'étymologie est en rapport avec le public concerné en première instance par le servantois: des serjeants, soit des serviteurs. Je propose ici une autre interprétation, qui éclaire pleinement la définition de RIEGER et cadre parfaitement avec le système corporatif des jongleurs: le servantois pourrait être l'oeuvre d'un serjeant, c'est-à-dire d'un compagnon dans le système corporatif. Car nous n'avons parlé jusqu'ici que de l'appren-

---

* *Trad.*: Ce passage est cité par N. v.d. B. en traduction néerlandaise. Notre traduction se base sur l'éd. de BARTSCH (1856:85) et tient compte de l'interprétation de N. v.d. B.

ti et du maître, et ce sont les termes que nous retrouvons toujours dans les textes. Mais ce système réserve également une place au serjeant, au compagnon, et c'est justement au terme de *serjeant* qu'Etienne Boileau fait appel dans son *Livre des Mestiers*.

Dans l'histoire des guildes du XIVe siècle il n'est jamais fait mention d'une épreuve pour l'obtention du titre de maître, mais les chercheurs s'accordent pour considérer qu'il fallait d'une manière ou d'une autre faire preuve d'un certain niveau de capacités pour y accéder. Si l'on voit le servantois comme le travail d'un compagnon, ceci explique les emplois de ce terme mis en lumière par RIEGER. Le mot revêt parfois un sens dépréciatif, car il ne s'agit pas nécessairement d'un chef-d'oeuvre au sens moderne, mais il prend naissance dans le monde des jongleurs, et s'adresse à son tour à un public de jongleurs. En examinant de ce point de vue un grand nombre de dits, fabliaux, servantois et chansons de geste de la fin du XIIIe siècle, on comprend mieux la nature des textes. De surcroît nous saisissons mieux, dans le contexte de la vie corporative, comment et pourquoi certaines formes apparaissent et disparaissent. Le jongleur de vielle va se joindre à un orchestre de vielleurs, le jongleur de bouche va remanier ses monologues pour en faire des dialogues et des pièces à plusieurs personnages. Et c'est alors, sur scène, que la relation jongleur-jongleur-public revêt soudain un caractère explicite: la salle ne saurait plus s'y tromper, elle représente certes le public visé, c'est bien à elle que l'on s'adresse, mais de manière indirecte, par l'intermédiaire de l'antagoniste du jongleur.

# II
# LA TRADITION LYRIQUE

# Les chansons attribúees à Wilart de Corbie

Il en est de Wilart de Corbie comme de la majorité des trouvères des XIIe et XIIIe siècles: nous savons peu de chose de lui
et de son oeuvre. Nous avons entrepris l'étude des chansons de ce
poète avec un groupe d'étudiants de l'Université d'Amsterdam: Mme
M. Verkerk, Mlles J. Barends, N. Lindveld, L. Luyckxs, J. Smits-
kamp, M. Stolwijk et MM. G. Bakker, F. Plantinga. Nous avions en
effet constaté des divergences sur le nom de l'auteur, sur la date
de la composition des poésies, sur la langue, sur l'authenticité
de chansons et de strophes. Quelques chansons avaient été éditées
incorrectement, et l'une d'entre elles n'avait pas encore été édi-
tée de façon critique. Le trouvère n'a été l'objet que de maigres
et superficiels jugements qui ne nous apprennent rien sur lui[1].
Nous présentons ici le fruit d'un travail *collectif*.

## L'auteur.

Les seules sources qui fournissent le nom de notre trouvère
sont les grands chansonniers TKNPXC[2]. Les rubriques des quatre
chansons R 233, R 791, R 998 et R 2030[3] présentent les formes suivantes:

        R  233   Wilars de Corbie (T)
        R  791   Vielars de Corbie (KNPX)
        R  998   Wilars de Corbie (T); Willame de Corbie (C)
        R 2030   Vielars de Corbie (KNP).

Quelle forme adopter: Wilars, Vielars ou Willame? GRÜBER (1902:
955) parle de "Guillaume de Corbie, der auch der Vielart de Corbie
heisst". Il considère donc le nom de "Vielart" comme un sobriquet.
SPANKE (1925:371) fait de même et traduit le mot "Vielars" par
"Geiger". Il y voit un dérivé du verbe "vieller", jouer de la
vielle. Or, cette dérivation serait assez exceptionnelle: nous

---

1. Ils remontent, par P. PARIS, *Hist. Lit.* XXIII, 1856, 806, à [Cl.
   Fauchet], *Recueil de l'origine de la langue et poésie françoise, ryme
   et romans,* Paris, 1581, 146.
2. Nous utilisons les sigles d'E. SCHWAN (1886). Pour les résidences et
   les signatures des manuscrits, voir p. 7. Nous avons pu consulter des
   photocopies de tous les manuscrits grâce à l'obligeance de Mlle C.
   Brayer et Mme A.-M. Bouly de Lesdain, de l'Institut de Recherche et
   d'Histoire des Textes.
3. Les numéros sont ceux de H. SPANKE (1955).

n'avons rencontré que la forme "vielleres, vielleur" ou "viel-
leux". Faut-il prendre alors le nom de Vielars dans le sens de
"vieux"? C'est une possibilité, mais on s'attendrait à la présence
de l'article défini comme par exemple dans les noms des trouvères
Ernoul li Vielle de Gastinois, Jehand le Cuvelier d'Arras, l'Avoué
de Béthune ou le Trésorier de Lille. D'ailleurs l'hypothèse selon
laquelle Vielars serait un sobriquet, est liée à deux choses:
d'une part on considère Guillaume comme le véritable prénom de
l'auteur, d'autre part on néglige la forme "Wilars" du ms T. D'a-
bord il faut objecter que le prénom de Guillaume est loin d'être
assuré: il vient du ms C, et on sait que les rubriques de ce manuscrit ont été ajoutées plus tard au chansonnier déjà constitué
et qu'il s'y est glissé bon nombre de fautes. Il faut reprendre le
problème et considérer les trois formes "Wilars, Vielart, Willame"
comme les leçons différentes d'une même forme. Si nous supposons
qu'un des trois manuscrits a conservé la leçon correcte, on pourrait imaginer en théorie neuf façons dont la transformation ou la
déformation a eu lieu. Six de ces *stemmata* supposent qu'un des
trois groupes en question est intermédiaire entre les deux autres.
On peut en exclure tout de suite quatre, car ils présentent un
phénomène très peu probable, savoir qu'un trait caractéristique
(*W-* initial ou le groupe *-rs* final) disparaît à la deuxième étape
pour réapparaître à la troisième. Les deux autres constructions
non plus ne sont pas très probables: la place de la *lectio difficilior* n'est pas satisfaisante. La notion de *lectio difficilior*
est basée sur le fait qu'en général les copistes ont tendance à
remplacer un mot rare par un autre terme plus fréquent. Très souvent, le jugement de l'éditeur est basé sur une impression subjec-
tive, mais ici nous sommes à même de déterminer avec précision les
fréquences, puisqu'il s'agit de noms de personnes. Au XIIIe siècle
le nom de Guillaume occupe la deuxième place dans la liste de fréquence des noms de baptême à Paris, après Jehan, mais encore avant
Pierre (MICHAELSSON 1927:I, 60–61). A Metz, Willame occupe le
dix-neuvième rang dans une liste de 110 prénoms (JACOBSSON 1955:
10–11). En Picardie, on constate un progrès du nom de Guillaume,
surtout à partir du XIVe siècle (MORLET 1967:133). Le *Nécrologe de
la Confrérie des Jongleurs et des Bourgeois d'Arras* signale 133
fois le nom de Guillaume entre 1194 et 1361 (BERGER 1970:93). Le
nom de Wilars, au contraire, ne s'y trouve que six fois. Dans les
*Bans de Tréfonds de Metz* (1267–1298) ce nom manque tout à fait, et
nous ne l'avons pas trouvé non plus dans les rôles de taille parisiens. En résumant, on peut dire que la forme "Willame" est la

forme la plus fréquente. Vient ensuite la forme "Vielart" qui partout en langue d'oïl pouvait être compris dans le sens de "Vieillard". La forme "Wilars", pratiquement inconnue hors de la Picardie, est la plus rare, et ce nom, qui suit la tendance générale de beaucoup de noms de baptême d'origine germanique, est précisément en voie de disparition à partir de la première moitié du XIIIe siècle[4]. Ces considérations nous font proposer un autre modèle pour la transformation du nom de notre auteur dans la tradition manuscrite. Si nous admettons qu'une des trois formes est correcte, et que les deux autres sont des innovations indépendantes, nous aurons les trois schémas théoriques suivants:

(1)   Willame       (2)   Vielars       (3)   Wilars
    ╱      ╲             ╱      ╲             ╱      ╲
Vielars   Wilars    Willame   Wilars    Willame   Vielars

(1) et (2) sont peu probables, car ils supposent deux innovations identiques (*-rs* final ou *W-* initial) et pourtant indépendantes. La troisième cependant correspond très bien à l'idée que nous nous sommes faite sur l'évolution: le ms artésien T (JEANROY 1917:10) a conservé le prénom typiquement picard, les autres manuscrits ont remplacé le nom, pratiquement inconnu depuis 1250 et surtout hors de la Picardie (le ms C est d'origine messine), par des formes plus courantes. Voilà pourquoi nous parlerons de Wilars de Corbie.

Il n'y a pas grand'chose à tirer de l'indication "de Corbie", puisque nous ne savons pas si l'auteur lui-même ou ses ancêtres venaient de cette ville. Toujours est-il que la combinaison du prénom et du sobriquet désignent le Nord de la France. Nous ne savons rien sur les rapports de Wilars avec Rufin de Corbie, auteur de la chanson R 1033 d'après les mss MT, et avec Pierre de Corbie qui aurait écrit les chansons R 29, R 46 R 158, R 408 R 1085 et R 2041.

Un autre problème concernant l'identité de notre auteur est causé par deux entrées dans le *Répertoire des sources historiques du Moyen-Age* de CHEVALIER (1903:II, 4670). Le compilateur donne deux personnages: Vielars (Jean) de Corbie qui aurait vécu vers 1260, et Vielart de Corbie, du XIIIe siècle. Les sources de CHEVA-

4. BERGER (1970:93); pour le mouvement général des prénoms d'origine germanique voir *ibid.*, 98, et MORLET (1967:24).

LIER sont FETIS (1865:VIII, 342) pour le premier, P. PARIS (1856: XXIII, 806) et RAYNAUD (1884) pour le deuxième. D'où vient ce Jean Vielars de Corbie? Nous n'avons pas trouvé de trace antérieure à FETIS de ce personnage. Il se peut que FETIS se soit basé sur une source historique qui nous est inconnue, mais il nous paraît fort probable que FETIS a inventé la date de 1260 et le prénom de Jean. En effet, FETIS avoue dans la préface (1865-1866:I, XX):

> "..., mais, enfin, si je me trompe sur une date, si je dis André pour Michel, ou Michel pour André, si ma mémoire, qui me servait si bien autrefois et qui maintenant m'abandonne, me trahit sur quelque circonstance peu importante, je confesse que je ne suis nullement disposé à m'en désespérer. Ce n'est pas dans de pareilles choses que consiste la valeur de mon oeuvre."

FETIS avait donc bien averti ses lecteurs. Nous insistons, parce que nous avons constaté que les données de FETIS ont été reprises sans critique dans des ouvrages récents.

**La date.**

Sur la date où vivait notre auteur une même incertitude règne dans ces publications récentes. Nous avons déjà montré ce qu'il faut penser de la faute du copiste de C qui a compris "Willame de Corbie" et nous n'avons pas à nous occuper de la date que propose CHEVALIER(1903:I, 1942) pour Guillaume de Corbie: il le fait vivre au XIVe siècle. Rien dans la source à laquelle il renvoie (RAYNAUD 1884) ne permet cette hypothèse. EITNER (1959:X, 81) propose la date de 1260; DRAGONETTI (1960:697) donne, sans préciser, le XIIIe siècle; MURAILLE[5] fait vivre Vielars de Corbie au début du XIIIe siècle. La notice de EITNER est un calque pur et simple de la note de FETIS (1865-1866:VIII, 342): il en a copié toutes les indications erronées. Tout ce qu'il a fait pour mettre à jour la notice, a été de remplacer "bibliothèque impériale" par "bibliothèque nationale". Nous la considérons comme purement fantaisiste. La datation très vague de "XIIIe siècle" se trouve déjà chez LABORDE & ROUSSIER (1780:II, 182) qui incluent notre poète dans leur *Liste des Poëtes du XIIIe siècle*. Le premier qui, à notre connaissance, a placé Wilars de Corbie au début du XIIIe siècle, a été SPANKE (1936:35), puisqu'il affirme que Gautier de Coinci (mort en 1236) s'est inspiré de lui. En effet, il y a identité formelle entre R

---

5. Dans *Dictionnaire des Lettres françaises*, *Le Moyen Age*, Paris, 1964, 740.

2030 attribuée à Wilars de Corbie et R 1677 de Gautier de Coinci.
Une comparaison du schéma musical de R 2030 (ABABCDEF) avec celui
de R 1677 d'après le ms XIX (R): LENINGRAD Fr. F. v. XIV 9 fol.
44v, montre que

1) A est identique
2) B a des ligatures différentes, mais les tons sont les mêmes
3) C est identique, sauf des ornements sur *est* et *mere*
4) D suit la mélodie, mais avec beaucoup d'ornements
5) E est identique
6) F a le même début, mais une fin différente.

La datation basée sur cette identité pourrait être mise en
cause de deux façons: on peut hésiter sur l'attribution à Gautier
de Coinci d'une part, sur l'antériorité de Wilars de Corbie de
l'autre. En ce qui concerne le premier point, on sait que beaucoup
de chansons ont été insérées plus tard dans les *Miracles* de Gautier. Mais l'authenticité du groupe de chansons dont fait partie R
1677 et qui se trouve entre les Prologues et le premier Miracle[6],
est assurée par le grand nombre de manuscrits qui le donne. Par
conséquent, ces chansons ont été composées avant la mort de Gautier (1236). Reste à déterminer si c'est bien lui qui a imité Wilars de Corbie, et non pas inversement. Dans l'oeuvre de Gautier,
et notamment dans le groupe de chansons en question, il y a plusieurs compositions dont la mélodie se retrouve chez des trouvères. Or, il est beaucoup plus probable que Gautier s'est inspiré
de Blondel, de Jocelin de Bruges, de Wilars de Corbie que l'inverse, car il est remarquable que les nombreuses chansons de Gautier sont - à une exception près[7] - exclues des chansonniers: si
l'oeuvre de Gautier avait été la source des mélodies de plusieurs
trouvères, on comprendrait mal l'exclusion.

Il nous paraît donc correct d'admettre, en tout cas pour R
2030, la date de 1236 comme *terminus ante quem*. On voit mal comment on pourrait préciser davantage et assigner à Wilars de Corbie
soit la fin du XIIe siècle, soit le début du XIIIe.

Si l'on accepte cette datation, il faut bien voir dans Oede de
la Couroierie un imitateur de Wilars de Corbie. Le trouvère Oede
de la Couroierie nous est connu par des documents entre 1270 et
1294 (SPANKE 1908). On peut donc lui assigner la deuxième moitié
du XIIIe siècle[8]. La structure musicale et métrique de la chanson

---

6. Editions KOENIG (1966:24-29), et LÅNGFORS, (1927:474-538).
7. Le ms LONDRES BM Egerton 274 (F) qui contient R 603.
8. Nous ne voyons pas pourquoi il serait plus probable, comme l'assume J.
   SPANKE (1908:165), que le trouvère Oede de la Couroierie aurait écrit
   ses chansons pendant sa jeunesse.

R 233 que nous attribuons à Wilars de Corbie, est identique à
celle de deux chansons d'Oede de la Couroierie: R 215 et R 1740.
L'imitation est très nette, quand on compare les *incipit* de R 233
et de R 1740: *Desconfortez, plain d'ire et de pesance* et *Desconfortez com cil qui est sanz joie.*

## L'authenticité et l'attribution des chansons.

Pour l'authentification des chansons, nous devons nous baser en
premier lieu sur des données extérieures à l'oeuvre, c'est-à-dire
sur les rubriques des chansonniers. Voici ce qu'on trouve:

R  233: Gace Brulé (MC), Wilars de Corbie (T), anonyme (KNXU)
R  791: Vielars de Corbie (KNPX)
R  998: Gace Brulé (KNPX), Wilars de Corbie (T), Willame de
       Corbie (C), anonyme (VL)
R 2030: Vielars de Corbie (KNP), anonyme (XC)[9].

Si l'on applique à ces données les critères purement automatiques,
tels qu'on les trouve par exemple chez LEROND (1964:41), on doit
constater qu'aucune de nos chansons ne peut être attribuée avec
certitude à Wilart de Corbie, car nous n'avons aucun cas où deux
familles de manuscrits s'accordent sans contradiction. Il n'y a
que deux chansons qu'on pourrait qualifier de "possibles": R 791
et R 2030 sont attribuées à Wilart de Corbie dans une famille seulement, sans que ce témoignage soit contredit. On devrait douter
de l'authenticité de R 998, car le groupe KNPX s'oppose à l'accord
de T et de C. On pourrait rejeter la chanson R 233, car une famille est pour Gace Brulé, l'autre est partagée entre Gace Brulé
et Wilart de Corbie. Il s'agit dans ce modèle tout simplement de
déterminer le degré de probabilité, et dans le cas d'une gageure,
il vaudrait mieux parier sur Wilart de Corbie dans le cas des
chansons R 791 et R 2030, dans le cas de R 998 on aurait encore un
peu plus de chance de gagner en soutenant Wilart de Corbie, avec
la chanson R 233 on risquerait de perdre.

L'emploi de termes comme "chansons possibles" traduit une attitude hyperprudente, car le sens profond en est: j'admets la chan-

---

9. SPANKE (1955:273), indique à tort que la pièce R 2030 serait attribuée
à Vielart de Corbie dans le ms X. Il n'y a pas de rubrique, la pièce
est anonyme. Peut-être SPANKE a-t-il pris en considération l'attribution à Vielart de Corbie qui se trouve au folio 154v en bas. Mais
c'est une note de Clairambault (mort en 1740), qui a comblé la lacune
existant entre les folios 135 et 155. Clairambault a complété le manuscrit d'après N (et non pas d'après O, comme le dit JEANROY (1917:
12); cf. SCHWAN (1886:87).

son comme authentique, puisqu'il n'y a pour le moment aucune raison d'accepter le contraire. Et il faut bien raisonner ainsi, si l'on ne veut pas rendre les poètes du XIIIe siècle encore plus chimériques qu'ils ne le sont. Un Jehan Erart par exemple, à qui les manuscrits attribuent 26 chansons, deviendrait l'auteur fantôme de 19 chansons possibles, deux chansons douteuses, quatre chansons rejetées contre une seule chanson authentique! Si nous disons donc des chansons R 791 et R 2030 qu'elles sont "possibles", nous impliquons que nous les considérons comme authentiques.

Pour les deux autres chansons, on constate que c'est le ms C qui décide: dans le cas de la chanson R 233 le ms C est avec M pour l'attribution à Gace Brulé et contre T, dans celui de R 998 C s'accorde avec T contre KNPX. Les rapports entre T et C sont inversés. Il est très difficile de tirer une conclusion décisive des rubriques de C. Elles ont été ajoutées plus tard à un recueil déjà constitué. Ce recueil était alphabétique, de sorte qu'il est très difficile de reconstruire les rapports avec d'autres recueils. SCHWAN (1886:173-181) s'est basé sur les variantes textuelles des chansons pour établir la filiation des manuscrits. Il faut considérer les rubriques comme un deuxième témoignage superposé au premier, car dans le cas de R 233 ils se contredisent même: pour le texte, C est plus proche de T que de $M^{10}$. Les rubriques de C, prises comme sous-ensemble, sont pleines de contradictions: 27 fois C s'oppose au groupe MTaA, 14 fois il s'accorde avec ce groupe contre un autre. On ne peut pas tirer argument non plus du désaccord à l'intérieur de la famille MTaA. Nous l'avons constaté 20 fois. Dans la famille KNPXV il y a 11 cas de désaccord.

La chanson R 513 est un avertissement: C et M s'accordent pour donner la chanson à Jaque de Cysoing contre T qui propose Alart de Cans. Seulement, ici le groupe KNP n'est pas muet. Il se prononce en faveur de MC.

De cette façon la critique externe nous oblige à donner R 233 à Gace Brulé plutôt qu'à Wilart de Corbie. Mais on peut, tout d'abord, se demander pourquoi il y a erreur, soit dans MC, soit dans T. Il semble probable qu'un copiste qui transcrit les rubriques – après avoir copié un groupe de chansons, voire même toutes comme dans le cas du ms C, où les rubriques sont d'une autre main – retrouve les noms des trouvères en se basant sur les *incipit*. Il y a une source d'erreurs dans ce procédé, et l'on s'en convainc aisé-

_____

10. Voir les variantes de la chanson R 233.

ment en comparant par exemple l'index du ms M avec les rubriques du même manuscrit. L'*incipit* de la chanson R 233, dont nous mettons en cause l'attribution à Gace Brulé, est quasiment identique à celui de la chanson R 1498:

> *Desconfortés, plains d'ire et de pesance*
> *Desconfortés, plains de dolor et d'ire.*

Cette dernière chanson est indubitablement de Gace Brulé, comme le montrent les rubriques des mss MTaNC et l'envoi de la chanson. Les deux vers initiaux se ressemblent à tel point qu'il faut penser à une imitation directe. Faut-il admettre avec MC que Gace s'est répété? Ou bien, pourrait-on dire, comme le copiste de T, que la chanson R 233 est due à un autre auteur, à Wilart de Corbie? Nous penchons pour la seconde hypothèse. Nous voyons une erreur dans l'attribution à Gace par MC, et celle-ci est due à la confusion avec l'*incipit* de R 1498[11]. Un petit détail paléographique vient corroborer cette opinion. Dans le chansonnier du Roi (M) les rubriques de toutes les chansons de Gace Brulé sont placées entre les chansons et elles forment l'en-tête de chaque chanson. L'unique exception est notre chanson R 233 *Desconfortés plains d'ire et de pesance*, dont la rubrique se trouve dans la marge de gauche. Partout nous trouvons *me sire gasse* avec deux *s* brefs, sauf dans la marge de R 233 où *gasses* s'écrit avec deux *s* longs. Il s'agit donc probablement d'une addition faite par une autre main.

## La langue.

Peut-on encore tirer argument de la langue du poète pour l'authentification de la chanson R 233? D'abord, les traits distinctifs sont rares: on ne peut guère se baser sur la rime *franche: mesestance*, car la strophe qui nous la livre, ne se trouve que dans un seul manuscrit (T). Reste le trait "septentrional" de la rime *conseillie: servie* des vers 16-17. Gace Brulé, qui était Champenois, serait exclu. Ce type d'argument a rencontré beaucoup de critique. PETERSEN DYGGVE (1951:67, 75) et LEROND (1964:49) par exemple ont souligné que la langue des trouvères était une véritable *"koinè"* qui recueillait, dès le XIIe siècle, des éléments de provenance diverse. Ainsi pour PETERSEN DYGGVE (1951:177-178) la contraction ie < iee est "un trait linguistique appartenant à la

---

11. Un raisonnement pareil fait exclure à PETERSEN DYGGVE (1951:144) la chanson R 433 de l'oeuvre de Gace.

langue littéraire de l'ancien français dès le milieu du XIIe
siècle et dont les poètes pouvaient se servir au besoin". Comme
preuve DYGGVE cite les deux chansons R 233 et R 160. Cet argument
serait valable, si vraiment les deux chansons avaient été écrites
par Gace Brulé. Mais DYGGVE lui-même range R 160 parmi les chansons douteuses, et nous avons trouvé plusieurs arguments pour re-
tirer la chanson R 233 à Gace Brulé et la donner à Wilart de Corbie. En effet, si l'on a une chanson contenant un picardisme et
que les manuscrits donnent deux noms - l'un champenois, l'autre
picard -, il est beaucoup plus probable qu'il faut donner la chanson au Picard. En résumant on peut dire que nos quatre poésies
sont probablement, et selon un degré de probabilité variable, de
la main de Wilart de Corbie.

## Les manuscrits.

Les chansons sont transmises dans les manuscrits suivants:

R 233 *Desconfortez plains d'ire et de pesance* BN f.fr. 844 (M) fol.
36v, BN f.fr. 12615 (T) fol. 47r–47v, Bibl. de l'Ars. 5198 (K) 333b–334b,
BN f.fr. 845 (N) fol. 161ra–161vc, BN n.a. fr. 1050 (X) fol. 219rb–219vd,
BN f.fr. 20050 (U) fol. 63r–63v, BERNE Bibl. de la Bourgeoisie 389 (C)
fol. 58r

R 791 *Cil qui me prient de chanter* Bibl. de l'Ars. 5198 (K) 227b–228b,
BN f.fr. 845 (N) fol. 110vd–111ra, BN n.a. fr. 1050 (X) fol. 155vc–156rb,
BN f.fr. 847 (P) fol. 77vd–78vc.

R 998 *Moins ai joie que je ne seuil* BN f.fr. 12615 (T) fol. 47r, Bibl.
de l'Ars. 5198 (K) p.65b–66a, BN f.fr. 845 (N) fol. 22ra–22vc, BN n.a.
fr. 1050 (X) fol. 50vc–51ra, BN f.fr. 847 (P) fol. 8ra–8vc, BN f.fr.
24406 (V) fol. 32vd–33ra, BN f.fr. 765 (L) fol. 51v–52r, BERNE Bibl. de
la Bourgeoisie 389 (C) fol. 152r–152v.

R 2030 *De chanter me semont amours* Bibl. de l'Ars 5198 (K) p. 227. BN
f.fr. 845 (N) fol. 110r, BN n.a. fr. 1050 (X) fol. 155r. BN f.fr. 847 (P)
fol. 77rb–77vd, BERNE Bibl. de la Bourgeoisie 389 (C) fol. 61r–61v.

## Principes d'édition.

Nous donnons le texte des chansons d'après l'un des manuscrits
et nous y joignons les variantes des autres manuscrits. Nous excluons les variantes purement graphiques. Nous introduisons une
ponctuation moderne, les abréviations sont résolues. Pour obtenir
une homogénéité maximale de la graphie, nous choisissons pour
chaque chanson le même manuscrit de base, c'est-à-dire l'un des
trois mss KNX qui sont seuls à renfermer toutes les chansons de
Wilart de Corbie. Nous avons choisi le "chef de file" K[12].

---

12. Voir par exemple LEROND (1964:32).

Les manuscrits présentent des divergences concernant le nombre de strophes. Nous en parlerons à propos de chaque chanson.

## CHANSON D'AMOUR I

*R 233 - Desconfortez plains d'ire et de pesance*

*Manuscrits:* KXNMTUC
*Editions:* SPANKE (1925:93-96); PETERSEN DYGGVE (1951:318-322); BRAKELMANN (1868:277-278) (transcription diplomatique du ms C); BECK & BECK (1938) (fac-similé du ms M); AUBRY & JEANROY (1909) (fac-similé du ms K); MEYER & RAYNAUD (1892) (fac-similé du ms U).
*Versification:*

| a | b | a | b | / | b | c | c | d | d | c |
|---|---|---|---|---|---|---|---|---|---|---|
| 10' | 10 | 10' | 10 | | 10 | 10' | 10' | 4 | 7 | 7' |

Les strophes I à VI ont les rimes *-ance, -ient, -ie, -on*. La strophe VII a les rimes *-ance, -oi, -ie, -aut*.

*Musique:* Schéma ABAB/CDEFGH
C a le même début que B; F est une reprise du début de la phrase musicale C, G est une reprise de la fin de la phrase musicale de C, de sorte que ces deux parties de F et de G donnent C; G et H ont des débuts identiques. Il y a une "rime mélodique": dans la première phrase A sur *-fortez*, dans la deuxième phrase A sur *doleur*, dans D sur *vie*, dans E (baissée d'une tierce) sur *aïe*, et la fin de H reprend le thème sous une forme légèrement différente. La musique est notée dans KXNMTU et manque dans C, qui a des portées sans notes. On retrouve le même schéma dans R 215 et R 1740, attribuées à Oede de la Couroierie.

*Strophes:* Ordre des strophes dans les manuscrits:

| | | KNX | M | T | U | C |
|---|---|---|---|---|---|---|
| I | Desconfortez plain d'ire et de pesance | I | I | I | I | I |
| II | Mult a en li courtoisie et vaillance | II | II | II | II | II |
| III | Nus ne porroit contre sa mescheance | III | III | III | III | III |
| IV | Bele, vaillans, doulce, courtoise et franche | – | – | IV | – | – |
| V | Douce dame, la plus bele de France | IV | – | – | – | – |
| VI | Por moi lo di qui sui en tel balance | – | – | – | IV | IV |
| VII | Chançon va t'en sanz nule demorance | V | – | – | V | – |

*Graphie et corrections:* Graphie du ms K pour les strophes I-II-III-V-VII, du ms T pour IV et du ms U pour VI. Nous considérons les strophes I-II-III-IV comme authentiques, les trois premières se trouvant dans tous les manuscrits, la quatrième montrant des

mots à la rime qui diffèrent de ceux des trois premières strophes.
La strophe V nous paraît un double de la strophe IV: elle commence
aussi par une apostrophe à la dame, bien que la troisième personne
apparaisse au vers 44. Elle semble être construite à l'aide de
mots se trouvant à la rime dans les autres strophes, comme la
strophe VI que nous ne regardons pas non plus comme authentique.
DYGGVE (1951:319) aurait voulu rejeter comme nous ces deux strophes. Il préférait conserver, avec SPANKE (1925:371), la strophe
VII, malgré le fait qu'après les *coblas unisonans* des strophes I à
VI, cette strophe VII présente d'autres rimes. SPANKE ne donne pas
d'argument, DYGGVE indique que c'est parce que cette strophe nous
a été transmise dans deux familles de manuscrits distinctes: KNX
d'une part, U de l'autre. Or, ce dernier argument perd sa valeur,
si l'on se rend compte que cette dernière strophe a été ajoutée
dans la marge inférieure du ms U par le troisième copiste au texte
transcrit par la première main. En effet, le premier copiste du ms
U avait une nette tendance à raccourcir ses poésies, mais tel que
nous le livre le manuscrit, le témoignage est double: d'une part
pour un texte *sans* envoi, d'autre part *avec* l'envoi VII. Et il paraît probable que l'addition de cette strophe est due à la contamination avec un autre manuscrit: on n'oserait plus parler de deux
familles distinctes. Nous corrigeons le manuscrit de base: 1 plain
→ plains d'après NXMTUC; 22 rien → nient d'après T; 29 mesprison →
ochoison d'après MUC; 60 m'anie → m'amie.


*Texte:*

|  |  |  |
|---|---|---|
| I |  | Desconfortez, plains d'ire et de pesance, |
|  |  | ferai chançon contre le tens qui vient, |
|  |  | qu'en ma doleur ne truis nule alejance, |
|  | 4 | se par chanter joie ne mi revient. |
|  |  | Tant a biautez cele pour qui me tient |
|  |  | li tres douz maus dont ja jor de ma vie |
|  |  | ne qier avoir ne confort ne aïe; |
|  | 8 | ne guerison |
|  |  | n'aurai ja se par li non, |
|  |  | car plus l'aim que je ne die. |
|  |  |  |
| II |  | Mult a en li courtoisie et vaillance, |
|  | 12 | simple regart qui trop bien li avient; |
|  |  | ses biaus parlers, sa simple contenance |

---

*Variantes: I.* 1 plain *K - 3* qu'a m.d. *MTUC;* ne sai querre a. *M,* n'ai
mestier d'a. *T,* n'a mestier a. *UC -* 5 t.a. doulçour *T -* 6 maus que ja
d'autre en ma vie *M,* que ja jor *T -* 7 n'en a. *U -* 8 ne gueridon *C -*
9 n'auerai *MTU,* n'aurai se de li non *N;* ja *ajouté N -* 10 ke ne die *C.*
*II.* 11 Tant a *UC -* 12 qui trop bel *TUC -* 13 ses douz parlers *U* ces

<pre>
        mi fet penser plus qu'a moi ne couvient.
        Dex, que ferai? S'ele ne mi retient
   16   a son·ami, trop est mal conseillie,
        qu'ainz par autrui ne fu si bien servie
              sanz traïson;
           trop fera grant mesprison,
   20      quant je l'aim, s'ele m'oublie.

III     Nus ne porroit contre sa mescheance
        si biau servir que ja li vausist *nient*,
        més ja pour ce ne doit avoir doutance
   24   fins cuers loiax qui bone amor maintient.
        Car loiautez le destraint tant q'il crient
        a mesprendre envers sa douce amie;
        ne je de ce ne me desconfort mie,
   28         ainz m'abandon
           a fere sanz *ochoison*
           quanqu'amors conmande et prie.

IV      Bele, vaillans, doulce, courtoise et franche,
   32   de qui valour nuit et jour me sovient,
        alegiés moi pour Dieu la mesestance
        que li miens cuers pour vostre amour soustient;
        c'a vostre honour certes pas n'apartient
   36   que vos faciés a nului vilonie,
        et je vos sent de tele conpaignie,
              de si douç non,
           que j'arai mon guerredon,
   40      s'en vos n'est pitiés faillie.

V       Douce dame, la plus bele de France
        dire puis bien de moi ne vous souvient;
        car des l'eure que g'estoie en enfance,
   44   li donai je mon cuer qu'ele tant tient.
        Si sai de voir qu'a morir mi couvient,
        s'el ne m'envoie du sien une partie.
        Se je l'avoie, je n'en morroie mie,
   48         més guerison
           auroie et trestout son bon
           feroie et sa conmandie.

VI      Por moi lo di, qui sui en tel balance
   52   por la bele qui trop bel se maintient.
        Mi conpaignon ou j'avoie fiance,
</pre>

---

douls penseirs *C;* sa bele c. *UC - 14* me font *TUC;* tant que plus ne c. *T -
15* D.q. fere *N,* ke ferai Dex *UC;* ne me detient *UC - 16* mult est *N,* trop
iert *MTUC - 17* quar par *M,* que par *T;* nului *TUC;* n'iert ja si *M,* n'en ert
si *T;* mal servie *X - 19* mout fera *MT - 20* se je l'aim *T.*

*III. 22* vausist noient *T,* rien *KNXMU,* riens *C - 23* ne ja p.c. *TUC;* pour
ce doit *T;* doit estre en dotance *UC - 24* cui fine amours *T;* amor sostient
*UC - 25* que lealtez *UC;* les destraint *X - 26* vers sa tres douce amie *UC -
27* dame por ceu ne mi desconois mie *UC,* mescounoiz mie *M,* ne die desconois mie *T - 29* sanz mesprison *KNX,* sa mesproison *T - 30* quanque amors *T.*

*IV. Uniquement dans T.*

*V. Uniquement dans KNX. 45* que morir *N - 46* s'ele ne *N - 47* je ne
morroie *N.*

```
           mi ont grevé, ne sai don ce lor vient.
           Mult me mervoil de coi il lor sovient,
       56  n'en i at nul qui sor moi n'ait envie;
           al moinz font il pechié et vilonie,
           que senz raison
           vont querant tel mesprison
       60      par koi je perde m'amie.
```

VII
```
           Chançon, va t'en, sanz nule demorance,
           as fins amanz; si leur di de par moi:
           des mesdisanz leur envoit Dex venjance
       64  qui m'ont grevé et ne sevent pour quoi.
           Trop sont vilain et de mauvese loi,
           s'en prierai Jhesus le filz Marie
           que tel mehaig leur envoit en loïe,
       68      qu'el front en haut
           soient seignié d'un fer chaut,
       70      qui pere toute lor vie.
```

\* \* \* \* \*

## CHANSON D'AMOUR II

*R 791 - Cil qui me prient de chanter*

*Manuscrits:* KNPX
*Editions:* NOACK (1899:119-120); AUBRY & JEANROY (1909) (fac-similé du ms K).
*Versification:*

    str. I, III, V:  8 a  b  a  a  b / b  a  a  b / A  B
    str. II,  IV  :  8 b  a  b  b  a / a  b  b  a / B  A

*Rimes:* -er, -ai. Une syllabe manque au vers 8; on peut corriger "ne pas → ne ne pas", "ne pas → ne non pas" ou "moi conforter → moi reconforter". Nous préférons la première solution qui est basée sur un simple piège-à-copiste: la répétition d'un mot. Le refrain est le n° 181 du recueil de van den BOOGAARD (1969).
*Musique:* Schéma ABABB/BCDEB"/FB".
"Rime mélodique": dans la première phrase B sur *talent g'en ai*, dans la deuxième sur *reson moustrer*, dans la troisième sur *envoisiez ne gai*, le début de C reprend la fin du thème, les deux B"

---

*VI. Uniquement dans UC. 55* de coi lor resovient *C - 56* à *60 manquent dans C - 60* m'anie *U.*
*VII. Uniquement dans KNXU. 61* nule demoree *U - 62* a fins *U - 63* nos anvoit *U - 64* ke vos heient si ne *U - 65* fellon et de niaise loi *U - 66* se priera *U - 67* ke sans confort lor anvoit teil martire *U - 68* c'ou front *U - 70* kel i peirt *U.*

élargissent le thème sur *je trai* et *amai*, tandis que le thème proprement dit est sur *dolor que* et *moi c'onques*. Le ms K met le début de la première phrase B une ligne trop bas. La musique est notée dans KNPX.

*Strophes:* Les quatre manuscrits donnent les cinq strophes dans le même ordre.

| | |
|---|---|
| I | Cil qui me prient de chanter |
| II | Helas, onques por moi n'entrai |
| III | Biau senblant me fist esperer |
| IV | Las, pour quoi me mis a l'essai |
| V | Chançon, la ou je n'os aler |

*Graphie et correction:* La graphie est celle du ms K pour toutes les strophes. Nous corrigeons le vers 8, et nous complétons les refrains amorcés.

*Remarque:* PETERSEN DYGGVE (1934:194) dit à propos de "la lance Pelee" du vers 36: "la lance célèbre dont fit présent Pélée à son fils Achille; le baiser de la dame blesse aussi grièvement que la lance de Pélée." Or, nous croyons que le poète ne parle pas de cette lance pour montrer qu'elle blesse *grièvement:* il fait plutôt allusion au fait que cette lance, selon la tradition, peut guérir celui qu'elle a blessé. Cf. *Le Roman d'Eneas,* II, Paris, 1929, les vers 7991-7992:

> Molt doit l'en bien sofrir d'Amor,
> qui navre et sane an un jor.

*Texte:*

| | | |
|---|---|---|
| I | | Cil qui me prient de chanter, |
| | | ne sevent quel talent g'en ai. |
| | | Proi lor q'il m'en lessent ester, |
| | 4 | car je n'i sai reson moustrer |
| | | por quoi soie envoisiez ne gai; |
| | | et nepourquant je chanterai |
| | | pour aus deduire et deporter |
| | 8 | ne [ne] pas por moi conforter |
| | | de la grant dolor que je trai. |
| | | A pou ne muir pour bien amer. |
| | | Ce poise moi c'onques amai. |
| | | |
| II | 12 | Helas, onques por moi n'entrai |
| | | en l'amor ou tant truis d'amer. |
| | | Si me poise, quant g'esprouvai |
| | | le biau senblant que g'i trouvai; |

---

*Variantes: I. 8* ne pas por moi conforter *KNPX.*
*II. 12* c'onques *X* - *13* truis tant *N* - *14* poise que *NX* - *15* que je t. *X*

86

<pre>
     16   qu'or puis legierement prouver
          que l'en puet bien soracheter
          pluseurs biax senblanz, bien le sai;
          més ce m'a mis en grant esmai
     20   qu'on ne s'i set primes garder.
          Ce poise moi c'onques amai.
          A pou ne muir pour bien amer.

III       Biau senblant me fist esperer
     24   ce que folement esperai.
          Or me couvient desesperer,
          quant je n'i puis merci trouver.
          S'acointance mar acointai:
     28   helas, une foiz la besai
          maugré sien, qu'onc nel vout graer;
          si me plot a la savorer
          a touz jorz més la conperrai.
     32   A pou ne muir [pour bien amer.
          Ce poise moi c'onques amai.]

IV        Las, pour quoi me mis a l'essai
          de besier ma dame au vis cler?
     36   La lance Pelee trouvai
          el besier que je li donai,
          qui durement me puet grever;
          car se ne me repuis vanter
     40   la endroit ou je me navrai,
          bien sai qu'a la mort avendrai.
          Dex m'i lest oncore assener.
          Ce poise moi [c'onques amai.
     44   A pou ne muir pour bien amer.]

V         Chançon, la ou je n'os aler,
          t'en va; si me di sanz delai
          ma dame a qui ne puis parler,
     48   que trop se paine d'oublier
          son ami loial et verai;
          nepourquant je la servirai
          en bon espoir de recouvrer
     52   ce que m'a pramis a doner
          et si croi bien que g'i faudrai.
          A pou ne muir [pour bien amer.
     55   Ce poise moi c'onques amai.]
</pre>

* * * * *

<hr>

- *19* ce m'a mes mis *N* - *20* gaitier *X* - *22 manque P.*

   *III. 24* a ce *X* - *25* desperer *N* - *26* je ne puis *N* - *28* fois fois *P* -
*29* c'onques *N* - *31* qu'a t. *X; mes le c. NP* - *32, 33* A pou ne muir *reste
manque KNPX.*

   *IV. 38* me puet g. *manque N,* me fet g. *P* - *41* bien me sai *X* - *43, 44* Ce
poise moi *reste manque KNPX.*

   *V. 53* que je i f. *X* - *54* Ce poise moi *X; 54, 55 reste manque KNPX.*

# CHANSON D'AMOUR III

*R 998 - Mains ai joie que je ne sueil*

*Manuscrits:* KNPXVLTC

*Editions:* HUET (1902:119–121); BRAKELMANN (1868:258–259) (transcription diplomatique du ms C); AUBRY & JEANROY (1909) (facsimilé du ms K).

*Versification:*

| a | b | a | b | / | c | c | b | c | b |
|---|---|---|---|---|---|---|---|---|---|
| 8 | 8 | 8 | 8 | | 7' | 7' | 8 | 7' | 4 |

*Coblas doblas;* rimes des str. I et II: *-ueil, -ier, -ie;* des str. III et IV: *-on, -ir, -ise;* des str. V et VI (envois): *-us, -as, -aire.* La dernière strophe est plus courte: elle a la forme de la deuxième moitié des autres strophes.

*Musique:* Schéma ABAB/CDEFG.

"Rime mélodique" sur *-ongier, -mencier, vie* et *entier.* La musique est notée dans KNPXVLT. Le ms C a des portées sans notes.

*Strophes:* ordre dans les mss KNPXVLTC:

I     Mains ai joie que je ne sueil
II    Sens et biauté sanz autre orgueil
III   Hui est li jorz que li felon
IV   Largement sanz nule acheson (manque dans V)
V    Chançon, va t'ent, n'atargier plus (uniquement dans TC)
VI   Amours, bien vos puis retraire (uniquement dans TC).

On reconnaît facilement, par l'étude des variantes, deux groupes: KNPX, V, L d'une part, TC de l'autre. On peut donc considérer comme authentique la strophe IV. L'absence dans V est une simple omission.

Il est impossible de décider de l'authenticité des deux envois, puisqu'ils ne se trouvent que dans une seule famille.

*Graphie et corrections:* Graphie du ms K pour les strophes I à IV, celle du ms T pour les strophes V–VI. Nous corrigeons 1 que ne sueil → que je ne sueil d'après VTC; 3 qui sueil → qui je vueil d'après CL.

*Texte:*

I       Mains ai joie que [je] ne sueil,
         quant il me couvient esloignier
         la douce riens pour [je] vueil

---

*Variantes: I. 1* que je ne suel *TC,* que je ne sueil *V,* que ne ne *P,* que ne sueil *KNX;* veil *L - 2* aloignier *C - 3* de la douce *L;* pour coi *L;* qui

<pre>
 4   mon chant de nouvel conmencier;
        qu'ele a tout en sa baillie
        mon cuer, mon cors et ma vie.
        Aussi m'i puist s'amor aidier
 8      con je l'aim sanz tricherie
        de cuer entier.

II       Sens et biauté sanz autre orgueil
         mist en li Dex au conmencier,
12       et s'est de si tres bel acueil,
         que touz li mons la doit prisier
         de sens et de cortoisie
         et de bele conpaignie.
16       Le bel servir et l'acointier
         m'en ont tolu par leur envie
         faus losengier.

III      Hui est li jorz que li felon
20       se painent des amanz traïr;
         més ja por aus ne verra on
         nule bone amor departir.
         Ne ja Dex en nule guise
24       ne mi lest fere servise
         qui la bele viengne a plesir,
         quant je onques quis faintise
         de li servir.

IV  28   Largement sanz nule acheson
         doit cil qui d'amors veut joïr
         cors et cuer metre en abandon
         et je si faz sanz repentir;
32       que ma dame est si aprise
         et plaine de grant franchise
         qu'ele me saura bien merir
         la paine q'ai en li mise
36           et le desir

V            Chançon, va t'ent, n'atargier plus,
</pre>

---

je sueil *PVT*, qui je veul *C*, qui je veil *L*, qui sueil *KNX* - 4 recomencier
*L* - 6 mon cuer et mon cors *L* - 7 Ainz *V*, Ainsi *L*, Ensi *T*, Et si *C* - 8 com
je l'aing de cuer sanz tricheir *V*.

*II. Cette strophe se trouve deux fois dans V: en bas du folio 32v le
copiste s'est arrêté au milieu du vers 16, en haut du folio 33r il reprend toute la strophe.* 10 nul orguel *TC* - 11 maint en lui *L*, mist Dex en
li *X*, fist Dex en li acompaignier *TC* - 12 c'est *C*, et est de *L* - 13 l'en
doit *TC* 14, 15 et de doulce compaignie / courtoise et bien ensegnie *TC* -
16 Le bel parler *TC*, Le biau service *L* - 17 leur *manque TC* - 18 faus
*manque V*.

*III.* 19 que felon *T* - 20 se painent tout d'amour traïr *TC*, se plainent
*L* - 21 pour çou ne *TC* - 22 loialté en moi defaillir *TC*; nule *manque L* -
25 ke la belle vigne a grei *C*, qui ne lie viegne a plesir *V* - 26 s'onques
ot en moi faintise *TC*, faussété *L* - 27 a lui servir *L*.

*IV. Cette strophe manque dans V.* 29 ki veult d'amors joïr *C* - 30 cuer
et cors *NXTC*; a abandon *T* - 32 car (et *C*) la bele est *TC*; si esprise *L* -
33 de franchise grant *C* - 34 bien *manque C*; qu'ele le sara *L* - 35 la
poene k'en lai ai mise *C*, la painne qu'oi en lui mise *L* - 36 le *manque C*.

```
        a la bele, se li diras
        que mils qu'en paradis lassus
   40   ameroie entre ses dous bras;
        k'ele est si tres debonaire
        qu'asses ne me poroit plaire
        la grans joie de son soulas,
   44   dont ainc ne me peut retraire
        n'encor ne fas.

VI      Amours, bien vos puis retraire,
        quant voi son tres douç viaire
   48   et son gent cors lonc, graisle et cras,
        trestout li cuers m'en esclare,
   50   n'est mie gas.
```

* * * * *

## CHANSON D'AMOUR IV

*R 2030 - De chanter me semont amors*

*Manuscrits: KNPXC*
*Editions:* BRAKELMANN (1868:280–281) (transcription diplomatique
du maunscrit C); AUBRY & JEANROY (1909) (fac–similé du ms K).
*Versification:*

   8 a b a b / a b a b.

La strophe V a le schéma:

   8 a b a b / b a b a.

Le ms C ajoute un refrain: 8 CC. *Coblas singulars:* I rimes en *-ors*
et *-ent;* II *-ort,* *-er;* III *-u,* *-ier,* IV *-oir,* *-ien;* V *-ort,* *-on;*
VI *-als (-aus),* *-ir.* Rimes du refrain de C: *-ir* (c'est le refrain
n° 1600 des *Rondeaux et Refrains* de N.H.J. van den BOOGAARD).
*Musique:* Schéma A B A B / C D E F.
"Rime mélodique" seulement dans les quatre premières phrases, sur:
*-ont amors,* *-er talent,* *la douçor* et *le torment.* Même mélodie que
R 1677 de Gautier de Coinci. Le ms P commet une erreur de ligne au
début de la phrase E. La musique est notée dans KNPX; le ms C a
des portées sans notes.

---

   *V. Cette strophe ne se trouve que dans TC.* 37 ne tairge plux *C* - 44 me
volt *C*.
   *VI. Cette strophe ne se trouve que dans TC.* 48 lonc et graille et
grais *C* - 50 se n'est *C*.

90

*Strophes:* ordre dans les mss KNPXC

    I     De chanter me semont amors
    II    Ma dame m'ocit a grant tort
    III   Par servir n'i ai riens perdu
    IV    Bien m'a amors en son vouloir
    V     D'amors me plaing, si n'ai pas tort (manque dans C)
    VI    Quant plux me fait amors de mals (uniquement dans C).

Il n'est pas possible de se prononcer de façon catégorique sur
l'authenticité des str. V et VI qui, les deux, ne sont appuyées
que par une seule famille. On peut retenir, comme argument éventu-
el contre l'authenticité de V, les mots *tort* (33) et *mort* (40) qui
se trouvent déjà à la rime dans la deuxième strophe. Le refrain
paraît douteux, surtout si l'on songe à l'imitation par Gautier de
Coinci, qui ne se sert pas du refrain.

*Graphie et corrections:* Graphie du ms K pour les str. I à IV,
celle du ms C pour la str. VI. Nous corrigeons: 10 vis → nis d'a-
près NC et la syntaxe qui demande un adverbe de négation après la
conjonction négative "ne"; 43 sains → saus d'après la rime. Il n'y
a aucune raison de corriger 3 douçor → doulor, comme le propose
BRAKELMANN (1868:280); on peut y voir un synonyme de "joie".

*Texte:*

    I         De chanter me semont amors,
              més je n'ai de chanter talent;
              car la grant joie et la douçor
        4     que j'ai souffert et le torment,
              me font adés penser aillors.
              Joie et deduis me va fuiant.
              Hé, Dex, quant vendra li secors
        8     qu'ai atendu si longuement?

    II        Ma dame m'ocit a grant tort
              ne me daigne *ni*s regarder;
              s'ele eüst juree ma mort,
        12    ne me peüst pas plus grever.
              Bien m'a mes cuers traï et mort,
              qui en tel lieu m'a fet baer
              ou je puisse trouver confort,
        16    tant sache belement parler.

    III       Par servir n'i ai riens perdu:
              servie l'ai de cuer entier;

---

*Variantes:* *I.* *4 C ajoute un refrain:* Ki haïs est por bel servir, /
bien doit son servixe haïr.
    *II.* *10* daigne vis r. *KPX*, nis *NC* - *14* quant en t. *C*; me fait *XC* -
*15* ou je ne puis *PC*, ou je ne puisse *N*; avoir confort *C* - *16* biau p. *N* -
*C ajoute* Ke haïs est.
    *III.* *17* quant per servir *C*; n'i a *P*, n'ai *XC·* - *18* queridon redu *C* -

```
                 mal m'a mon servise rendu,
            20   s'autrement n'en puis esploitier.
                 Li biau senblant m'ont deceü,
                 que je trouvai a l'acointier;
                 malement m'a couvent tenu,
            24   més ne puis pas vers li pledier.

IV               Bien m'a amors en son vouloir,
                 bien m'a mis dedenz son lien,
                 quant ce que je ne puis avoir,
            28   me conmande amer maugré mien.
                 Or n'ai je mie dit savoir:
                 amer la vueil seur toute rien.
                 Melz l'aim je seulement voir
            32   que d'une autre avoir plus grant bien.

V                D'amors me plaing, si n'ai pas tort,
                 qui mon cuer tient en sa prison,
                 ne ja ne cuit que le deport,
            36   més tant li a fet mesprison
                 que moi, qui estoie ses hom
                 et a sa volenté m'acort,
                 m'a mis en tel destruccion,
            40   ne sai greigneur que de la mort.

VI               Quant plux me fait amors de mals
                 et plux me poen de li servir;
                 s'onkes nus vrais amans fut saus,
            44   sains serai, je n'i puis faillir.
                 Vers amors ai esteit loials,
                 por riens ke m'en doie avenir,
                 ne quier vers amors estre faus.
            48   Or faice de moi son plaixir.
```

20 ne puis *PC* - *21* mon *N* - *22* k'en li t. *C* - *24* més *manque C* - *C ajoute*
Ke haïs est.

   *IV.* *25* m'ait mes cuers *C;* a son *NPXC* - *26* lieu *P* - *29* je *manque X* - *31*
avoir *X* - *32* d'un *X;* gringor *C* - *C ajoute* Ki haïs est.

   *V.* *Cette strophe ne se trouve pas dans C.* *34* qui tient mon cuer en *N* -
*35* ne je ne *X* - *36* més de tant a fet *PNX* - *40* ne sa g. *N.*

   *VI.* *Cette strophe se trouve uniquement dans C.* *43* sains *C* - *le ms*
*ajoute* Ke haïs est por biaul servir / bien doit son servixe haïr.

# Martinet, ménestrel du comte de Boulogne

## Les chansons courtoises et la *Note Martinet*

Le manuscrit du VATICAN, fonds Reg. lat. 1490 (le chansonnier a) donne à partir du folio 114r une série de quatre chansons courtoises, avec la rubrique: "Ce sont les cancons martin le begin de cambrai". Deux de ces chansons sont des *unica* de ce manuscrit: R 1329 *(Incipit* Loiaus amour bone et fine et entiere) et R 1992 *(Incipit* Boine aventure ait ma dame et bon jour)[1]. Les deux autres se retrouvent dans d'autres chansonniers: R 185 *(Incipit* Pour demourer en amour sans retraire) et R 1172 *(Incipit* Loiaus desir et pensee jolie). La première strophe de cette dernière chanson est encore citée dans le roman *Meliacin ou le Cheval de Fust* de Girart d'Amiens[2]. Les attributions du ms a sont confirmées par les mss R et C qui offrent respectivement les rubriques *Martins li beguins* (R 185) et *Martins li begins decambran* (R 1172). Dans les autres chansonniers (I, O, U, V) et dans le fragment de St. Paul-en-Carinthie les chansons sont présentées sans indication du nom de l'auteur. En effet, ces recueils ne livrent que des chansons anonymes[3]. Dans l'*Histoire littéraire* (659-660), une cinquième pièce est encore attribuée à Martin le Béguin de Cambrai: le lai ou l'estampie[4] R 474 *(Incipit* J'ai trouvé). La pièce se trouve, précédée du *Lai de la pastourele* (R 1695 *Incipit* L'autrier chevauchoie / Pensant) et du *Lai des Hermins* (R 2060 *Incipit* Lonc tens m'ai teü), à la fin du ms N, où elle porte le titre de *Note Martinet*. Elle se lit encore, sans titre, dans la section des *pastourelles* du ms I. Dans le chansonnier perdu de Mesmes, elle était considérée comme une estampie[5]; nous ne possédons pas de copie de ce manuscrit. L'attribution de cette pièce à Martin le Béguin de Cambrai, reprise sans critique dans certaines études[6] et mise en doute dans d'autres[7] repose sur la seule identité (partielle) des

---

1. Sigles des chansons et des manuscrits d'après SPANKE (1955).
2. Roman inédit; A. SALY (1970:7), annonce l'édition qu'elle prépare.
3. Dans U quelques chansons seulement sont pourvues du nom d'un auteur; O comporte des annotations d'une main moderne.
4. SPANKE (1955:92); GÉROLD (1932:289 n. 2); MAILLARD (1961:95).
5. Sur ce chansonnier, v. JEANROY (1965:31) et WALLENSKÖLD (1925:XXXVII).
6. Par exemple dans MAILLARD (1961:77, 95).
7. PETERSEN DYGGVE (1929:184); HENRY (1951:77 n. 2); HENRY traite d'un problème comparable au nôtre (Martin ou Martinet?) en se demandant Adam ou Adenet *(ibid.,* 48).

TABLEAU 1

LES CITATIONS DANS GIRART D'AMIENS: *MELIACIN OU LE CHEVAL DE FUST*

| N° | R-S | Auteur | Manuscrits | L-G | Rond. | Refr. | R. cit. |
|---|---|---|---|---|---|---|---|
| 1 | 1520a | Gace Br. | MKNXPVORHLUCG+Viol. | | | | |
| 2 | 565 | Perrin d'A. | aKNVORZ | | | | |
| 3 | 2118 | | | | | | |
| 4 | 47b | | | | | | |
| 5 | | | | 1139b | | 4 : | ChSG |
| 6 | 10a | | | | 47 | 64 : | Ren./Escanor |
| 7 | | | | | 48 | 577 : | Ren./Chauv./Abeïe |
| 8 | | | | | | 1034 : | Ren. |
| 9 | 741 | Roi de N. | MMTaKNXPVORSZBUUCe | | | 290 | R 806.II/ |
| 10 | | | | 1091 | | 538 : | R 236.V/M 282 |
| 11 | 879 | Gaut. d'E. | VRB | | | | |
| 12 | 1073 | | MTKNPVORUC | | | | |
| 13 | 656 | | O | | | | |
| 14 | 2117a | | | 1139d | | 883 | |
| 15 | 805 | R. de F./ Gaut. d'E. | MT(a)ARNXO | | | | |
| 16 | 1569 | G. de B. | ORIU | 1139e | | | |
| 17 | 1576a | | | | | 1683 | |
| 18 | 639a | | | | | | |
| 19 | 1172 | M. le B. | aVORIUC | | | | |
| 20 | 413 | Gace Br. | MTaKNXPVOLRUC | | | | |
| 21 | 505 | | VOIU | 891 | | | |
| 22 | | | | 1139c | | 280 | |
| 23 | 199 | Gaut. d'E. | | | | | |
| 24 | | | MKNPVORSBUC(X) | 1139a | | 75 | |

prénoms. Nous nous proposons d'éditer ici les pièces attribuées à Martin le Béguin de Cambrai[8], car nous ne connaissons pas d'édition de l'ensemble et pour plusieurs textes une édition critique basée sur tous les manuscrits fait même entièrement défaut. Préalablement nous allons essayer de déterminer les rapports entre Martin et Martinet, et de répondre à une autre question qui n'a pas été résolue de façon satisfaisante, savoir: à quelle époque a vécu notre trouvère?

## Martin, Martinet et Gerardin de Boulogne

Le document le plus important pour ces problèmes est celui qui a été redécouvert par PIRRO[9] et mis en rapport par lui avec Martin le Béguin. Il s'agit d'un passage d'un compte de dépenses, de 1276 à 1277, de Gui de Dampierre, comte de Flandre: *A Martinet et Gerardin menestrel le conte de Bolongne et al marischal de France .iiii. lib.*[10]. Si l'on identifie ce Martinet avec l'auteur de la *Note Martinet* à cause de l'identité *complète* des deux prénoms, on n'a pas encore montré que le personnage en question est le même que Martin le Béguin de Cambrai. Le passage cité montre qu'il a dû exister une relation entre Martinet et Gerardin de Boulogne. Celui-ci est un trouvère connu: nous possédons deux chansons qui lui sont attribuées: le jeu-parti R 910 (*Incipit* Sire Jehan vous amerés) et la chanson courtoise R 1569 (*Incipit* Bone Amour m'a en son servise mis). Si nous pouvons montrer qu'il y avait aussi des relations entre Martin le Béguin et Gerardin de Boulogne, nous admettrons l'identité de Martin et Martinet. A cet effet, nous étudierons la manière dont les chansons de Martin le Béguin ont été transmises. Il faut distinguer entre le choix opéré par un auteur du XIIIe siècle dans le répertoire lyrique de son temps et celui qui a été fait par un compilateur: nous traiterons séparément les citations lyriques introduites dans le *Meliacin* par son auteur Girart d'Amiens et la manière dont les anthologies des trouvères, les chansonniers, ont été composées.

---

8. DINAUX (1837:177-179) avait suggéré que le surnom "Béguin" serait dû à un défaut de prononciation. Cette opinion est rejetée par P. PARIS, (1856:660).
9. *Revue critique d'Histoire et de Littérature* 67, nouv. série, tome C, 11: compte-rendu de GEROLD (1932).
10. Pour le texte des comptes de la maison de Gui de Dampierre, v. HENRY (1951:ch. II).

# Les passages lyriques du *Meliacin* de Girart d'Amiens

Comme beaucoup d'auteurs du XIIIe siècle, Girart d'Amiens cite dans son roman des fragments de chansons, de motets et de rondeaux, et il y introduit des refrains[11]. On y trouve au total 24 citations, dont nous donnons les références dans le tableau 1. Nous y énumérons les passages lyriques dans l'ordre où ils apparaissent dans le *Meliacin*[12]; nous indiquons, s'il s'agit d'une chanson, le numéro de la *Bibliographie* de RAYNAUD-SPANKE[13] avec, le cas échéant, l'auteur et les sigles des chansonniers qui livrent la chanson aussi; si le texte cité est un motet nous renvoyons à la *Bibliographie* de LUDWIG-GENNRICH[14]; pour les rondeaux, les refrains et les romans contenant les mêmes refrains, nous donnons des références au livre *Rondeaux et Refrains* de N. van den BOOGAARD[15].

On reconnaît des chansons de sept trouvères connus: Gautier d'Espinau est trois fois représenté, Gace Brulé deux fois, et une chanson est attribuée, d'après les chansonniers, à Richart de Fournival (en concurrence avec Gautier d'Espinau; je verrais volontiers, dans la préférence de Girart d'Amiens pour celui-ci, un indice du fait qu'il faudrait attribuer R 805 à Gautier d'Espinau plutôt qu'à Richart de Fournival), une autre au Roi de Navarre. On rencontre encore le nom de Perrin d'Angicourt, mais dans la perspective de notre étude, le plus intéressant est la présence simultanée de Martin le Béguin et de Gerardin de Boulogne à côté de ces quelques auteurs "classiques".

## La composition des chansonniers

Il n'y a pas de règles strictes qui déterminent le choix des chansons des chansonniers ou l'ordre dans lequel elles sont rangées. Si l'on trouve l'ordre alphabétique, on constate que le copiste a réuni par exemple toutes les chansons commençant par A, mais à l'intérieur de ce groupe il n'y a pas d'ordre résultant de l'alphabet. S'il a mis les trouvères avec leur oeuvre dans l'ordre décroissant de leur rang social, on n'observe aucun système à

---

11. V. notre *Rondeaux et Refrains*, Paris, 1969, 313–338.
12. Edition des insertions lyriques d'après le ms de FLORENCE: E. STENGEL, *Zeitschrift für romanische Philologie* 10 (1886), 460–472.
13. *Op. cit.*, *passim*.
14. F. LUDWIG, *Bibliographie der ältesten französischen und lateinischen Motetten*, éd. par F. GENNRICH.
15. *Op. cit.*, 42, 325 et *passim*.

| Ms | R-S | Manuscrits | Auteur | +près de+ |
|----|-----|------------|--------|-----------|
| a | 1455 | Z | Cuvelier | 185, 1992, 1329, 1172+ |
| a | 1655 | MTKNXPHORFUC | Chièvre de Reims | +185, 1992, 1329, 1172 |
| V | 2009 | | | 1172+ |
| V | 879 | RB + Meliacin | | +1172 |
| V | 1789 | (a)KNXORSZUC | Robert du Castel | 185+ |
| V | 2054 | OUC | Gaidifer | +185 |
| V | 746 | | | 1172+ |
| O | 2094 | | | +1172 |
| O | 1457 | ZIC | Robert du Castel (?) | 185+ |
| O | 106 | MRI + ms BN 837 | | +185 |
| O | 913 | aZ | | 185+ |
| O | 1554 | a | Robert du Castel | 185+ |
| R | 2017 | KNXVSZ | Gasteblé | +185 |
| R | 1100 | (a)V | Perrin d'Angicourt | 1172+ |
| R | 1730 | MTaZFU | Jehan Bretel | +1172 |
| R | 1692 | aKNXVORSZU | Colart le Bouteillier | 1172+ |
| R | 405 | | Perrin d'Angicourt | 185+ |
| O | 1457 | ZOI | | +1172 |
| C | 1797 | UC | Robert du Castel (?) | 185+ |
| C | 1456 | C | | 1172+ |
| H | 607 | TKNXP + U fol. 156 | | 1172+ |
| U | 1569 | ORI + Meliacin | Gerardin de Boulogne | +1172 |

l'intérieur de chaque rang. Pourtant on trouve de temps en temps, même dans des chansonniers qui appliquent toutes sortes de critères (un groupe alphabétique, un groupe déterminé par le genre, un groupe de chansons provençales), des groupements qui résultent visiblement du fait qu'on a réuni des trouvères qui avaient en commun un même milieu, un même cercle. Dans l'espoir de discerner ainsi des liens entre Martin le Béguin et Gerardin de Boulogne, ou entre ces deux "ménestrels" et un cénacle bien déterminé, nous résumons dans le tableau 2 le résultat de l'examen des pièces qui voisinent dans les manuscrits avec les pièces de Martin le Béguin. Le signe + placé après le numéro d'une chanson de Martin le Béguin indique que la chanson voisine suit dans le manuscrit; s'il est placé devant la chanson en question, la chanson du trouvère voisin précède.

Nous relevons ici tout de suite un lien remarquable avec le tableau 1. La chanson anonyme R 879 qui précède la chanson R 1172 de Martin dans le ms V, se retrouve dans le *Meliacin*. Ensuite le nom de Gerardin de Boulogne revient dans ce deuxième tableau: dans le ms U – de composition très hétérogène – les chansons de Martin et de Gerardin voisinent. Nous constatons aussi que tous les autres noms cités nous ramènent à un groupe de poètes bien déterminé: nous sommes, surtout par des jeux-partis, très bien renseignés sur leurs rapports et sur l'époque de leur activité poétique, le troisième quart du XIIIe siècle[16]. *Robert du Castel* est le partenaire de *Jehan Bretel*. Son juge est *Gaidifer*, celui de Bretel *Cuvelier*. Il est le juge de *Jehan de Grieviler*, dont le partenaire est *Jehan Bretel* avec *Lambert Ferri* comme juge. *Perrin d'Angicourt* est en rapport avec *Jehan Bretel*, *Lambert Ferri*, *Jehan de Grieviler*, *Gaidifer* e.a. *Colart le Bouteillier* est en rapport avec *Jehan Bretel*. *Gerardin de Boulogne* est le partenaire de *Jehan Bretel*.

Tous ces liens et tous ces arguments ensemble nous permettent d'affirmer que le ménestrel figurant sous le nom de Martinet dans le livre de compte de Gui de Dampierre et le trouvère Martin le Béguin de Cambrai sont la même personne. Nous n'avons pas découvert d'argument plus fort en faveur de l'identification du trouvère Martin le Béguin et l'auteur de la *Note* que l'identité *complète* des deux prénoms Martinet. Combien y avait-il au XIIIe siècle de poètes ou musiciens portant le prénom Martinet? Nous ne le savons pas, mais le fait que le prénom figure dans un titre pourrait faire croire à une certaine célébrité. Dans ce cas il

---

16. HOFFMANN (1917); LÅNGFORS *et al.* (1926); PETERSEN DYGGVE (1934).

serait probable que nous avons en effet affaire à Martin le Béguin
qui peut être considéré comme professionnel (il faut entendre "ménestrel" dans le sens de "musicien, poète" plutôt que celui de
"serviteur").

C'est pourquoi nous présentons ici ensemble les quatre chansons
courtoises et la Note Martinet.

## Les textes

L'établissement des textes, que nous présentons ici, est le
fruit d'un séminaire de philologie fait à l'Université d'Amsterdam
et auquel ont participé M. Heintjes, L. Holländer, M. Pastor, I.
Huber, F. Renckens, E. den Teuling, O. Bakker, A. Daniëls, I.
Niehe.

Nous éditons toutes les chansons d'après un seul manuscrit de
base: nous avons choisi le même ms a dans les quatre cas. Nous
indiquons les variantes des autres manuscrits et les corrections
qu'il faudrait apporter au ms a d'après les leçons des autres
manuscrits. Pour la *Note Martinet* nous préférons donner les textes
complets des deux manuscrits, car ils se présentent comme des versions très divergentes. Nous avons résolu les abréviations et nous
avons introduit une ponctuation moderne.

## Les manuscrits

Les manuscrits suivants renferment une ou plusieurs compositions de Martin le Béguin de Cambrai:

C = BERNE, Bibl. de la Bourg. 389 f. 126 (R 1172) et f. 192 (R 185)
I = OXFORD, Douce 308 f. 148 (R1172) et f. 207 (R 474)
N = PARIS, BN f.fr. 845 f. 187 (R 474)
O = PARIS, BN f.fr. 846 f. 77 (R 1172) et f. 104 (R 185)
R = PARIS, BN f.fr. 1591 f. 59 (R 185) et f. 95 (R 1172)
U = PARIS, BN f.fr. 20050 f. 154 (R 1172)
V = PARIS, BN f.fr. 24406 f. 57 (R 1172) et f. 112 (R 185)
a = VATICAN, Reg. lat. 1490 f. 100 (R 185 et R 1992) et f. 101
        (R 1329 et R 1172)
1) = ST. PAUL f. 1 (R 185).

La première strophe de R 1172 est encore citée dans Girart d'A-
miens, *Meliacin ou le Cheval de Fust*. Ce roman se touve dans les
manuscrits:

FLORENCE, Bibl. Riccard. 2757, PARIS, BN f.fr. 1589, PARIS, BN
f.fr. 1633 et PARIS, BN f.fr. 1455[17].

---

17. Nous ne relevons pas les variantes de ces manuscrits.

## Les éditions

Nous donnons ici les références aux éditions critiques des chansons isolées, aux transcriptions diplomatiques et aux ouvrages qui présentent un fac-similé du manuscrit.

R 185 KELLER (1844:299–300); MAETZNER (1853:55–57, 247–249); HOEPFNER (1917); BRAKELMANN (1868:308–309); BECK (1927).

R 1172 STEFFENS (1896); BRAKELMANN (1867:374–375); MEYER & RAYNAUD (1892); STENGEL (1886:468).

R 1329 PETERSEN DYGGVE (1930:19–21).

R 1992 PETERSEN DYGGVE (1930:18–19).

R 474 STEFFENS (1897:80); HANDSCHIN (1930–1931:127–128).

## La versification

Traditionnellement on ajoute un petit paragraphe sur la versification des chansons des XIIe et XIIIe siècles. Maintenant on dispose, après le *Répertoire métrique* de FRANK (1953–1957) pour le domaine de la langue d'oc, d'un instrument comparable pour le domaine d'oïl: MÖLK & WOLFZETTEL (1972). Je me permets de renvoyer à cet ouvrage: R 185 – 870,15; R 1172 – 891,3; R 1329 – 870,14; R 1992 – 1209,58; R 474 – 165,1.

I. *La chanson d'amour R 185:*

   *Pour demourer en amour sans retraire*

*Manuscrit de base:* a; variantes de V, O, R, C et 1).

I    Pour demourer en amour sans retraire
     M'otroi del tout a son commandement;
     Car mes cuers est a la plus debonaire
4   Ki soit el mont, se dous samblans ne ment.
     Vraiement
     Sai bien k'en li amer ne puis mesfaire;
     Car, se jamais mieus ne mi devoit faire
8   Fors esgarder de ses ieus douchement,
     Si m'ert il bien meri et hautement.

II    Mout est plaisans, simple et de bel afaire,
     La bele ou j'ai mis mon entendement.

---

*Variantes de R 185: I. 4* fine amours *O;* bels *C – 6* sai ken li ne puis m. *C – 7* car sautrement *O;* ne m'en *VR – 8* fors qu'esgarder *OR1);* fors l'esgarder *C – 9* et mout tres hautement *R.*
  *II. Cette strophe, de même que le reste de la chanson, manque dans le ms O. 10* et de tres boen afaire *C – 11* cele ou iai mis tout mon *V;* cele a

100

<pre>
    12  Riens ne mi puet anuier ne desplaire,
        K'ele men voit - tant l'aim jou loianment -
            Nulement.
        Si goie jou de li; qant plus me maire
    16  S'amours et point, mains me tourne a contraire.
        Ains i pens mieus, plus fort et plus souvent,
        Et le desir plus amourousement.

III     Tres que premiers remirai sen viaire,
    20  Dont la biautés vers toutes se desfent,
        Fui si soupris que je ne m'en seuc traire
        A nul garant, fors que tout esraument,
            Humlement,
    24  Criai merci, dont tout li cuers m'esclaire,
        Quant il m'avint. Car on pert bien par taire
        Aucune fois, et s'avient bien souvent
        C'on aqiet joie en bien fol hardement.

IV  28  Jou ne di pas pour çou, se j'en ai joie,
        C'onques de riens fuisse de li saisis;
        Ains me doins tous liges, ou que jou soie,
        A li servir con cil qui se rent pris
    32          Com amis
        Fins et loiaus. Ne ja, se jou cuidoie
        Morir d'amours, pour çou ne guerpiroie
        Ma douce dame, a cui j'ai mon cuer mis.
    36  Ausi m'en soit li guerredons meris.

V       S'il plaist Amours et ma dame l'otroie
        Ensis, voel bien, tant com je serai vis,
        Vivre en dangier; car jou ne reqerroie
    40  Pour nul travail dont je fuisse entrepris.
            Il m'est vis
        Que j'en vail mieus et que plus jolis soie.
</pre>

---

qui aai mis *1)* - *13* ke ie lain *C*; car ie laing *1)* - *14* bonement *1)* -
*15* si ioie de li quant plus maire *1)* - *16* nous lisons dans a coutraire,
*nous corrigeons d'après les autres mss*; treuve contraire *V*; s'amours *omis
dans R*; l'amour de li *1)* - *17* et preng confort meilleur et plus souvent
*V*; ainz i puet *R* - *18* la desir *VRC1)*.

*III. 21* espriz *V*; sui *R*; que ne m'en soi retraire *VR*; que ie me soi
traire *1)* - *24* priai merci *C1)* - *25* quant il ainme car *C*; dont il avient
que len *1)*; quant il mauint car par bien chanter *V* - *26* aucune foiz
souuent .si auient *V*; aucune fois sauient bien souuent *R*; sauient moult
souuent *1)* - *27* ioie et santé ensement par tost parler en bien fol
hardement *R*.

*IV. 28* por ceu ien *C* - conques de li fusse de rienz sesis *V* - *30* touz
ligement *RC1)*; ou que soie *R*; et otroie *C1)* - *33* ne ie ne sai se cuidoie
*V*; ne ia se ie ainsi mourir cuidoie *R* - *34* le *ms a porte* dame pour,
*corrections d'après C1) et la versification (2 syll. manquent)*; morir
certes ne vous guerpiroie *V*; d'amour pour ce bien sai iel guerpiroie *R*;
morir d'amer *1)*; por ceu nes g. *C* - *35* ma *manque V*; dame en cui *R1)*, dame
ou *V* - li seruices *RC1)*.

*V. 38* ie soi uis *V*; - *39* dangier.ou ie *V*; recroiroie *1)* - *40* por nul
anuit *C*; don ie soie *1)* - *41* il mest auis *C* - *42* le *ms a porte* iolis en
soie; *nous corrigeons d'après les autres mss et la versification (1 syll.*

```
             Ne ja le jour que jou ma dame voie,
      44     Pour nul travail ne serai esbahis,
      45     Tant est mes cuer de tous biens raemplis.
```

* * * * *


II. *La chanson d'amour R 1992:*

       *Boine aventure ait ma dame et bon jour*

*Manuscrit:* a; correction au vers 8; le manuscrit donne: remanroie.

```
      I        Boine aventure ait ma dame et bon jour
               Ki me soustient en joie mon jouvent.
               Je cant pour li, et pour sa grant valour
      4        Et pour Amour. A ches deus ligement
                       Sui saisis,
               Tant que mes cuers sera en mon cors vis.
               Et, se ma dame avant li devioit,
      8        Sers a Amours et or seus remanroit.

      II       Si voirement que jou l'aim sans folour,
               Me veulle Amours eskiever de tourment,
               Et k'ains vers li ne quis nul vilain tor
      12       Pour avenir a son espirement;
                       Ains ai mis
               Cuer et voloir en avancier toudis
               Moi et s'ounour con cil qui ne vauroit
      16       Avoir nul bien, s'ele aussi n'i partoit.

      III      Ains pour servir ma dame n'oi irour;
               Car jou le faic tant amoureusement
               Que li travail me sont de tel atour
      20       Que cascuns m'a saveur d'alegement.
                       Ce m'est vis
               Que, qant regart ma dame et son cler vis,
               Nule grietés grever ne me porroit
      24       Fors que savoir çou que li desplairoit.

      IV       Bele et plaisans, u j'ai mis a sejour
               Trestout mon cuer et moi entirement,
               Mult me faites de bonté et d'ounour
      28       Ki consentés de moi tant seulement
                       Que jolis
               Me tieng pour vous; dont tant sui enrichis
               K'il m'est avis que nus ne rataindroit
```

---

*de trop)* - *45 de ioie raemplis V. - Les mss R et 1) ajoutent encore
1'envoi:*

```
                       J'ai empris
               Que ma chançon ma douce dame envoie
               A qui je sui, car onques ne m'anoie
               Li dous pensers savoureus et jolis
               Ou loiaument vueil demourer tout dis.
```

32 Si grant hounour, se par vous ne l'avoit.

V      Dame, et s'Amour a bonté ne douçour
     Dont vous aiiés volenté ne talent,
     Souviegne vous de moi qui sans retour
36 Me met du tout a vo conmandement
         Coum amis
     Li plus loiaus de fine amour espris
     Ki onques fust. Et se jou n'i ai droit,
40 Ja n'ait ele voloir qui bien m'envoit.

*  *  *  *  *

III. *La chanson d'amour R 1329:*

     *Loiaus amour bone et fine et entiere*

*Manuscrit:* a; nous corrigeons au vers 26 la forme "est" du
manuscrit et nous lisons "et".

I      Loiaus amour, bone et fine et entiere,
     Et jolis cuers et amoureus desirs
     Me font canter sans raison mençouniere,
4 Liet et engrant de ma dame servir,
     Ki j'ai douné mon cuer sans repentir,
     Entierement, et vueil en tel maniere
     Moi obeïr et faire ma proiere
8 Que tout me face endurer son plaisir,
     Car je sui pres de tout son bon sousfrir.

II     Si soit amours envers moi droituriere
     Qu'ele m'ait selonc mon deservir;
12 C'onques ne fis sanblant ne fausse chiere
     Pour enginier ma dame ne traïr,
     Ne ja ne kier par faussité joïr;
     Car j'aim ansi ma douce dame ciere,
16 Que ja pour çou, s'ele m'est dure et fiere,
     Mon bon voloir jou n'en kier amenrir;
     Car douc espoir m'aie a soustenir.

III    Onques ne fui desloiaus ne trechiere
20 Ne n'ere ja pour angousse sentir.
     Ensi doit on; k'amours est coustumiere
     Des vrais amans mener jusk'au morir.
     Si douce mort ne veu jou ja cremir
24 Ne pour paour laissier a avoir ciere
     Celi ki m'est clartés et lumière;
     *Et* de tous biens nus n'en i puet falir,
     Fors que pités dont ne m'os aatir.

IV 28 Et se pités maint en li et repaire,
     Dont n'i faut biens c'on peüst souhaidier;
     Aveuc bonté i est de tel afaire
     Fines biautés et nel sai esprisier.

```
32  Ja n'aie jou mon loial desirier,
    Se jou n'aim mieus travail et paine traire
    En son danger que de nule autre faire
    Trestout mon gré; mais ja ne veill cuidier
36  Que loiautés ne me puist bien aidier.

V   Tant croi jou bien courtoise et deboinaire,
    Celi qui j'ai douné trestout entier
    Et cuer et cors ligement sans retraire;
40  Et, se jamais kier nul autre acointier,
    Ja n'aie jou de joïr recouvrier.
    Car jou le veil, mais, se ja li puis plaire,
    Dont ere jou plus riche que Cesaire.
44  Or veille Amours que j'en puisse avancier
45  Tout mon desir et ma joie essaucier.
```

* * * * *

IV.  *La chanson d'amour R 1172:*

    *Loiaus desir et pensee jolie*

```
I    Loiaus desir et pensee jolie
     Et fine amour qui del tout m'a saisi,
     Me font canter; nepourquant n'es çou mie
4    Pour nul deduit de koi j'aie joïs;
     Ains chant sans plus par espoir de merci
     Que j'atendrai jusk'au chief de ma vie
     Et, s'ains la mort avoie desservie
8    Joie d'amours, plus jolis en seroie
     Et plus souvent et mieus en canteroie.

II   Hé dame a droit loee et enseignie,
     Saje et plaisans, courtoise et biele ausi,
12   Con bons amis fins, diseteus d'aïe,
     Rekier que vous ne metés en oubli
     Çou que tous tans si humlement vous pri
     De loial cuer, sans raim de trecerie;
16   Ja vo valoirs n'en seroit amerie,
     Se jou en vous aucun confort trouvoie,
     Quels que il fust, a grans biens le tenroie.
```

---

*Variantes de R 1172: I.* 2 bonne *VCIU* - 3 fait *VORCIU* - 4 son d. *I;* n.de-
sir dont iaie resioir *C* - 5 en espoir *VORCIU* - 7 se samor *C* - 8 a tous
iors maix *C.*

   *II.* 10 *Le ms a donne* Se dame; loial *R* - 11 sage plaisant *VRCI,* sage et
vaillanz *O,* belle et plaisant *U;* bone *VORU* - 12 finz amis *VOC,* urais
amins *IU;* desirous damie *R,* et desirreux damie *VOU,* seux desirous damie
*C,* est dezirous damie *I* - 13 pour dieu vous proi *VORCIU* - 14 moi qui touz
iorz *VRCIU;* ce que touz iors si doucement *O* - 15 point de vilanie *VORCIU*
- 16 vostre honors *O;* seront *V* - 18 en bon gré le prendroie *O.*

III      Ha boine Amour, pour koi n'avés envie
20  de gerroiier ma dame autant con mi
     Si k'elle eüst couneü vo maistrie,
     S'aroit, je cuit, pitié de son ami.
     S'ensi estoit, moult m'auroit tost gari
24  Et ne kier pas certes k'ele l'otrie;
     Mauvaisement aroie deservie
     Si haut hounour, se par souhait l'avoie;
     J'aim mieus servir, tant que avenir doie.

IV  28  Si voirement k'ains ne pensai folie
     Ne traïson ne fausseté ver li,
     Consente Amours que par sa seignourie,
     Se il li plaist, me soit encor meri
32  Çou que tant l'aim et se g'i ai fali,
     Ce poise moi, més mes cuers l'en mercie
     De çou k'assés meillor l'ont convoitie,
     Dont pau li est, et je sui toute voie
36  En bon espoir que plus eureus soie.

V      Ja de mon cuer ne sera eslongie,
     Bien fust ensi qu'ele m'eüst guerpi,
     Car loiautés m'a en sa conpaignie,
40  Ki sans esmai me tient et fait hardi.
     Et çou qu'ele a le cuer si bien nourri,
     Ke ne saroit endurer vilounie,
     Me fait manoir en sa douce baillie;
44  N'autre que li amer jou ne saroie,
45  Si veille Amours k'encor amer m'envoie.


\* \* \* \* \*

*III*. 19 que nauez uos *OU* – 20 *le ms a donne* cou mi; ausi *OIU*, ensi *C* –
21 tant *VORCIU*; esprouué *R*; ma *V*, sa *O*, no *R* – 22 ie croi *VRIU*, se croi *C*,
espoir *O* – 23 s'ausi *U*; bien tost mauroit *RIU*, bien aueroit *C*; ie ne di
pas amors quil soit ensi *O* – 24 ie ne cuit pas certes *V*, mais ne cuit pas
certes *R*, et non porcant ne ueul *CIU*; m'otroie *V*, l'ocie *R*; trop se
tendroit ma dame a mal paié *O* – 25 *vers omis dans O* – 26 joie damor ai *R*,
haute amor *I*, grand honor *U*, a tel honour uenoie *O* – 27 s'aing *V*; auoir la
doie *VORCIU*.
    *IV*. *Cette strophe manque VOR*. 28 *le ms a donne* kains que ne – 29 et ne
*U* – 30 requier *C*, si uoille *IU*; amor par sa grant *U* – 34 kaiseis millor de
moi *CIU* – 35 maix ien *CIU* – 36 iolis en soie *CIU*.
    *V*. *Cette strophe manque VOR*. 37 *le ms a donne* Qa; Iai uoir de moy ne
serait aloignie *CIU* – 38 iai fust *U* – 39 car en li maint honors et *CIU*;
signorie *C*, cortoisie *IU* – 42 poroit *U* – 44 poroie *U* – 45 *le ms a donne*
veil, ame; se pri amors kenuers moy se recroie *C*, si uoille amors ancor
ameir me doie *I*, si proi amors cancor ameir mi doie *U*.

V. *La note Martinet R 474:*

*J'ai trouvé*

*Manuscrits:* N (à gauche) et I (à droite).

| | |
|---|---|
| J'ai trouvé | J'ai trovei |
| Et prouvé | |
| Mon cuer plus enamoré | Mon cuer plus enamorei |
| 4 Que je ne vos die. | Ke je ne vos die. |
| L'ameré | S'amerai, |
| Sanz fauser, | |
| Ja ne m'en repentirai | 4 Ja ne m'an repantirai |
| 8 Por riens c'on me prie | Por rienz ke nuns die |
| ne die. | Ma vie. |
| Douce conpaignie, | Con douce conpaignie |
| Dame sanz faintise, | 8 D'amin et d'amie, |
| 12 Plus jolive vie | Plus joiouse vie |
| A cil, que que nus die, | Asseiz, ca ke nuns die, |
| Qui a loial amie, | Qui ait loiaul amie, |
| Que tex est riches hons clamés | 12 Que teis est riches hons clameis |
| 16 D'avoir de manandie | D'avoir et de menandie |
| Sa vie. | Sa vie. |
| Quant voi m'amiete, | Cant voi m'amiette, |
| Cointe, joliete, | 16 Cointe et joliete, |
| 20 Fines amoretes, | Fines amorettes, |
| Tout li cuers m'esclere. | Toz li cuers m'esclere. |
| Ele est si sinplete, | Elle est si doucette, |
| Si savoreusete; | 20 Si saverozette; |
| 24 Son vis, sa bouchete, | Son vis, sai bouchette, |
| Denz blanz por meuz plere | Blanz dans por muez plaire |
| Sans terre. | A bien faire. |
| Toute ma pensee | 24 Toute ma pancee |
| 28 Ai en li donee; | Ai en li donee; |
| Plus l'ain que riens nee, | Plus l'ain ke rienz nee, |
| Que que nus en die. | Ne ke je ne die. |
| Ja por demoree | 28 Jai por demoree |
| 32 En longue contree | An estrainge contree |
| N'ert entroubliee | N'iert antrobliee |
| Ma tres douce amie, | Ma tres douce amie, |
| Ma vie. | 32 Ma vie. |
| 36 Loiaument la servirai | Trestout ades la servirai |
| De cors et de fin cuer verai, | De boin cuer et de fin et vrai, |
| Que ja ne m'en repentirai; | Ne jai ne m'an departirai |
| | 36 Por riens ke nuns an die; |
| Ce sache sanz faintise. | Se saichiez sans faintixe. |
| 40 Plus l'aim que je ne die | |
| Ma vie. | Ma vie. |
| Qui son gent cors verroit! | Qui vairoit |
| | 40 Son conrs droit |
| Ses hanchetes | |
| 44 Sont basetes, | |
| Mameletes | Mameletes |
| Si duretes | Plus durettes |
| Con ponmetes, | Ke pomettes, |
| 48 Gorgete | 44 Sai gorge |

106

Polie.
Tout por voir
Mentonet voutiz avoit;
52 Sa bouchete
Vermeillete
Con roseste
Qu'en mai est florie.
56 Verz euz qui formient,
Touz jorz senblent qu'il rient.
Nes les chius a si blondez
Qu'il senblent a tout le monde
60 Que fins or en soronde,
Qui par ses espaules li vont,
Jusqu'as rains li habondent
Par undes.
64 Ses beles espauletes,
Lons braz, les mains blanchetes,
Doiz longues et grelletes,
Et le colet a bien grosset
68 Et blanche la gorgete,
Blondete.
Cuisses grossetes
Bien seant
72 Et des genouz en avant
Janbe bien fete
Et le pie blanc
Un roiguet par devant;
76 S'aim cuer qui la prie
Que ne face folie
78 Ne die.

Polie!
Tout por voir
Manton votis,

48 Et s'avoit vairs euz qui fremie,
Ades samblet k'il rie.
S'ait les chavous si blondes
K'il sanble tout lou monde
52 Ke fins ors an degoute,
Cant par ces espaules li sont,
Jusc'az rainz li abonde
Par ondes.
56 Bien faites espaulettes,
Neis longet,

Conet ait si grosset
Et lai blanche gorgette,
60 Blondette.
Bien faites coisses
D'un samblant
Et des lou genoil an amont
64 Longues doies,
Les piez blans
Un petit aguet devant;
S'ait un cuer ke li prie
68 Que ne faice folie
69 Ne die.

Corrections apportées au ms N: 57 jozz → jorz - 58 le copiste a changé
cheueus en chius a - 70 grossete → grossetes - 77 ques → que.

107

# Les insertions en français dans un traité de Gérard de Liège

Si la poésie lyrique et le roman sont des genres bien distincts
au XIIIe siècle, ne fût-ce que par la forme et la présentation, on
constate pourtant que pendant ce siècle bon nombre de poètes es-
saient d'intégrer des chansons dans leurs narrations. Jean Renart
a pris l'initiative d'intercaler des chansons, des rondeaux et des
refrains dans son *Roman de la Rose* ou de *Guillaume de Dole*[1]. Le
procédé devient une véritable mode dans de nombreux romans[2]. La
fonction principale en est d'évoquer l'état d'âme d'un personnage
ou l'ambiance d'une fête.

Les poètes cherchent à obtenir une cohérence optimale entre le
roman et les chansons intercalées, comme l'annonce Jean Renart de
façon explicite dès le début de son roman:

> Il conte d'armes et d'amors
> Et chante d'ambedeus ensamble,
> S'est avis a chascun et samble
> Que cil qui a fet le romans
> Qu'il trovast toz les moz des chans,
> Si afierent a ceuls del conte[3].

Il n'est pas question de chansons composées par lui-même comme
dans certains autres romans: il s'agit d'un choix opéré dans le
répertoire lyrique du temps, et l'unité de l'ensemble provient de
la conformité du ton et des sujets. Pour le roman mondain le choix
n'est pas difficile puisque le sujet *"armes et amors"* coïncide
avec celui des fragments de chanson de geste, chansons courtoises,
.pastourelles, chansons de danse, rondeaux et chansons de toile que
Jean Renart se plaît à citer. Les choses ne sont pas aussi évidentes pour les textes de caractère didactique ou clérical, puisque les textes susceptibles d'incorporer les poésies courtoises
s'écartent beaucoup de l'amour profane qui forme le domaine
quasi-exclusif de la poésie lyrique. Un bon exemple de la difficulté qu'éprouvait un auteur devant la combinaison de la poésie
lyrique profane avec un sujet d'édification religieuse est formé
par la *Court de Paradis*[4]. Le texte conserve la forme (vers octo-

---

1. Ed. LECOY (1962).
2. Voir la liste des textes contenant des refrains dans Van den BOOGAARD
   (1969:313-338).
3. Ed. LECOY, v. 24-29.
4. Ed. VILAMO-PENNTI (1953).

syllabiques) et l'ambiance de fête des romans mondains, mais le milieu est différent: la cour mondaine est remplacée par la cour que forment les saints autour de Dieu. Nous voyons comment les participants à la fête organisée au Paradis se présentent en chantant. Il y a d'abord les anges (v. 242) qui font entendre le *Te Deum laudamus*, ensuite les patriarches qui chantent un refrain profane (v. 259): *Je vi d'amor / En bone esperance.*

A l'opposition initiale récitation – chant (en effet, le texte de la *Court de Paradis* nous est conservé avec la musique des refrains), s'ajoute une autre: amour profane – amour de Dieu. L'auteur, conscient de cette différence, s'efforce parfois de rendre la distance moins grande par de légères retouches au texte même des chansons citées. Ainsi le refrain *Tote la joie que j'ai / me vient de vos* de la pastourelle avec des refrains R 962 str. VI (attribuée à Jehan de Nueville dans les mss MT, à Colart le Boutelier dans KNPX) devient *Vrais Dieus, la joie que j'ai / me vient de vos* dans *la Court de Paradis.*

Avec le traité de Gérard de Liège *Quinque Incitamenta ad Deum amandum ardenter* on voit s'ajouter une troisième opposition entre texte et citation à celles que nous avons déjà décrites: c'est la différence linguistique entre le texte latin et les chansons françaises. La forme du discours (prose didactique) et la fonction de la citation *(auctoritas)* entraînent une attention moins grande pour la valeur musicale, voire sa disparition totale. Pourtant Gérard de Liège continue à désigner ses insertions comme des chansons et c'est dans cette perspective que le témoignage du traité *Quinque Incitamenta* est précieux, car même si les différences entre texte et citation sont profondes, on peut pourtant le considérer comme la manifestation de l'unité culturelle de deux domaines qui souvent semblent s'exclure mutuellement.

Dom A. WILMART (1931) avait déjà souligné l'importance de ce traité et c'est lui qui avait montré[5] que Gérard de Liège était l'auteur non seulement du traité *De Doctrina Cordis*[6] et d'un re-

---

5. WILMART (1933:193). Nous citons cette édition des deux traités *Quinque Incitamenta* et *Septem Remedia* avec renvois à la page et à la ligne.
6. WILMART (1931:358, n.) dit que "L'édition *princeps,* Paris, 1506, chez Jehan Petit, doit être devenue très rare; je ne saurais dire où on la trouve encore, et ne suis pas même certain du titre. Si ceui-ci était, comme je l'ai lu quelque part: *Speculum concionatorum de doctrina cordis,* on peut supposer que le manuscrit employé ne différait pas du n° 39 de ma liste". Moi non plus, je n'ai pas retrouvé l'édition de 1506 de Jehan Petit, mais je me demande si ce n'est pas celle de 1517 du même Jehan Petit que j'ai trouvée à la Bibliothèque Royale de la ./.

cueil de Sermons, mais qu'il avait écrit aussi les deux traités *Septem Remedia contra Amorem illicitum* et *Quinque Incitamenta ad Deum amandum ardenter*. L'auteur était cistercien et, entre 1249 et 1254, abbé de la maison cistercienne du Val-Saint-Lambert, fondée en 1202 aux portes de Liège[7]. Cependant ce traité est resté long-temps inconnu dans les milieux de ceux qui s'intéressent à la ly-rique française du XIIIe siècle. C'est DRONKE (1965:59-63) qui a redécouvert ce témoin important:

> "A fascinating witness, and a virtually unknown one, both
> on the nature of mystical language and on the condemnation
> of human love, as well as on the connexion between these
> two notions, is the Cistercian Gérard de Liège (Mid-thir-
> teenth century), who, apart from a treatise *De Doctrina
> Cordis*, wrote two small works on love. The first is *Septem
> Remedia contra Amorem illicitum*. Illicit love is *amor mu-
> lieris*, which Gérard calls *vilitas*, *corruptio*, and even
> less complimentary names; and its exposition is followed
> by *Quinque incitamenta ad Deum amandum ardenter*, which,
> while unimpeacheably pious and orthodox, displays an as-
> tounding familiarity with profane poetry. Gérard makes
> almost all his main points by the use of French love-
> songs..."

Il n'entrait pas dans le cadre de l'étude de DRONKE de faire une étude détaillée des insertions lyriques de Gérard de Liège. En effet, pour montrer l'unité de la littérature courtoise à travers des milieux et des textes aussi éloignés que ceux d'Egypte, de Byzance, d'Espagne, de France, d'Allemagne et de bien d'autres pays, il suffisait largement d'introduire le traité de Gérard de Liège de façon globale.

Mais les insertions lyriques de Gérard de Liège méritent d'être examinées de plus près. Il y a d'abord les identifications qui intéressent l'historien de la musique et de la littérature (voir notamment ci-dessous le n° 4). Il y a ensuite, à base de l'image

---

Haye. Voici l'*explicit* qui montre que le titre n'est pas *Speculum con-cionatorum de doctrina cordis* et qu'il n'y a donc pas de rapport direct avec le ms PARIS BN 3579: "Explicit liber de doctrina cordis omnibus / christi fidelibus tam religiosis *quam* non religio/sis utilis ac necessarius impressus parisius: / per Petrum le roy. Ad expensas vero Joan=/nis petit biblipole parisiensis In vico diui / Jacobi sub signo lilij aurei moram trahentis. / Anno M.CCCCC.XVIJ sexto die men-sis octo/bris." La mention de Martialis Masurier dans l'Introduction de ce petit volume montre qu'il faut le rapprocher plutôt du ms EGER-TON 832.

7. Voir aussi, à côté des articles cités de Dom WILMART, van MIERLO (1949).

d'ensemble qui résulte des identifications, les précisions et les nuances qu'il faut apporter, à propos de l'opinion de DRONKE, sur la manière dont on devrait apprécier les connaissances littéraires de Gérard de Liège et la place qu'occupe son témoignage dans le contexte social de son temps.

Les deux traités *Septem Remedia* et *Quinque Incitamenta* sont conçus par Gérard de Liège comme un ensemble et il le dit dès le début du premier traité (p. 31):

> "Primo ponemus et dicimus septem remedia contra amorem il-
> licitum, et postea, deo adiuuante, ponemus ea que nos in-
> citare possunt et debent ad amorem diuinum."

Ce qui caractérise les deux traités, aussi bien que le *De Doctrina Cordis* et les *Sermones*, c'est d'une part une forte structuration scolastique - divisions et citations d'autorités - d'autre part l'emploi de mots et expressions qui se trouvent en français dans le texte latin. Ce dernier trait, observé surtout dans les *Sermones*, avait conduit LECOY DE LA MARCHE (1886:255) à considérer ces passages français comme des amorces d'une version française du texte latin. Dom WILMART avait très bien montré par une comparaison avec le reste de l'oeuvre, que c'était un artifice voulu par Gérard. On voit que Gérard recherche le mot pittoresque pour mettre en relief ses affirmations, et son originalité réside précisément dans le fait qu'il ajoute à l'arsenal des *oppositiones* des auteurs scolastiques celle du bilinguisme. C'est ainsi que Gérard de Liège est amené à introduire des citations lyriques en langue vulgaire dans son traité. Elles ont le même statut que les citations latines d'un St. Bernard ou d'un St. Augustin: ce sont des autorités (voir ci-dessous n° 1a). On ne trouve pas de citation lyrique dans le premier traité, où cependant il est principalement question de l'amour profane. Ce n'est qu'à partir du deuxième, où il parle de l'amour de Dieu, qu'il découvre le procédé et qu'il se met à l'exploiter. Il n'est pas tout à fait correct d'affirmer que "Gérard makes almost all his main points by the use of French lovesongs." En effet, sous l'apparence d'une structure rigide se cache un développement très inégal des différentes parties, comme on peut le voir dans le schéma ci-contre, où j'ai indiqué la place des citations à l'intérieur des divisions principales. Ce schéma montre que les citations lyriques ne sont pas distribuées sur tous les arguments du discours, mais qu'elles se présentent en grappes. Ainsi nous trouvons cinq citations dans 3.3 contre juste une citation dans la quatrième partie qui pourtant

0. Introduction *cit. 1a*
1. Cinq aiguillons
   1.1 sacra scriptura
   1.2 natura
   1.3 gratia nobis a deo exhibita
   1.4 universa creatura
   1.5 gloria nobis a deo repromissa
2. La nature de l'amour: quid sit amor et eius diffinitio *cit. 1b*
3. Les qualités de l'amour
   3.1 amor verecundus provenit ex tribus
        3.1.1 fidei lesione
        3.1.2 furto
        3.1.3 traditione *cit. 2*
   3.2 amor fortis
        3.2.1 spernit timorem
        3.2.2 appetit laborem *cit. 3*
        3.2.3 non refugit pudorem
   3.3 amor suavis
        3.3.1 insuperabilis
        3.3.2 inseparabilis *cit. 4 - cit. 5*
        3.3.3 singularis *cit. 6 - cit. 7*
        3.3.4 insatiabilis *cit. 8*
   3.4 amor sapiens *cit. 9*
        3.4.1 in fugiendo omnia que amori displicent
        3.4.2 in inquirendo ea que ei placent
              3.4.2.1 fides
              3.4.2.2 mansuetudo
        3.4.3 in preparando et ornando se ad hoc quoad sit gratus,
              placens et acceptus amori *cit. 10*
              Per quinque fit homo gratiosus exterius deo et homi-
              nibus
              3.4.3.1 compositio decens omnium sensuum et omnium
                      membrorum
              3.4.3.2 velox obedientia
              3.4.3.3 iugis et pia patientia
              3.4.3.4 despectus et humilatio sui
              3.4.3.5 honor et reverentia exhibitus aliis
4. Les cinq progrès de l'amour:
   Quomodo amor incipit, crescit, roboratur, confirmatur et con-
   summatur
   4.1 visus
   4.2 alloquium
        4.2.1 confessione
        4.2.2 oratione *cit. 11*
        4.2.3 laudatione
        4.2.4 per desiderium
   4.3 complexus
        4.3.1 obedientia
        4.3.2 patientia
   4.4 oscula
   4.5 factum

est structurée d'après un schéma de l'amour profane: les *Quinque linea Veneris* (DRONKE 1965:II, 488).

Dans l'examen des citations il ne s'agit pas de déterminer les sources de Gérard de Liège: les datations sont trop incertaines, l'information trop fragmentaire pour qu'on puisse découvrir si les autres contextes où apparaissent les passages lyriques en question sont antérieurs ou postérieurs à Gérard. Globalement les correspondances nous font remonter à la même époque que celle de l'activité de Gérard de Liège. Il s'agit plutôt de retrouver une certaine ambiance, un milieu où les textes lyriques fonctionnaient.

Le plus souvent les citations sont des refrains "passe-partout", c'est-à-dire de petites compositions lyriques de deux ou trois vers utilisées dans des contextes variés: chansons, motets, romans. Quand on lit d'affilée, et sans entrer dans le détail, les onze passages lyriques, on est frappé par les différences entre les pièces: on trouve la tradition de la chanson de femme (n° 8), de malmariée (3), de danse (7), de la chanson courtoise (2, 4, 5, 6) et de la chanson d'amour de caractère didactique (9). On trouve des formes strophiques isométriques et hétérométriques. Ces divergences permettent-elles de dire, comme le fait DRONKE, que Gérard de Liège fait preuve d'"an astounding familiarity with profane poetry"? Un examen détaillé des insertions lyriques seul peut répondre à cette question.

## Les insertions lyriques du traité
## *Quinque Incitamenta* de Gérard de Liège

**1a.** La première citation présente déjà un problème, car elle n'est pas entièrement en français et elle n'est pas désignée explicitement comme une chanson, mais comme une autorité. C'est pourquoi je ne l'avais pas incluse dans *Rondeaux et Refrains* (331-332). Voici le passage en question d'après l'édition WILMART[8]:

> scilicet amorem diuinum, *de quoi toute ioie uient et tous solas,* - unde dicit auctoritas quod amor est causa totius iocunditatis, -

On peut mettre ce passage en rapport avec:

B 458 : D'amors vient toute ma joie etc.

R 816.II (ms O 85)

---

8. Je donne aussi une partie du contexte pour montrer comment Gérard de Liège utilise les citations.

B 459 : D'amors vient tote ma joie / ma jolietei

M 1094 (ms D 257r)

B 460 : D'amors vient toute ma joie,
si ne m'en doit nus blasmer

M 1088 enté (ms PaN 189b)

B 303 : Quar la grant joie que j'ai
me vient d'amours

M 1049 (ms Mo 217r)

B 299 : Car de li vient toute ma joie

Esc. 70

Cependant aucun des refrains ne coïncide complètement avec le texte de Gérard de Liège.

**1b.** 211.51 (B 1784)

Unde hic potest dici quoddam carmen quod uulgo canitur:

*Tout a force maugre uostre uorsai uostre amour auoir*

Je n'ai pas pu trouver le texte ailleurs. Le sens en est obscur. Mais il faut noter que le vers a dû être pris dans une "chanson": *carmen*[9].

**2.** 217.217 (B 772)

Et hec dicit Bernardus: Unde talis anima bene potest cantare quoddam carmen quod uulgo dicitur:

*Greuet m'ont li mal d'amours*
*Mius en vaurai*
*Car plus sages en serai*
*Et de foliser allours*
*Me garderai.*

Sur le "carmen" de St. Bernard, Dom WILMART note: BERN., In Cant. I par. 9 (P.L., CLXXXIII, 788 C), par. 11 (789 C): idest non iuxta verbum.

La traduction du passage français et les corrections que propose DRONKE (1965:I, 60) montrent que celui-ci n'a pas compris le texte en ancien français[10].

---

9. Dom WILMART (1931:372) avait déjà noté que plus d'un copiste avait été embarrassé par l'emploi inattendu de vocables français dans l'oeuvre de Gérard de Liège.

10.        Le mal de l'amour m'a blessé
Je vaudrai mieux par cela
Car je serai plus sage
et je me garderai d'aimer une autre.

J'ai retrouvé ce même texte dans le motet 385 qui est enté sur
le refrain (les trois premiers vers se trouvent au début, les deux
autres à la fin du motet). Ce motet se trouve dans les manuscrits
suivants:

W2 218*bis* r  WOLFENBÜTTEL Herzog August Bibliothek 1206
R 205 v  PARIS BN f.fr. 844 (= chansonnier M, le manuscrit
du Roi)
N 180 r  PARIS BN f.fr. 12615 (= chansonnier T, le chansonnier Noailles)
Her Nr 10  LOUVAIN, Bibl. Univ. (manuscrit détruit, photoco-
pie à Leyde; 2 folios)
Mo 251 r  MONTPELLIER Ec. de Méd. H 196; fasc. 6, "alte Corpus".

La teneur de ce motet est JOHANNE; partout à deux voix. Du point
de vue musical c'est le même motet que M 386 qui se trouve dans W2
fol. 189 r à deux voix (même teneur):

> Virgo, mater salutis exordium
> Votis supplicancium.

**3.** 219,24 (B 1555)

> Unde dicit Gregorius: Electorum desideria deprimuntur
> auersitate ut crescant, sicut ignis flatu premitur ut
> crescat, et unde quasi extingui cernitur, inde amplius et
> uerius inflammatur. Unde illud: *Quant plus me bat et des-*
> *traint li ialous, tant ai ie mius en amours ma pensee.*
> DEUS ENIM, ut dixit Moyses, EST FORTIS ZELOTES, idest *ia-*
> *lous.*

Le refrain en question se rencontre également dans:

> *a)* R 810    chanson des mss M 118
> T 118
> a  44
> Viol. 441

Cette chanson est attribuée à Moniot dans MTa; notons que dans
*Viol,* qui ne présente que la première strophe, le refrain a été
remplacé par les deux vers:

> Laissiés me ester, ne m'en proiés ja mais;
> Sachiés de voir, c'est parole gastée.

Comme le note PETERSEN DYGGVE (1938:84), le refrain est changé
"évidemment pour mieux s'accorder avec le nouveau contexte". Je
donne ici la première strophe de cette chanson de malmariée d'a-
près le ms T et PETERSEN DYGGVE p. 83. On voit que cette chanson
est bien une *canso* du point de vue formel.

Amors mi fait renvoisier et chanter
Et me semont ke plus jolie soie,
Et mi done talent de miex amer
C'onques ne fis. Por c'est faus ki m'en proie,
Car j'ai ami, n'en nul fuer ne vauroie
De boine Amor mon voloir trestorner,
Ains amerai et s'iere bien amee,
Quant plus me bat et destraint li jalous,
Tant ai je miex en amor ma pensee.

Le refrain est répété à la fin des six strophes.

*b)* Le même refrain se rencontre dans le motet M 829a qui se trouve dans le ms Mo 249r (à deux voix). J'en donne le texte d'après RAYNAUD & LAVOIX (1881), avec quelques corrections d'après le manuscrit:

1°   Amis, vostre demoree              2° PRO PATRIBUS
     Me feit d'amours a celée
     Sentir les dolours,
     Car vostres est toz
     Mes cuers, s'il tant voz agrée,
     Et sera tous jors;
     Ne ja se ce n'est par voz
     N'en voel estre desevrée,
     Puis qu'a vos me sui donée!
     Et biax cuers douz.
     Quant plus me bat et destraint li jalous,
     Tant ai ge miex en amor ma pensée!

**4.** 224,55 (sans numéro en B puisqu'il ne s'agit pas d'un refrain):

Ecce amor inseparabilis. Hec enim bene cantare poterat carmen quoddam quod uulgo canitur:

*En quel liu ke mes cors soit*
*mes cuers est a mes amours*
*et allours / estre ne doit.*
*Et se il s'en departoit*
*mais a mi ne reuenist,*
*car a mi fallit aroit.*

Je corrige le texte donné par DRONKE (1965:I, 60) et je note que la traduction qu'il présente à la page 61 est incorrecte, car elle se base sur ami / ami au lieu de a mi / a mi (DRONKE traduit "my beloved"!). Le texte jusqu'à présent inconnu, peut enfin être déterminé. C'est le motet à deux voix dont le manuscrit de Saint-Victor (PARIS BN. f.lat. 15139) a conservé la musique et où j'ai trouvé dans la marge du fol. 291v: *En quel lieu que mes cuers soit,* ce qui m'a permis de l'identifier. GENNRICH (1958:40) a conféré le n° M 430 à ce motet. Il note: "Die Motette konnte bisher nicht aufgefunden werden".

Teneur: VIRGO DEI GENITRIX.


**5.** 224,67 (B 1683)

> Et ideo, cum sit talis, *se ie l'aim ne m'en blasmés, car je ne m'en puis tenir.* Et pour quoi?

Ce refrain se rencontre également dans *Meliacin ou le Cheval de fust.* C'est la citation 17 de STENGEL (1886) qui a édité uniquement les passages lyriques.

Dans ce roman a été insérée une pièce dont les deux vers

> Se je l'aim ne me blamez mie,
> Car je ne m'en puis tenir

forment le refrain (à noter que "mie" manque dans les mss BC du Méliacin). Il est difficile de dire si la pièce en question doit être considérée comme une chanson (pour cette raison elle se trouve dans RAYNAUD-SPANKE n° R 1576a) car on pourrait avoir affaire à la première strophe d'une chanson, ou comme un motet dont la voix de teneur n'a pas été citée (c'est pourquoi le texte se trouve aussi dans GENNRICH (1958) sous le n° M 1139e).

| Mss : | PaMel. | I | fol. 96a | PARIS BN f.fr. 1589 |
|---|---|---|---|---|
| | PaMel. | II | fol. 87b | PARIS BN f.fr. 1633 |
| | PaMel. | III | fol. 75v | PARIS BN f.fr. 1455 |
| | FlorMel. | | fol. 99v | FLORENCE Bibl. Riccard. 2757 |


**6.** 225,102 (B 1663)

> Similiter Hester singulariter diligebat, quando dixit (Est. XIV, 16,18): DOMINE DEUS TU SCIS QUOD NUNQUAM LETATA SUM EGO ANCILLA TUA EX QUO HUC TRANSLATA SUM USQUE IN PRESENTEM DIEM NISI IN TE DOMINE DEUS ISRAEL. Ista bene cantare poterat istud: *Se de lui ne me vient joie, d'autrui ne le quier avoir.* Et quare?

Ce refrain se rencontre encore dans plusieurs autres contextes: a) R 1963.IV; b) R 2039.IV; c) Ja1.5 (voir ci-dessous). Notons ici que tout de suite après le refrain l'auteur dit: *"Et quare?"*; ceci montre que le *Et pour quoi?* qui suit la citation 5, ne fait pas partie du refrain, mais doit être considéré comme la traduction française de *Et quare?* qui aurait dû se trouver dans le discours latin.

a) La chanson mariale R 1963 est une chanson avec des refrains.
Incipit: *A la vierge qui digne est de s'amour*. La chanson se trouve dans le ms i fol. 3 (PARIS BN f.fr. 12483).

Voici ce qu'en disent les éditeurs JÄRNSTRÖM & LÅNGFORS (1927: 27):

> "Le manuscrit français 12483 (i de Schwan) n'est pas à proprement parler un chansonnier. C'est un recueil composé en l'honneur de la Vierge, vers 1330, par un frère prêcheur du Soissonnais, où la part personnelle du compilateur consiste uniquement en quelques morceaux destinés à relier entre elles un grand nombre de pièces de provenance diverse. ... (p. 29) Mais au moins une des chansons est sûrement ... d'une soixantaine d'années plus ancienne, et il est probable qu'il en est ainsi de beaucoup d'autres d'entre elles. (p. 30) Plusieurs de ces pièces, à côté d'autres qui sont de type banal, offrent un intérêt tout à fait particulier, notamment en ceci qu'elles sont des décalques de chansons profanes, non seulement au point de vue de la technique, mais aussi en ce sens qu'elles ont conservé quelques caractéristiques d'autres genres que la chanson courtoise. Ainsi, le n° CXXV, qui traite de l'Annonciation, motif fréquent dans les chansons pieuses, est une chanson avec des refrains (notre chanson R 1963); le caractère de chanson de danse que ceux-ci lui confèrent est souligné encore par les vers que le compilateur a mis en tête de la chanson pieuse:
>
> > Pren moy, compaigne, par la main,
> > Et chanton de la pucelete
> > Ceste petite chançonnete."

Cette chanson avec des refrains contient les refrains suivants:

|      |        |             |            |            |             |
|------|--------|-------------|------------|------------|-------------|
| I    | B 1670 | R 536.IV    | R 2101.I   | Pris. 2580 |             |
| II   | B 1541 | unique      |            |            |             |
| III  | B 1111 | M 666       | Sal. II,9  |            |             |
| IV   | B 1663 | c'est le refrain en question de *Quinque* |  |  |  |
| V    | B 1375 | rond.11 = Guill. | R 2041.VI | R 839.VII |         |
|      |        | R 1509.IIIa | Par. 271   | Mir. III,502 |          |

Je cite ici la quatrième strophe de R 1963 pour montrer combien le texte de la strophe et celui du refrain sont proches:

> Hainc n'oi talent d'autre amour acointier
> Ne volenté de cestui deguerpir,
> Hainz l'aim et serf tourjors de cuer entier,
> Qu'a lui doit bien tous li mons obeïr;
> Et se je l'aim, je le doi bien servir,
> Qu'il m'a donné plus de mon desirier.
> En lui doit l'en son amour emploier,
> Car autre amour ne fet fors desevoir:
> > Se de lui ne me vient joie,
> > D'autrui ne la quier avoir.

b) Le refrain se trouve aussi dans la chanson avec des refrains R 2039 *Tant atendrai le secours* du ms V, fol. 102 (PARIS, BN f.fr. 24406), publié par JEANROY & LÂGFORS (1918–1919:386). SCHWAN (1886:108–109) dit du ms V:

"Die Handschrift 24406 der Bibl. nat. (anc. La Vall. 59) besteht gleichfalls aus zwei verschiedenen Mss. die nur durch den Buchbinder vereinigt worden sind. Das erste enthält eine Sammlung afr. Lieder (V) ohne Verfassernamen doch mit den Melodien und stammt aus dem Anfang des XIV. Jahrh. Sie reicht von Fol. 1–119 und umfasst 15 Lagen (zu 8 Folios), wovon der letzten Lage ein Blatt fehlt."

Notre chanson vient donc de cette première partie du manuscrit, et elle n'appartient pas à la deuxième qui contient à côté d'un *Traictie des quatre necessaires* en prose (commencé en 1266), et le *Bestiaire* de Mestre Richart de Furnival en prose une collection de chansons religieuses (Vg). Les autres refrains de R 2039 sont B 77, B 86 et B 1362 qui sont tous des unica.

c) Le refrain B 1663 se trouve finalement encore dans une pièce que FARAL (1933:333) a intitulée *D'amors et de jalousie*. Notre refrain est la cinquième citation et se trouve au vers 333, fol. 112r, col. b du ms BN f.fr. 19152 (FARAL 1934). Je donne ici le texte du passage en question d'après le fac-similé de FARAL:

fol 112a  Merci douce dame demaine
Douce uaill*ant et* de haut p*ris*
Q*ue* uos m'auez lacié *et* pris
Si q*ue sanz* uos garir ne*n* puis
Ne e*n* mon cuer *con*fort ne truis
fol 112b  Dont auoir puisse alegem*ent*
Se *con*seil ni metez briefm*ent*
Se nen prenez ore co*n*roi
P*or* uos sent ma*us et* uos p*or* moi
Dites oil. hardiem*ent*
Q*ue* uos les sentez uoirem*ent*
Si m'aurez mis e*n* grant espoir
*Se de uos ne me uient ioie*
*Ne la quier d'autrui auoir.*
Auoir; *et* dont me uenretele
Merci ma douce damoisele

## 7.  226,124 (B 333)

Unde dicit Augustinus, li anguisseus d'amours: Felix anima, cui dulcis Ihesus tam dulciter sapit, que cuncta que cernit tristis considerat, dum in hiis que cernit illum non uidet quem tam feliciter amat. Talis anima bene potest dicere:

> *Ceste danse ne me plaist nient,*
> *puis ke mes amis n'i tient.*

Et hec eadem uerba dicit Bernardus: Si lego, non placet michi, nisi uidero ibi Ihesum. Si confero aut disputo, non sapit michi, nisi sonuerit ibi Ihesus, *mes amis*. Et quare? Certe, quia Ihesus, *m'amours*, mel est in ore, melos in aure et in corde iubilus.

Je n'ai pas pu trouver ce refrain ailleurs, qui est visiblement un refrain de danse et qui ressemble à d'autres refrains de rondeaux où la danse est l'objet du discours: B 1866, 1156, 96, 2397, 1845, et notamment dans le *Paradis* les refrains 1870, 1822, 1112 (éd. VILAMO-PENNTI 1953).

**8.** 228,186 (B 123):

> Et ideo necesse habet cotidie in oratione ad amicum suum totis medullis cordis sui clamare et dicere: *Oi, dous amis com me lairés uous en estrengue pais.*

Ce refrain se rencontre également dans la chanson R 747: *L'ame qui quiert Dieu de toute s'entente*, ms i fol. 264. Pour la description de ce manuscrit voir la citation 6. C'est l'imitation religieuse d'une chanson de femme; je présente ici la première strophe[11] (il y en a six; à remarquer la forme qui est celle de la chanson de toile):

> Amis, amis,
> Trop me laissiez en estrange païs.
> I L'ame qui quiert Dieu de veraie entente
> Souvent se plaint et forment se demente
> Et son ami, cui venue est trop lente,
> Va regretant que ne li atalente:
> Amis, amis,
> Trop me laissiez en estrange pais.

**9.** 228,4/229,5-7 (sans numéro en B, car il ne s'agit pas d'un refrain; voir la note au refrain B 1224):

> Item est amor sapiens, qui est in tribus, scilicet in fugiendo omnia que amor displicent, in inquirendo ea que ei placent, et in preparando et ornando se ad hoc quod sit gratus, placens et acceptus amori. DEUS enim CARITAS EST, dicit Iohannes (I Ioh. IV, 8), idest *amours*. Et ideo.

> *ame ki viout amor, et bien viout iestre amee,*
> *par dedens et defors bien doit iestre aournee,*

---

11. Texte d'après JÄRNSTRÖM et LÅNGFORS, 196.

> *par defors simple et coie, humle et bien ordenee,*
> *par dedens ardaument par amours embrasee.*

Je n'ai pas retrouvé ce texte. J'ai constaté des ressemblances avec le refrain B 1224:

> Li douz Deus, que ferai de s'amor qui me tue?
> Dame qui veut amer, doit estre simple en rue;
> En chambre o son ami soit renvoisie et drue.

C'est le refrain de la chanson R 533 des mss KP(X), mais la ressemblance ne repose que sur le contenu. En l'absence d'éléments formels, je n'ose pas conclure à un rapport entre les textes.

*10.* 232,126 (B 1579):

> Item amor sapiens requirit ut ille qui amare uult se ornet et componat, ut sit honorabilis et decorus, quia uulgo dicitur:
>
> > *Ke nus ne puet estre plaisans ne iolis*
> > *Ki n'aime par amours.*

C'est une pièce unique que je n'ai pas trouvée ailleurs sous cette forme, mais qu'on pourrait rapprocher de B 1394:

> Nus ne doit estre jolis,
> s'il n'a amie                          Resverie 1

et d'un bon nombre d'autres refrains:

B 1391        Nus n'a joie
              S'il n'aime par amours              Ren. 2346

B 1392, 1393, 1400, 1405, 1407.

*11.* 242,51 (B 1142):

> ... hoc et dicere: *Li pais est faite* inter me et te. *Je t'ai malamour pardounée / et par tel parlement tu as m'amour conquestée.* VADE IN PACE (Lc VII, 50). Idest: De cetero noli me offendere per peccatum.

Pièce que je n'ai pas rencontrée ailleurs.

Une vue sommaire et rapide des rapports possibles avec d'autres contextes pourraient faire croire que Gérard de Liège était en effet très bien au courant de la poésie lyrique de l'époque, et qu'il se trouve au centre de beaucoup d'influences. On décèle dans les relevés des chansons profanes et religieuses, des motets, des romans, des dits. Mais la multiplicité des rapports est trompeuse.

Quand on entre dans les détails, on constate qu'il y a certaines régularités, des éléments communs.

Ecartons d'abord les citations dont je n'ai pas réussi à indiquer le "ré-emploi" ou dont les rapports avec d'autres citations sont peu sûrs: les n° 1a, 1b, 7, 9, 10, 11. Les citations qui restent (les n° 2, 3, 4, 5, 6, 8) formeront le noyau de nos observations. Il y a d'abord le fait que les mss M, T et Mo contiennent le numéro 2 aussi bien que le 3. Mais il y a plus: 2, 3, 4, 5 ont en commun le fait que les insertions se retrouvent dans des motets. Or le motet est un genre pratiqué surtout dans un milieu clérical et qui n'a pas encore renié ses origines liturgiques comme le montre la conservation de la voix de teneur. Gérard de Liège ne serait donc pas en contact avec la lyrique profane tout court, mais avec la lyrique profane telle qu'elle était connue et reçue dans les milieux cléricaux. Dans cette perspective il est notable que tous les motets qui emploient les mêmes refrains que ceux dont Gérard de Liège s'est servi dans son *Quinque Incitamenta* sont des motets à deux voix. On pourrait en tirer des conclusions sur le mode de transmission jusqu'à Gérard de Liège. Ou bien ce choix nous apprend que vers le milieu du XIIIe siècle le motet à deux voix était à la mode, ou bien que Gérard de Liège citait le texte de motets à deux voix plutôt que ceux à trois ou à quatre voix pour avoir entendu chanter les motets. En effet, avec une interprétation instrumentale de la voix de teneur, le texte d'un motet à deux voix était compréhensible et perceptible comme une chanson monodique (cf. aussi la confusion possible à cet égard à propos des insertions du *Méliacin*). Il en était autrement des motets à trois ou à quatre voix: il faut avoir eu le texte sous les yeux pour qu'on puisse le citer.

Je dégage de l'étude précédente l'hypothèse selon laquelle Gérard a bien pu prendre connaissance des motets dans un milieu clérical restreint, voire fermé, si l'on considère le motet — même celui à texte profane - comme appartenant à ce milieu. Cette hypothèse est confirmée par l'examen des autre textes dont j'ai pu établir les "ré-emplois". Les citations 6 et 8 reliées entre elles par le fait qu'elles se trouvent toutes les deux dans le même "chansonnier" i (PARIS BN f.fr. 12483) qui ne contient que des chansons religieuses. Il s'agit, et c'est la cause principale de l'impression d'un véritable éventail de genres lyriques, de chansons religieuses imitant des chansons profanes.

Je n'hésiterais donc pas à conclure que la symbiose de la poésie lyrique profane et la culture cléricale est antérieure à Gé-

rard de Liège. Il n'en est que le témoin indirect dans la mesure
où il est conscient du décalage sans pourtant considérer la rup-
ture comme brutale, puisque Gérard de Liège reste à l'intérieur de
l'ambiance où l'on reçoit un traité comme les *Quinque Incitamenta*
aussi bien qu'un motet à texte profane.

Son traité peut aussi éclairer la réception des motets à plusieurs voix dont une voix décrivait en latin l'amour de la Vierge
et l'autre en français la séduction d'une bergère. Rien de cho-
quant pour le public, plutôt une attention plus aiguë pour les
deux textes, comme l'emploi soudain d'un mot français attirait
l'attention à la fois sur ce mot et son entourage latin.

DRONKE a très bien observé que pour Gérard de Liège le sens
véritable des chansons d'amour profanes est un sens "divin", ou
bien que les chansons sont la parodie de la langue de l'amour divin. Mais je propose une interprétation différente de ce phénomène: Gérard de Liège cite des refrains profanes parce que pour
lui ils appartiennent déjà au domaine "devin". Ainsi la thèse de
DRONKE est encore mieux confirmée par le témoignage exceptionnel
de Gérard de Liège.

# Jacquemart Giélée et la lyrique de son temps

Au moment où Jacquemart Giélée écrivit son *Renart le Nouvel*[1] il mit en oeuvre des techniques et des sujets qui avaient déjà fait leur preuve depuis plus d'un demi-siècle. Les plus anciennes branches sur Renart étaient même vieilles de plus d'un siècle, la première partie du *Roman de la Rose* avait déjà été complétée par la partie de Jean de Meung, et surtout, dans la perspective de l'étude que j'entreprends, la technique de l'insertion lyrique avait été appliquée dans bien des ouvrages romanesques depuis le *Guillaume de Dole* de Jean Renart.

Cette dernière technique n'avait rien perdu en actualité: dans la mesure où nous sommes capables de dater tous les textes, il faut conclure que bien des contemporains de Jacquemart Giélée l'ont appliquée. Il s'agit maintenant de savoir si la manière dont il use du procédé est bien la même que celle des collègues et s'il opère un même choix dans le répertoire.

Est-ce que cette technique a évolué au cours de son emploi?

On sait que Jean Renart était très fier de l'idée d'insérer des chansons dans son roman. Il a tout de suite reconnu le problème essentiel: l'accord entre texte et insertion et il prétend avoir si bien choisi ses morceaux que sans son avertissement on ne saurait pas que ce n'est pas la même personne qui a composé le roman et les chansons.

***1.*** Jean Renart, *Le Roman de la Rose ou de Guillaume de Dole*[2]:

> v. 26   s'est avis a chascun et samble
> que cil qui a fet le romans
> qu'il trovast toz les moz des chans
> si afierent a ceuls del conte.

On trouve chez lui (Jean Renart) toute une série de rondets de caroles, des chansons de trouvères et de troubadours et même un fragment de chanson de geste. Les fragments servent à caractériser l'atmosphère de fête d'une réunion générale ou les sentiments d'un des protagonistes.

Chez Jacquemart Giélée on retrouve un même emploi. Les textes lyriques sont le plus souvent caractérisés comme "chanson", mais

---

1. Ed. ROUSSEL (1961).
2. Ed. LECOY (1962).

on trouve aussi deux autre termes: "rondet de carole" ou "motet".

Mais, à la différence de ce qui se passait chez Jean Renart, nous ne trouvons jamais de texte dépassant la longueur de deux ou trois vers. Même le *"rondet de carole"*, forme que nous connaissons bien, dépasse ce nombre de vers et doit en avoir au moins cinq. On suppose donc, d'autant plus que ces "rondets de carole" sont souvent chantés par des animaux qui dansent, que l'auteur n'a donné que les deux premiers vers:

**2.** *Renart le Nouvel*[3]:

    v. 4410  Lors une *chanson a carole*
               Le roïne dist et canta
    v. 6884  En haut, ce *rondet a carole*
               Dist, oiant tous, par grant dosnoi
    v. 6729  Aprés *che cant* li respondi
               Li luparde en cantant ensi
               Che *motet* plein de melodie:
                   Vous arés le singnourie, amis de moi,
                   Che que mes maris n'a mie.

   *Rondeaux et Refrains*[4], rondeau n° 171, refr. 1853:
               Vous arez la druerie,
               amis, de moi,
               ce que mes mariz n'a mie.
                   Vos l'avez bien deservie
                   en bone foi.
               Vos arez la druerie,
                amis, de moi.
                   Mesdissant sont en agait
                   et main et soir
                   por nos faire vilonie.
               Vous arez la druerie,
                amis, de moi,
               ce que mes mariz n'a mie.

Pour ce qui est des *motets* on a supposé une même troncation. On sait que le mot *motet* a deux sens dans le vocabulaire littéraire du XIIIe siècle: d'une part il s'agit d'une composition musicale à plusieurs voix, d'autre part il s'agit, à l'intérieur de cette composition, d'une seule voix, celle qui se trouve tout de suite au-dessus de la teneur; c'est la voix qu'on appelle aussi le double (lat. *duplum*).

Mais des recherches récentes ont montré qu'il faut ajouter un

---

3. Toutes nos citations sont faites d'après l'édition ROUSSEL (1961).
4. N.H.J. van den BOOGAARD, (1969). Tous les rondeaux et refrains sont cités d'après cette édition.

autre sens qui sera conforme à la formation du mot: "motet" signifierait "petit mot", courte phrase, expression technique pour la phrase musicale et les notes du refrain. Dans ce cas-là le mot *motet* désigne dans le *Renart le Nouvel* les deux vers cités et rien de plus.

Motet désigne donc ce que nous appelons *refrain* ou refrain variable, ou avec BEC (1977:43) refrain exogène.

SPANKE (1925:312 sqq.) a utilisé le terme de "Wanderrefrain" pour marquer que ce refrain peut migrer, peut se retrouver dans des contextes variables.

Un exemple peut fort bien montrer comment un refrain de notre *Renart le Nouvel* s'adapte aussi à d'autres contextes.

Le refrain de *Renart le Nouvel* 6729 se trouve aussi dans le rond. 171, bien que la disposition différente des vers cache un peu l'identité. Il se retrouve aussi à la fin de la troisième strophe de la chanson avec des refrains R 227, et un autre refrain du vers 6760 du *Renart le Nouvel* se retrouve à la deuxième strophe de R 548.

Je donne le texte des deux premières strophes pour montrer cette technique d'insertion.


**3.** Chanson R 548[5]:

I     Quant florist la pree,
       Que li douz tens doit venir,
       Qu'oisiax par ramme
       Font escouter leur douz cris:
       Adonc chant sorpris
       De fine amor ou j'ai mis ma pensee
       Dont ja ne me quier dessevrer:
         Li tres douz chant des oiseillons B 1239 : Ovide 86a
         Mi fet a bone amor penser!

II    Ja de ma pensee
       Ne me quier jor departir;
       Tant ai desirrée
       Joie que n'i doi faillir;
       En chantant souspir
       Et vueil proier ma dame honoree.
       Ensi dire le doi:

| | |
|---|---|
|     A ma dame servir | B 81 : R 1292 |
|     Ai mis mon cuer et moir. | Ren. 6760 |
| | Ovide 57b |
| | Fauv. 17 |

5. SPANKE (1925:56); numéro de RAYNAUD-SPANKE.

*L'Art d'Amours*[6] 558:

Pour ce dient li jouvencel es dances, pour ce qu'ilz leur
vuellent monstrer qu'ilz sont appareilliez et de fait et
de dit, si chantent ceste chançonette:
    A ma dame servir
    Ay mis mon cuer et moy.

On trouve les refrains cités dans plusieurs catégories de
textes, que pour des raisons pratiques je résume sous quatre rubriques: rondeaux, chansons, motets, romans[7]. Pour les deux derniers groupes je donne l'exemple de B 1859 qui se trouve dans *Renart le Nouvel* v. 6912.

**4.** *Renart le Nouvel:*

v. 6907  Aprés ce cant prist Tite a dire
         A se mere, de cuer plain d'ire,
         Pour chou que desfendu li ot
         Canterel a amer, ce mot
         En cantant d'amourous cuer gay:
         Vous le mi deffendés l'amer,   B 1859 M 880 T int.
         Mais par Dieu je l'amerai            M 1074   enté
                                                   Ren. 6912
                                                   Sal. III, 37

La place du refrain dans le motet peut varier. On le trouve à
l'intérieur aussi bien qu'au début ou à la fin.

**5.** Teneur du motet M (880-881); centon; début d'après STIMMING
    (1906:46):

              Cis a cui je sui amie
              Est preux et gais,
              Pour s'amour serai jolie
              Tant com vivrai.
                  Vous le mi deffendés, l'amer,
                  Mais par Dieu! je l'amerai.
              Dieus! que ferai des maus d'amer,
              Qui ne mi laissent durer?
              Hé, amouretes!
              M'ocirés vous donc?...

La citation 5 montre le refrain intérieur, et la citation 6 donne
un spécimen particulier: le motet enté sur refrain. Celui-ci est

---

6. Ed. ROY (1974:88).
7. Voir *Rondeaux et Refrains, passim*.

128

**6.** Double du motet M (1074); motet enté; d'après RAYNAUD (1881-1883:II, 124):

> Vous le deffendés l'amer,
> Envieus et mesdisant,
> Car le cuer avés amer,
> Plain de mal entendement.
> Or crevés de cuer dolant,
> Que j'aing bele et avenant
> Qui m'a donné .I. baisier
> Amoureus et sanz dangier.
> Mis m'avés en grant esmay,
>    Mais, par Dieu, je l'ameray!

scindé en deux parties, au début et à la fin du motet. Nous trouvons ce même refrain encore dans un *Salut d'Amour*. Un premier contact avec l'ensemble des autres contextes où figurent les refrains du *Renart le Nouvel*, doit aboutir à une idée de distribution complètement aléatoire: les refrains se retrouvent dans toutes sortes d'autres genres. Il est plausible, dans cette perspective, de supposer que cela donne une image de la manière dont Jacquemart Giélée a trouvé ses refrains: il a noté ce qu'il a entendu autour de lui, les refrains à la mode!

Dans ce qui suit nous allons nous demander à quel public Jacquemart Giélée a bien pu appartenir. En effet, si nous posons la question ainsi nous considérons Jacquemart Giélée comme le représentant du public plutôt que comme auteur. Il faut aussi comprendre que chaque public choisit son propre répertoire (cf. Ruth FINNEGAN 1977:234). Jacquemart Giélée a introduit ses refrains en grappes dans le texte, technique qu'il a en commun avec un très grand nombre de ses collègues.

Dans le roman cela tient au fait que l'insertion lyrique a quelques lieux privilégiés: elle est utilisée de préférence dans la description d'une rencontre, d'une fête, d'un repas, d'une promenade où elle indique l'état d'âme d'un personnage.

Si l'on fait abstraction de deux passages insérés en latin, on peut dire que *grosso modo* il y a six groupes d'insertions (voir schéma 7, p. 130).

Cette division est assez grossière et l'on voit qu'à l'intérieur du sixième groupe par exemple, la scène se déplace: le refrain de 6670 est encore chanté dans le campement du roi, au vers 6698 on est en route vers Passe-Orgueil, entre 6718 et 6921 se trouvent le plus grand nombre d'insertions qui accompagnent toutes la description des dames qui descendent de leurs chevaux, et le dernier refrain du livre au vers 6964 est mis dans la bouche de

**7.** Schéma global de la répartition des insertions lyriques dans *Renart le Nouvel* (d'après A. LADD 1973:166):

| | | | | | |
|---|---|---|---|---|---|
| 1-2 | I | Première partie | Retour de Roussel | vv. | 1736-1746 |
| 3-8 | II | | Fête de réconciliation | | 2346-2556 |
| 9-10 | III | Deuxième partie | Noble amoureux | | 2652-2792 |
| 11-17 | IV | | Les dames amoureuses | | 4412-4554 |
| 18-22 | V | | Fête de réconciliation | | 6278-6632 |
| 23-68 | VI | | Arrivée de la cour | | 6670-6964 |

Renart lui-même qui porte un "toast" pour honorer les convives.

Ce qui caractérise en particulier les endroits où se trouvent les refrains dans *Renart le Nouvel*, c'est le fait qu'il y a un mouvement, le début d'une nouvelle scène. On voit entrer un nouveau personnage. C'est l'usage des miracles dramatiques et des mystères de l'époque postérieure: quand les personnages se déplacent (et vont donc d'une "maison" à l'autre), ils chantent des rondeaux. Ce mouvement est présent non seulement dans l'action du récit, mais souvent dans le texte même du refrain. Je donne le premier refrain du *Renart le Nouvel* quand Roussel rentre dans Maupertuis:

**8.** *Renart le Nouvel:*

> v. 1735  Et Roussiaus cante a longe alaine:
> Ensi doit entrer en vile
> Qui amours maine, qui amours maine          B64
> En le porte entrent tout cantant...

A. LADD, qui a consacré une thèse à l'ensemble des romans à insertions lyriques, arrive à une détermination très négative de la présence des refrains dans *Renart le Nouvel:* "The situation [in *Renart le Nouvel*] is created just so that the refrain can be sung, and does not contribute to any subsequent plot. Each situation is like a problem or a game proposed by a refrain, for which the author must supply a reference, both complete and trivial" (LADD 1973:171). Elle répète ce jugement négatif à plusieurs reprises: "The characters exist only to sing these refrains, and their stories are invented as references to give the refrain meaning." Pour conclure finalement: "The real motivation for the songs is that there must be songs." Elle va trop loin, et cela tient essentiellement au fait qu'elle regarde *Renart le Nouvel* comme un roman ne possédant rien de plus qu'une intrigue narrative. Elle passe complètement sous silence le caractère allégorique et, partant hautement suggestif, de *Renart le Nouvel.*

A côté du fait qu'il y a un mouvement qui accompagne l'introduction des refrains il y a plusieurs autres traits constants:

1. il y a une atmosphère de fête.
2. cette fête est toujours accompagnée de bruits et de rires.

A cela s'ajoute le fait que les passages moralisants ou allégoriques n'ont pas ces insertions. Cela tient à l'absence d'action et on a l'impression que Mlle LADD ne tient pas compte du fait que le *Renart le Nouvel* est partout allégorique et moralisant. Il vaut mieux en effet distinguer entre action narrative et description moralisante et alors on s'aperçoit que l'opposition action/lyrisme fonctionne différemment dans *Renart le Nouvel*. Si l'on a l'habitude de penser que les chansons ralentissent l'action, il n'en est rien ici. L'action est du côté du lyrisme, tandis que l'arrêt de l'action se trouve plutôt du côté des parties moralisantes!

Si nous étudions la répartition des chansons sur les personnages, nous constatons qu'il y a en effet beaucoup de personnages qui ne chantent qu'une seule fois, mais il y a un assez grand nombre de cas où se trahit l'influence de l'intrigue sur cette distribution par l'insistance sur les personnages principaux.

Parmi les personnages qui chantent plus d'une fois, il faut surtout citer: Renart 8 fois, la roïne 6 fois, li rois Noble 4 fois, Harouge 5 fois et encore une fois dans le ms C, Hersent 4 fois, le castor 3 fois comme Bruiant le taureau et Blere la Vache.

On voit que les personnages les plus importants sont en effet ceux qui chantent le plus souvent. Il y a cependant un cas où visiblement Jacquemart Giélée s'est amusé à intercaler et développer une historiette amusante à l'intérieur d'un ensemble plus grand. Je parle de la présence de trois refrains dans les bouches de Bruiant et de Blere. Jacquemart Giélée a vu les possibilités comiques des deux vaches amoureuses du taureau qui chantent en choeur ou en solo leur amour dans les termes de la fin'amors. Mais c'est exceptionnel, et il ne s'agit pas là de l'effet principal du roman, comme le croit LADD. Après un siècle de littérature renardienne aucun auditeur du *Renart le Nouvel* n'aurait encore trouvé que l'attrait spécifique était le fait que les chansons étaient chantées par des animaux. Car, de ce point de vue il n'y a aucune distinction à faire entre le discours dit par un animal, une lettre écrite par un animal et un refrain mis dans sa bouche.

A côté d'influences narratives qui ont déterminé la mise en oeuvre des refrains, on constate aussi qu'il y a des considérations d'une autre nature, disons de caractère esthétique, qui ont pu jouer un rôle. En effet, on comprend fort bien que dans une situation comme celle des vers 6670-6906 où il y a un cumul de refrains mis dans la bouche de chaque fois deux animaux qui s'aiment, on trouve une alternance de partenaires mâles et femelles. Mais en y regardant de plus près on a l'impression que Jacquemart Giélée a cherché à alterner des *voix* féminines et masculines dans l'ensemble de son roman.

Il y a au total 33 voix d'hommes contre 36 voix de femmes, et il est plutôt rare de rencontrer une succession de deux ou plusieurs voix de même caractère dans la même scène. Excepté bien sûr la scène III: les reines amoureuses dans laquelle il n'y a que des voix de femmes, sept au total.

Dans cette perspective la comparaison des différents mss VFCL est instructive. On sait que beaucoup de refrains ont été déplacés à l'intérieur du même manuscrit et surtout d'un manuscrit à l'autre et ainsi un refrain comme B 1369:

**9.** *Rondeaux et Refrains:* refr. B 1369:

> Ne sui pas lés mon ami,
> che poise mi,
> qui vieut, si m'en croie.

est chanté par Hersent au v. 4514 dans VF, par Masquelee au v. 6830 dans C et par la jument au v. 6868 dans les quatre mss VFCL.

Les trois fois c'est une feme qui chante et cela se comprend puisque ce choix est conditionné par le message du texte "mon ami". Mais on constate, surtout si l'on prend VF comme point de départ, qu'il n'y a guère de changement de sexe quand le refrain est mis dans la bouche d'un autre personnage, même dans les cas où le texte ne donne aucun argument comme dans B 1677, qui après avoir été chanté par la reine dans VFCL (v. 4520) passe à Hersent dans C (v. 6752).

**10.** *Rondeaux et Refrains:* refr. B 1677:

> Se j'ai perdues mes amours,
> Diex m'en renvoit unes meillours.

Si l'on se base sur les refrains de VF et qu'on se demande à quels animaux ces mêmes refrains sont attribués à d'autres endroits (déplacements internes ou externes), on constate que sur les dix re-

**11.** Déplacements des refrains du ms L:

| mss | chanté par | vers | | vers | chanté par | mss |
|-----|-----------|------|---|------|-----------|-----|
| CL | Renart | 2552 | | 4514 | Hersent | VF |
| VFCL | roïne | 4520 | | | | |
| L | Renardel | 6278 | | 6670 | Renart | C |
| | | | | 6748 | Renart | C |
| VFL | Hersent | 6752 | | 6752 | Hersent | C |
| CL | li gais | 6760 | | 6778 | Symons | L...VF |
| | | | | 6830 | Maquelee | C |
| VFCL | jument | 6868 | | 6864 | Outrecuidie | CL |
| VFL | Chantecler | 6896 | | | | |
| L | femme Taiss. | 6916 | | 6964 | Renart | C |

frains huit sont chantés par des personnages du même sexe. Il n'en est pas de même si l'on se base sur les refrains contenus dans C. On constate alors que cette observation ne vaut que pour la moitié des textes.

Le point le plus remarquable cependant est le fait qu'il ne s'agit jamais d'un déplacement qui s'effectue sans changement de personnage. Ainsi on ne trouve jamais que le refrain attribué à Renart dans un manuscrit soit déplacé et mis dans la bouche du même Renart à un autre endroit du texte. Non, c'est toujours un animal différent qui chante!

Ces déplacements sont vraiment nombreux comme le montrent les schémas 11, 12 et 13 qui représentent chaque fois les rapports d'un manuscrit avec lui-même (dans le cas de la répétition d'un

**12.** Déplacements des refrains des mss VF:

| mss | chanté par | vers | | vers | chanté par | mss |
|-----|-----------|------|---|------|-----------|-----|
| | | | | 2544 | Noble | C |
| VF | Noble | 2652 | | 2656 | Harouge | C |
| VF | Hersent | 4514 | | | | |
| VFCL | roïne | 4520 | | | | |
| VFC | Renardel | 6278 | | | | |
| VF | Renart | 6670 | | 6670 | Renart | C |
| VF | bievres | 6698 | | 6698 | bievres | C |
| | | | | 6748 | Renart | C |
| VFL | Hersent | 6752 | | 6752 | Hersent | C |
| VF | Symons | 6778 | | 6760 | li gais | CL |
| | | | | 6830 | Masquelee | C |
| | | | | 6836 | Blere et Masq. | V |
| | | | | 6840 | Bruians | V |
| VFL | Chantecler | 6896 | | 6868 | jument | VFCL |
| VFC | femme Taiss. | 6916 | | | | |

refrain) ou avec tous les autres manuscrits. La différence entre V et F est si petite qu'on peut les présenter simultanément.

La question des déplacements et des substitutions des refrains est intéressante au moment où l'on va plus loin et se pose la question fondamentale du pourquoi.

On sait que ROBERTS (1936) a voulu distinguer plusieurs versions de la main de l'auteur lui-même qui aurait remanié son livre. ROUSSEL, sans exclure *a priori* cette possibilité, est convaincu, et il se base sur des arguments de caractère historique, qu'il faut considérer l'addition postérieure au 8 octobre 1288 comme étant d'une main autre que celle de Jacquemart Giélée.

Quoi qu'il en soit, qu'il faille rendre responsable un auteur ou un copiste, j'aimerais bien savoir pourquoi il y a eu des déplacements et des remplacements, et je ne me contente pas de les traiter comme la documentation fournie par la tradition qui me permet d'échafauder un *stemma codicum*.

Certes, on peut parler en termes très généraux de la tradition mouvante des oeuvres du moyen âge, et dire qu'un auteur ou réviseur peut se permettre toutes sortes de changements. Et globalement on pourrait dire alors que tout ce qui rend le texte meilleur

*13.* Déplacements des refrains du ms C:

| mss | chanté par | vers | | vers | chanté par | mss |
|---|---|---|---|---|---|---|
| C | Noble | 2544 | | | | |
| CL | Renart | 2552 | | | | |
| C | Harouge | 2556 | | 2652 | Noble | VF |
| C | Hersent | 4514 | | 4514 | Hersent | VF |
| CVFL | roïne | 4520 | | | | |
| CVF | Renardel | 6278 | | | | |
| C | bievres | 6286 | | | | |
| C | Renart | 6670 | | 6670 | Renart | VF |
| C | bievres | 6698 | | | | |
| C | Renart | 6748 | | 6752 | Hersent | C |
| | | | | 6752 | Hersent | VFL |
| CL | li gais | 6760 | | 6778 | Symons | C |
| | | | | 6778 | Symons | VF |
| C | Masquelee | 6830 | | 6836 | Blere-Masq. | V |
| | | | | 6836 | Blere-Masq. | F |
| | | | | 6840 | Bruians | F |
| C | Outrecuidie a. | 6864 | | 6864 | Bernars | CL |
| | | | | 6868 | jument | VFCL |
| | | | | 6896 | Chantecler | VFL |
| | | | | 6916 | femme Taiss. | VFC |
| C | Renart | 6964 | | 6916 | femme Taiss. | L |

134

vient de l'auteur, les détériorations seraient d'un copiste. Tout philologue saurait immédiatement dénoncer le caractère arbitraire d'une telle position.

Le problème c'est que je connais deux types de déplacements dans la tradition philologique, qui les deux ne semblent pas devoir s'appliquer ici. Il y a d'une part les erreurs toutes matérielles: le copiste saute un passage et se voit obligé de redresser sa faute en changeant l'ordre des parties. On peut indiquer un tel cas dans *Renart le Nouvel*, par exemple aux vers 6748-6752, mais c'est plutôt l'exception et on ne peut pas expliquer ainsi les nombreux autres cas. Il y a, de façon évidente, une intention derrière les déplacements, une volonté!

La deuxième possibilité c'est la mémorisation. Deux comparaisons s'imposent avec d'autres genres littéraires: d'une part l'inversion et addition de strophes dans la poésie lyrique et dans certains dits, d'autre part les écarts entre plusieurs versions d'un même fabliau. Il s'agit dans les deux cas de textes relativement brefs qui ont pu être mémorisés.

Si nous appliquons la comparaison au *Renart le Nouvel* on voit tout de suite qu'il est peu probable que quelqu'un ait mémorisé le roman. D'ailleurs, si cela s'était produit, on ne voit pas pourquoi à travers les quatre manuscrits nous retrouvons les animaux dans le même ordre à la scène VI là où cet ordre est absolument arbitraire. Non, nous avons bien affaire à une transmission par écrit, mais pour les interludes lyriques on peut hésiter. D'abord, la mémorisation était possible, à cause des dimensions réduites des textes et l'aide de la musique. Puis, probablement la musique et les paroles étaient déjà connues. Mais cela n'explique toujours pas pourquoi tel ou tel animal continue à occuper la même place dans l'ordre arbitraire de la série d'animaux tout en chantant une chanson qui occupe une autre position dans un autre manuscrit.

Avant de formuler une réponse au problème, il convient de se demander si l'hypothèse selon laquelle les chansons formaient le bien public de Lille vers 1288 est juste.

Dans nos exemples nous avons montré dans quel type d'autre contexte un refrain tel qu'il est cité par Jacquemart Giélée peut se retrouver.

La question que je me pose maintenant est de savoir si Jacquemart Giélée citait des refrains à la mode ou s'il était plutôt un scientifique qui essayait de montrer quel était le répertoire classique. Donne-t-il une image de l'actualité ou est-il directeur du musée de l'histoire de la musique? Les deux sont, en théorie, me semble-t-il également possibles à quoi s'ajoute le fait que les recherches se compliquent par le fait que nous ne savons rien *a priori* sur la durée d'une mode. Est-ce que c'était, comme aujourd'hui, six mois au maximum pour tel ou tel disque à la mode, ou s'agissait-il d'une réputation solide comparable à celles de Mozart, Beethoven et bien d'autres? Pour l'historien de la littérature le résultat le plus intéressant serait obtenu si l'on pouvait montrer l'actualité relativement brève des chansons insérées, mais sur un plan très général on constate que le phénomène de la réputation classique n'est pas inconnu au XIIe siècle. La preuve en est fournie par le fait que les chansonniers qui nous conservent les grands auteurs lyriques de la fin du XIIe et de la première moité du XIIIe (Chatelain de Couci, Blondel, Gace Brulé, Thibaut de Navarre) datent tous de la fin du XIIIe ou du début du XIVe siècle.

Ensuite il y a l'exemple du goût nostalgique pour la musique des temps révolus - la mode rétro - chez Jean Renart, qui fait chanter par un de ses personnages une chanson qui a besoin d'une "explication" historique:

**14.** Jean Renart, *Le Roman de la Rose ou de Guillaume de Dole* (éd. LECOY).

> v. 1144   Dame, fet il, une chançon
> Car nos dites, si ferez bien."
> Ele chantoit sor tote rien
> et si le fesoit volentiers.
> "Biaus filz, ce fu ça en arriers
> que les dames et les roïnes
> soloient fere lor cortines
> et chanter les chançons d'istoire!

Un premier sondage dans le matériel réuni pourrait faire croire qu'on n'arrivera pas à une détermination bien précise de la mode vers 1288: on trouve dans le *Renart le Nouvel* aussi bien un refrain qui est déjà cité dans le *Roman de la Violette* de Gerbert de Montreuil (des années trente) que dans les poésies du poète Jehannot de l'Escurel ou les interpolations du *Roman de Fauvel* qui sont du XIVe siècle. Mais nous ne devons pas baser notre appréciation sur deux ou trois textes qui indiquent les limites extrêmes mais qui pourraient, par une popularité extraordinaire, constituer des exceptions dans la masse de plus de soixante refrains contenus dans le *Renart le Nouvel*.

N'est-il pas possible de dégager de ce matériel considérable quelques tendances qui ont guidé le choix de Jacquemart Giélée dans la poésie lyrique tant ancienne que moderne qui s'offrait à lui?

Pour éliminer, dans la mesure du possible, l'influence d'un copiste, d'un remanieur ou de l'auteur lui-même, je me base dans un premier temps sur les refrains conservés dans les quatre manuscrits, ensuite dans au moins trois manuscrits sur quatre utilisant ainsi les propriétés caractéristiques du stemma dichotomique généralement reconnu pour le *Renart le Nouvel*. Ensuite j'étudie les groupes de deux manuscrits. Finalement j'essaie d'isoler les influences ou préférences particulières par l'étude des refrains qui ne sont donnés que par un seul manuscrit.

Un premier coup d'oeil révèle que sur les quarante refrains qu'on trouve dans les quatre mss VFCL il y en a 18 qui se retrouvent dans d'autres contextes. Les 22 autres refrains sont des *unica* du *Renart le Nouvel*. Pour des raisons purement pratiques j'étudie l'apparition des refrains successivement dans 1. des rondets, 2. des romans, dits, saluts d'amour etc., 3. des motets, 4. des chansons. Il va sans dire qu'il faut étudier d'abord les rondets de carole, ce prototype du rondeau, puisque c'est souvent dans des scènes de danse que nous voyons figurer les refrains. On connaît le lien étroit entre refrain et rondet. Celui-ci se construit entièrement sur le schéma du refrain. D'autres romans insèrent aussi souvent des rondets de carole ou des refrains, surtout lorsque les personnages se déplacent en chantant.

Aux v. 1156–1160 Jacquemart Giélée avait déjà eu la possibilité d'insérer un refrain:

**15.** *Renart le Nouvel* (éd. ROUSSEL)

v. 1156  Encontre Orgueil hors d'une croute
Vienent .vi. dames noblement
Vestues d'or mout richement;
Encontre Orgueil viennent cantant,
Deus et .ii., main a main tenant.

Cependant il ne l'a pas fait, car la première apparition d'un refrain est à la fin de l'expédition réussie qui a permis à Renart - déguisé comme frère cordelier - de ramener son fils Roussel qui était le prisonnier du roi noble.

Chose curieuse, quand on lit ces cinq vers hors de leur contexte, on a l'impression d'entendre comme un rondeau, ce qui est dû à la répétition d'*Encontre Orgueil* et de *viennent*, le terme *vestue d'or* qui rappelle les chansons de la Belle Aëlis et le *"deux a deux main a main"* caractéristique de la chanson de danse. Nous constatons que Jacquemart Giélée n'est pas loin d'un véritable rondet. S'il parle souvent de rondet de carole, on s'attend aussi à retrouver le texte complet des rondets dont Jacquemart Giélée ne cite que le début. En effet, il y en a six sur les 18 refrains qui se trouvent dans VFCL et qui sont attestés ailleurs.

**16.** Liste des "rondeaux" dont les refrains se trouvent dans VFCL:

| refrain | vers | rondeaux | attestation |
|---------|------|----------|-------------|
| B 64 | 1736 | 47 | Meliacin |
| B 577 | 2792 | 48 | Meliacin |
| B 1853 | 6732 | 171 | BN f.fr. 12786 |
| B 1862 | 2544 | 185 | BN f.fr. 12786 |
| B 1004 | 6846 | 149 | OXFORD Douce 308 |
| B 1074 | 6670 | 70 | BN f.fr. 25.566 et |
| | | | CAMBRAI 1328: ADAM DE LA H. |

On voit dans ce schéma deux rondets du roman de *Meliacin ou du Cheval de Fust,* deux rondets du ms de la BN f.fr. 12786 qui sont anonymes, un rondet anonyme du ms OXFORD Douce 308 et un rondet d'Adam de la Hale renfermé dans le même manuscrit qui nous fournit la copie V du *Renart le Nouvel.*

Au total donc trois rondets datables et qui semblent plus ou moins contemporains de Jacquemart Giélée. Pour ce qui est des textes que je groupe ensemble sous le terme très vague de "romans", la liste est beaucoup plus longue.

Une analyse détaillée du schéma 17 montre une préférence très nette: le *Tournoi de Chauvency* de Jacques Bretel de 1286 a jusqu'à 5 refrains en commun avec le *Renart le Nouvel.* Il y a quelques cas de deux refrains: *Meliacin, Cour d'Amours et Fauvel.* Ces derniers textes ne nous apprennent rien de nouveau, si ce n'est que les refrains de *Fauvel* témoignent de la célébrité de quelques refrains postérieurement au *Renart le Nouvel,* ou bien de l'influence de ce roman lui-même.

Celui qui a étudié la façon dont les auteurs des *motets* ont utilisé le refrain, sait que près de la moitié des voix de motets français conservés est pourvue de refrains, au début, à l'intérieur, à la fin ou "entée" sur le refrain. Je suis convaincu que

**17.** Liste des "romans" dont les refrains se trouvent dans VFCL:

| refrain | "roman" | Renart le Nouvel | ailleurs |
|---|---|---|---|
| B 64 | Meliacin | 1736 | |
| | Escanor | | |
| B 936 | Chauvency | 2410 | |
| | Cour d'Am. | | |
| | Par. | | |
| B 577 | Mel. | 2792 | |
| | Chauv. | | |
| | Abeïe | | |
| B 1420 | c. lat. | 4528 | R 702 |
| B 200 | Rob. | 6632 | |
| | Chauv. | | |
| | Sal. I | | |
| B 513 | Chauv. | 6710 | |
| B 1853 | Poire | 6732 | R 227.III, rond. 171 |
| B 739 | Esc. | 6748 | M 1047, M 1132 |
| B 81 | Fauv. | 6760 | R 1292.IV, R 548.II |
| | Ovide | | |
| B 906 | Fauv. | 6764 | R 59 |
| | Sal.II, | | |
| B 595 | Chauv. | 6790 | M 1105, M 663 |
| B 1004 | Viol. | 6846 | rond. 149 |
| B 485 | Cour d'Am. | 6964 | R 105 |
| B 1859 | Sal. III | 6912 | M 880 T, M 1074 |

le motet est surtout l'affaire d'un public bien précis: celui des clercs parisiens, spécialistes de la musique. Ces "connaisseurs" seuls savaient écrire et apprécier les motets. Il est donc peu étonnant que les refrains qui se retrouvent dans des motets sont peu nombreux dans notre documentation: trois au total. Cette rareté confirme mon opinion en ce qui concerne le mot *motet* chez Jacquemart Giélée: il s'agit d'un mot technique pour indiquer le refrain et il n'a rien à faire avec l'un des deux sens "polyphoniques".

**18.** Liste des motets dont les refrains se trouvent dans VFCL:

| refrain | motet | manuscrit | Renart le Nouvel | ailleurs |
|---|---|---|---|---|
| B 736 | M 1047 | Mo | 6748 | Esc. |
| | M 1132 enté | D (chans.I) | 6748 | Esc. |
| B 595 | M 663 int. | W2, LoC, Mo, C1 | 6790 | Chauv. |
| | M 1105 enté | D (chans. I) | 6790 | Chauv. |
| B 1859 | M 880 T int. | Tu, Mo, Ba, Bes | 6912 | Sal.III |
| | M 1074 enté | R (chans. M) | 6912 | Sal.III |

**19.** Liste des chansons dont les refrains se trouvent dans VFCL:

| refrain | chanson | manuscrit | Renart le Nouvel | ailleurs |
|---------|---------|-----------|------------------|----------|
| B 1420 | R 702 | I | 4528 | c. lat. |
| B 1853 | R 227.III | KNPX | 6732 | rond. 171 |
| | | | | Poire |
| B 81 | R 1292.IV | C | 6760 | Ovide |
| | R 548.II | KNPXO | | Fauv. |
| B 906 | R 59 | I | 6764 | Fauv. |
| | | | | Sal. II |
| B 485 | R 105 | I | 6964 | Cour d'Am. |
| B 1355 | R 1686 | I | 6876 | |
| B 669 | R 61 | IC | 6890 | |

Finalement les chansons.

Dans huit chansons nous retrouvons les refrains des mss VFCL du *Renard le Nouvel*. Et nous observons trois phénomènes remarquables:

1. Il s'agit toujours de chansons anonymes. On aurait pu trouver des grands noms (Roi de Navarre et autres), mais il semble que Jacquemart Giélée ne présente pas un échantillon classique.
2. Les *chansons avec des refrains* sont très peu représentées, il s'agit surtout de ballettes ou de pastourelles.
3. 5 refrains sur 7 se trouvent dans le même ms I: OXFORD Douce 308.

Si nous retrouvons si souvent le ms I comme source possible (ou comme point de convergence) de tant de chansons, il faut se rappeler encore autre chose et rattacher cela à des observations précédentes. Le même manuscrit d'OXFORD renferme encore un recueil de motets et de rondeaux. Deux de ces motets et un de ces rondeaux se trouvent cités dans *Renart le Nouvel*. En outre le manuscrit renferme précisément le *Tournoi de Chauvency* de Jacques Bretel. Au total donc il y a 12 refrains sur les 18 qui se trouvent dans VFCL du *Renart le Nouvel* aussi bien que dans le ms OXFORD Douce 308.

Jacquemart Giélée aurait pu citer des débuts de chansons courtoises, voire des strophes entières; il ne l'a pas fait. Il aurait pu citer des textes classiques, il ne le fait pas non plus. Les citations auraient pu se trouver dans chacun des grands chansonniers. Or c'est précisément dans le ms I (OXFORD Douce 308) que les refrains se rencontrent. Ces observations sont confirmées par l'étude des refrains conservés dans trois manuscrits. C'est surtout l'ensemble VFC qui confirme la tendance observée de la pré-

**20.** Liste des refrains cités par trois manuscrits du *Renart le Nouvel*:

| mss | refrain | Renart le Nouvel | ailleurs |
|-----|---------|------------------|----------|
| VCL | B 991 | 1746 | Pris. |
| VFL | B 1862 | 2544 | rond. 185 ms BN f.fr. 12786 |
| FCL | B 1015 | 6824 | Fauv. |
| VCF | B 115 | 2544-6670 | ms 2 |
| | B 633 | 2546 | R 1256 ms I; M 896 T déb. |
| | B 145 | 6278 | R 1991.II ms I |
| | B 173 | 6702 | R 366 ms I |
| | B 156 | 6718 | rond. 76 ms BN 25566 |
| | | | ADAM |
| | B 1531 | 6690 | M 908 déb./M 909 déb. |
| | | | rond. 93 ms Vat. Reg. |
| | | | 1490 GUILLAUME d'Amiens |

pondérance des pièces conservées dans le ms I. A cela s'ajoute l'amorce d'un autre mouvement: l'introduction des rondeaux d'Adam de la Hale.

L'étude des refrains communs à deux manuscrits montre une dichotomie curieuse: là où VF utilisent deux nouveaux rondets d'Adam de la Hale, deux ballettes et un motet du ms d'OXFORD, CL (comme VL) ne donnent que des refrains que je n'ai pas pu trouver dans d'autres contextes. On pouvait bien sûr s'interdire toute conclu -

**21.** Liste des refrains cités par deux manuscrits du *Renart le Nouvel*

| mss | refrain | ailleurs |
|-----|---------|----------|
| VF | B 969 | Cour d'Am. |
| | B 806 | R 1168 ms I; M 882 T déb.; corr. am. |
| | B 784 | rond. 72 ADAM; M 569; M 510; Poire |
| | B 2 | – |
| | B 793 | M 605; M 880 T; M 1122 ms D |
| | B 1800 | R 1038 ms I |
| | B 746 | rond. 74 ADAM; M 873 |
| CL | B 429 | – |
| | B 1519 | – |
| | B 163 | – |
| | B 864 | – |
| | B 879 | – |
| VL | B 1431 | – |
| CF | B 1166 | rond. 104: M 868 T; Abeïe |
| | B 1034 | Mel. |
| | B 1096 | R 1602 mss aIC. |

sion en disant que notre documentation serait insuffisante ou fragmentaire. J'ai suffisamment de confiance en la loi du hasard pour dire qu'il s'agit plutôt de refrains créés pour la circonstance par l'auteur, romancier ou copiste. (Phénomène comparable à l'hyper-picardisation constatée par ROUSSEL). La combinaison CF ajoute encore une ballette du ms I. Là où chaque manuscrit est seul à donner un refrain, on voit encore mieux où sont les préférences: V et C donnent un refrain d'Adam de la Hale, F en donne même deux, tandis que L a un très grand nombre de refrains uniques, et un seul refrain de rondeau, précisément du ms I.

**22.** Liste des refrains qui ne se trouvent cités que dans un seul manuscrit du *Renart le Nouvel:*

| ms | refrain | ailleurs |
|----|---------|----------|
| V | B 1797 | – |
| | B 430 | rond. 75 ADAM |
| F | B 955 | Cour d'Am. |
| | B 289 | rond. 82 ADAM; R 1390.IV; M 1073 |
| | B 917 | – |
| | B 1294 | – |
| | B 1486 | – |
| | B 168 | – |
| C | B 496 | rond. 80 ADAM; M 34 |
| | B 1421 | – |
| | B 1132 | – |
| | B 327 | – |
| | B 83 | R 1240.II; R 157.II; M 917; Sal.III |
| L | B 1564 | – |
| | B 172 | rond. 134 ms OXFORD Douce 308 |
| | B 1029 | – |
| | B 931 | – |
| | B 974 | – |
| | B 174 | – |
| | B 412 | – |
| | B 1313 | – |
| | B 1596 | – |
| | B 697 | – |
| | B 435 | – |
| | B 235 | – |

Le meilleur exemple de refrain créé par L pour la circonstance et qui n'a pas été emprunté à un répertoire pré-existant de chansons à la mode est sans aucun doute le dernier refrain du roman, chanté au v. 6964. Le chanteur bien sûr est le personnage principal, Renart:

**23.** *Renart le Nouvel* (éd. ROUSSEL); refrain du ms L, vers 6964:

> Biele Courtoisie
> A de ce fait Amours
> Lille le jolie
> Que li puis est resours.

Amour a fait un geste bien courtois à Lille-la-Jolie
par la restauration du Puy.

Or il est très remarquable que SCHWAN, dès 1886 (p. 14), était arrivé, après l'étude de l'ensemble des chansonniers, à la conclusion que le ms I représentait un recueil d'exemples destinés à un
puy.

Ne serait-il pas possible d'identifier ce puy - du moins pour
l'ancêtre du ms I - avec le Puy de Lille, restauré en 1288. S'il
en était ainsi, on s'expliquerait mieux le problème que nous avons
posé au début: à quoi bon déplacer les refrains en passant d'un
manuscrit à l'autre et pourquoi introduire de nouveaux refrains?

Je ne vois qu'une seule réponse à cette question qui me semble
expliquer aussi d'autres caractéristiques du texte.

Le texte du *Renart le Nouvel* est primairement une branche, un
roman qu'on lisait. Mais à cela s'ajoute qu'il a servi aussi de
*libretto* pour une véritable représentation. Il y a eu un lecteur
qui déclamait à haute voix le texte, mais il cédait de temps en
temps la parole à des chanteuses ou des chanteurs. Ceux-ci devaient disposer d'une feuille volante où se trouvait leur texte.
L'année de la première mondiale - 1288 - l'auteur avait mis dans
la bouche de son héros la conclusion triomphante de la restauration du puy. Les dates fournies par les quatre manuscrits 1288,
1289, 1290 et 1292 sont pour moi autant de représentations de *Renart le Nouvel*. La chanson sur la restauration n'était plus d'actualité lors des représentations des années suivantes ce qui a
entraîné sa suppression et l'introduction et les déplacements
d'autres chansons. Que se passe-t-il quand une deuxième année on
représente les mêmes scènes avec plus ou moins les mêmes acteurs?
L'un veut changer de rôle et pourtant conserver la chanson de
l'année précédente, pour un autre c'est l'inverse: il garde son
rôle mais il chante autre chose. Parfois il faut créer un nouveau
personnage pour contenter quelqu'un qui veut participer lui aussi.
Ces acteurs venaient donc interrompre le lecteur, et la façon dont
ils sont présentés dans le texte indique pour moi qu'ils se dépla-
cèrent. La scène de l'arrivée de tous les animaux à cheval est
claire: il s'agit d'un véritable défilé - une procession - de

membres du Puy déguisés comme animaux. Ils venaient tour à tour chanter un refrain ou un rondet, lire une lettre, et on comprend alors pourquoi l'auteur indique toujours que l'animal chante d'une voix claire, haute, de telle sorte que la rue en "retentist". C'est qu'il y avait vraiment nécessité à être bien entendu par le public. Pour d'autres scènes, il y avait d'après moi peut-être des tableaux vivants sur des "chars" (des chariots) qui défilèrent devant le public.

FLINN est très négatif quand il dit que toute cette allégorie moralisante (sur la nef des vices) n'a rien d'amusant pour nous, lecteurs modernes. Il en était, je crois, autrement au XIIIe siècle. On voyait cette nef pendant que le lecteur fournissait le commentaire allégorique. C'est difficile à prouver. Je crois pouvoir tirer argument des vers 3781-3783 où il est question d'une "nave" couverte d'un gris drap fait d'hypocrisie. Il ne s'agit pas des voiles qui sont appelés "sigles", mais du drap qui recouvre le côté du navire sur un chariot.

Il y a eu plusieurs séances de lecture, et chaque séance offrait un programme complet:

1. une partie narrative,
2. des chansons ou des lettres,
3. des tableaux,
4. des personnages qui font interruption,
5. un commentaire moralisant s'adressant directement aux spectateurs: les "bonnes gens" auxquelles l'auteur s'adresse.

Il n'est pas très difficile de s'imaginer les scènes. Il suffit d'étudier les miniatures qui sont particulièrement nombreuses pour le *Renart le Nouvel*. Il y en a de deux types: des animaux rampants qui montrent des animaux-animaux, et il y a aussi des animaux qui, debout et vêtus comme des êtres humains, n'en sont distingués que par la tête et les pattes. De longs vêtements cachent le reste, des vêtements si souvent décrits dans le *Renart le Nouvel*. Il suffit de se dire "voilà un moine qui porte un masque de Renart" plutôt que "Renart qui porte un habit de moine" pour considérer la série des miniatures comme un reportage visuel de scènes jouées dans les rues de Lille au XIIIe siècle.

# III
# LA PAROLE NARRATIVE ET DIDACTIQUE

# L'*Art d'aimer* en prose

## 1. Les manuscrits

Les deux manuscrits PARIS, BN f.fr. 881, fol. 49a–96c (A) et
PARIS, Bibliothèque de l'Arsenal 2741, fol. 1–61a (B) nous ont
conservé un texte (toujours inédit) qui se présente comme une traduction de l'*Ars amatoria* d'Ovide, accompagnée de gloses. La part
du traducteur y est si grande, il s'est si souvent écarté de son
modèle, qu'il vaudrait mieux parler d'une adaptation assez libre
de l'*Art d'aimer* d'Ovide. Pour désigner l'ouvrage nous parlerons
ici de l'*Art d'aimer* tout court. Sauf indication contraire, toutes
nos citations seront faites d'après le ms A.

Les manuscrits sont de la fin du XIVe siècle ou du début du
XVe. L'un des deux, le ms A, contient aussi, à partir du fol. 97,
des poésies de Guillaume de Machaut; G. PARIS a reconnu la main du
copiste Raoul Tainguy[1]. L'original doit être beaucoup plus ancien,
mais les deux savants qui se sont prononcés sur la date de l'ouvrage, G. PARIS[2] et C. de BOER (1956:29, 38), donnent respectivement la fin du XIIIe siècle et la fin du XIIe siècle.

## 2. Fin du XIIe siècle ou fin du XIIIe ?

G. PARIS et C. de BOER ont étudié l'*Art d'aimer* surtout dans la
perspective de l'ouvrage d'Ovide. G. PARIS reprochait à l'auteur
de la version médiévale de graves lacunes dans sa connaissance du
latin et de la mythologie classique[3]. De BOER (1956:35–38) a montré qu'on ne doit pas imputer toutes les erreurs à l'auteur lui-
même: elles s'expliquent par la transmission défectueuse du texte
latin sur lequel se basait l'auteur, ou par des altérations dues
aux copistes qui nous ont transmis l'*Art d'aimer*.

Quant au problème de savoir à quelle époque l'ouvrage a été
composé, G. PARIS affirme, sans fournir de preuve, que le texte

---

1. *Histoire littéraire de la France*, t. XXIX, Paris, 1885, 474, n. 1.
2. *Ibid.*, 473.
3. *Ibid.*, 472–485. Dans l'essai sur Chrétien Legouais et autres traduc-
   teurs ou imitateurs d'Ovide (*Histoire littéraire de la France*, t.
   XXIX, 455–524) G. PARIS consacre beaucoup d'attention à notre *Art
   d'aimer* en prose. Le volume XXIX de l'*Histoire littéraire* est consacré
   au XIVe siècle. Cela explique peut-être pourquoi SEGRE (1968) n'en
   parle pas, puisque l'ouvrage dont sa contribution fait partie est consacré aux XIIe et XIIIe siècles.

date de la fin du XIIIe siècle[4]. De BOER (1956:29) donne une série
d'arguments pour le placer à la fin du XIIe siècle, qui ne sont
pas très convaincants:

1. l'auteur connaît des textes du XIIe siècle: *Philomena*,
   *Athis et Prophilias*, le *Roman de Troie*;
2. son style est primitif;
3. un commentaire comme celui-ci trouverait très bien sa
   place dans la "Renaissance du XIIe siècle".

Il ajoute qu'il y a encore "d'autres impondérables", sans pourtant
les préciser. De BOER reconnaît un seul contre-argument: l'auteur
de l'*Art d'aimer* montre qu'il est familier avec le *Roman de Blancandin*. Or, il est bien assuré que ce roman est du début du XIIIe
siècle[5]. Pourtant, de BOER (1956:29) s'en tient à sa première idée
dans sa conclusion finale: "notre texte a été écrit ou peu avant,
ou peu après 1200. Il serait vain de vouloir préciser davantage".
Le but de notre contribution sera précisément de tenter de serrer
de plus près la date de l'*Art d'aimer*.

## 3. Les insertions lyriques

G. PARIS estimait l'*Art d'aimer* de peu de valeur. Il donnait ce
jugement parce qu'il comparait l'ouvrage avec l'*Ars amatoria:*
"l'auteur français [...] n'a pas plus pénétré la corruption raffi-
née de son original qu'il n'a su en rendre la grâce et la légère-
té"[6]. Cependant il ajoutait: "Son oeuvre n'est curieuse que pour
les quelques traits de moeurs que nous y avons relevés et par le
fait même de son existence." Ces traits de moeurs, ce sont les
réflexions de l'auteur[7], l'adaptation de l'ouvrage à son époque[8],
l'introduction de proverbes[9], et surtout l'insertion de refrains

---

4. *Op. cit.*, 473.
5. Confirmé encore par l'éditeur SWEETSER (1964:41).
6. *Op. cit.*, 484.
7. Par exemple la remarque qu'il introduit sur l'origine des chansons de
   geste (ms A fol. 61b):

   "En icellui temps escrivoient a Romme les Romains les noms et
   les remembrances de ceuls qui conquerroient les terres et en
   faisoient sons et notes de geste. Et a ce pristrent exemple
   ceux qui premierement firent les gestes en France".

8. Homère est remplacé par un étranger venant à Paris (f. 86a). Les fêtes
   et les spectacles sont bien ceux du moyen âge.
9. Exemples: "et ainsi comme le villain dist, tant grate chievre que mal
   gist" (f. 49c); "Et pour ce fut dit le prouverbe: de tant ressemble
   femme pluie, car souvent est desiree et tost ennuie" (f.61d); "Et pour
   ce fut dite la commune paroule: force me faictes, mais beau m'en est."

et de fragments de chansons.

C'est par ces insertions lyriques, et principalement par les refrains, que j'espère pouvoir déterminer la date de la composition de l'*Art d'aimer*. Ces refrains sont de petits textes lyriques (dans la marge du ms B ils sont indiqués par le mot *chancon*), généralement de deux ou trois vers, qui sont introduits dans l'*Art d'aimer* pour appuyer une affirmation d'Ovide. Dans les phrases introductrices, l'auteur de l'*Art d'aimer* dit qu'il s'agit de chansons, chantées par des demoiselles ou des damoiseaux, et souvent il ajoute que ces chansons accompagnent la danse. Le premier refrain est présenté, par exemple, de la manière suivante (fol. 54 a):

> "Et pour ce dient elles aux caroles en leurs chancons Que
> Ja couart naura belle amie mais le preux *et* hardj les en-
> maine deux et deux."

On trouve un emploi comparable du refrain-citation dans un très grand nombre de textes[10]. Pour notre étude il est important de noter que ces textes se servent souvent des mêmes refrains. Ainsi le refrain que nous venons de citer et qui est le n° 898 de notre recueil, se retrouve dans le *Tournoi de Chauvency* de Jacques Bretel. Si nous essayons de dater l'*Art d'aimer* grâce à l'emploi de ces refrains dans plusieurs contextes, nous nous basons sur deux hypothèses:

a) les auteurs des textes en question citaient des refrains à la mode;

b) ces refrains n'étaient en vogue que pendant un certain temps, un temps assez court pour permettre de dater l'*Art d'aimer*.

Nous accepterons ces hypothèses seulement si un grand nombre de faits concordent.

## 4. Romans, chansons, motets

Nous avons trouvé 63 refrains différents dans l'*Art d'aimer*. Quelques refrains sont cités deux fois: les refrains 1520, 1322, 323 et 1338. On peut se demander, à propos du refrain 1322, s'il ne s'agit pas, la deuxième fois, d'une interpolation, puisque le ms B ne le donne qu'une fois. Cinq refrains manquent dans le ms B: 582, 890, 1432, 1064, 318. Parmi les 63 refrains, nous en avons pu

---

10. Pour tous ces textes et pour toutes les références, je renvoie à N.H.J. van den BOOGAARD (1969).

indiquer 22 qui se retrouvent dans un ou plusieurs autres contextes. Le refrain 1009 par exemple (le n° 59 de l'*Art d'aimer*) se
retrouve (sous une forme modifiée d'ailleurs) dans le *Salut
d'amours* du ms PARIS, BN f.fr. 837, fol. 269b-271a (Sal. II), dans
la chanson avec des refrains R 1995 et dans le motet enté M 523.
Le réseau de rapports entre l'*Art d'aimer* et l'ensemble de tous
ces textes est extrêmement compliqué. Pour débrouiller l'écheveau,
j'appliquerai la division en trois parties que j'ai utilisée aussi
dans mes *Rondeaux et Refrains*. J'étudierai successivement les refrains que l'*Art d'aimer* a en commun avec ce que j'appelle des
"romans", ensuite avec les chansons, finalement avec les motets.

## 5. Les romans

Nous avons dit plus haut que notre étude est basée sur l'hypothèse que les refrains n'étaient à la mode que pendant une certaine période assez courte. Or, il est impossible de le montrer
pour un refrain isolé. On peut toujours avoir affaire à tel ou tel
refrain qui est resté célèbre pendant une longue période. Notre
hypothèse vaut pour l'ensemble (ou plutôt le sous-ensemble) des
refrains connus à un même moment. Quant on fait une coupe synchronique, on rencontre des refrains en vogue depuis un certain temps
aussi bien que des refrains de création récente. Nous croyons
cette coupe unique en ce sens qu'à un autre moment de l'histoire
elle serait constituée autrement. Il faut donc comparer plusieurs
recueils de refrains. D'une part nous avons celui qui a été constitué par l'auteur de l'*Art d'aimer*, d'autre part on penserait en
premier lieu à tel ou tel "roman" où sont insérés de nombreux refrains. Mais ces rapports sont difficiles à exploiter pour une
datation de l'*Art d'aimer*. Certes, il y a beaucoup de textes qui
ont des refrains en commun avec l'*Art d'aimer*, mais il s'agit le
plus souvent d'un seul refrain commun, parfois de deux. Dans le
tableau suivant nous indiquons ces rapports. Nous donnons le numéro d'ordre dans l'*Art d'aimer* et le numéro du refrain dans la
liste de mes *Rondeaux et Refrains*[11].

On constate d'abord qu'il y a un décalage de près d'un siècle
entre celui des textes datés qui est le plus ancien (*Le Roman de
la Rose ou de Guillaume de Dole* de Jean Renart, vers 1228 - cf.
LECOY 1962:VIII) et le plus récent (les interpolations lyriques de
Chaillou de Pesstain dans le *Roman de Fauvel* du ms PARIS, BN f.fr.

---

11. L'*Art d'aimer* en prose y est désigné par le sigle *Ovide*; la table
complète se trouve à la page 327.

Tableau 1. Les rapports entre les refrains de l'*Art d'aimer* et ceux qui sont cités dans des "romans".

| n° d'ordre Art d'aimer | n° dans ReR | roman |
|---|---|---|
| 1 | 898 | Le Tournoi de Chauvency 3328 |
| 6 | 81 | Le Roman de Fauvel 17 |
|  |  | Renart le Nouvel 6770 |
| 13 | 1872 | Salut d'Amours II, 19 |
|  |  | Le Roman de la Violette 4409 |
|  |  | Li Confrere d'Amours 12 |
| 17 | 1322 | Salut d'Amours III, 14 |
|  |  | La Cour d'Amour 30 |
|  |  | La Chastelaine de Saint Gille 25 |
| 31 | 535 | D'Amors et de Jalousie 16 |
| 33 | 387 | Le Roman de la Rose ou de Guillaume de Dole 536 |
|  |  | Les Miracles de Notre Dame III, 299 |
| 36 | 1112 | La Court de Paradis 486 |
| 37 | 1781 | La Court de Paradis 504 |
|  |  | Le Roman de Fauvel 13 |
| 41 | 1402 | Prison d'Amours 32 |
| 59 | 1009 | Salut d'Amours II, 23 |

146, en 1316 – cf. HESS 1909). Les autres textes, si on peut les dater, montrent un écart de cinquante ans – par ex. les *Miracles de Notre Dame* de Gautier de Coincy, avant 1236 (KOENIG 1966:XXX) et le *Roman de la Violette* de Gerbert de Montreuil, 1230–1231 (LECOY 1962:VIII), d'un côté, le *Tournoi de Chauvency* de Jacques Bretel, 1285 (DELBOUILLE 1932:LVI) et *Renart le Nouvel* de Jacquemart Giélée, 1289 (FLINN 1963:246), de l'autre. On voit que, sur la base de ce matériel, toutes les interprétations sont possibles: si l'on veut se rapprocher de la date de De BOER, il faut rejeter la notion de "célébrité passagère", notre hypothèse initiale, ou bien déclarer que la plupart des refrains cités dans l'*Art d'aimer* sont des interpolations tardives. Pour accepter la thèse de G. PARIS, il faudrait montrer que l'auteur de l'*Art d'aimer* n'a pas inséré des refrains à la mode, mais qu'il a travaillé comme un "historien de la littérature". Pour des dates intermédiaires, on trouverait des arguments dans la combinaison de ces raisonnements.

On peut se demander s'il faut attacher une importance particulière au fait qu'il y a deux refrains en commun entre l'*Art d'aimer* d'un côté, et le *Roman de Fauvel*, le *Salut d'Amours II* et la *Court de Paradis* de l'autre. Nous croyons que cela sera assez dangereux, puisque les phénomènes cités: interpolation, attitude "historique" chez tel ou tel auteur, longue célébrité incidentelle d'un des refrains, peuvent très bien avoir joué dans ces quelques cas. Il y a peut-être un lien qu'il faut étudier en particulier, celui avec la *Court de Paradis*, puisque dans les deux textes les deux refrains se suivent dans le même ordre et à peu de distance. Malheureusement, la *Court de Paradis* n'est pas datée avec assez de précision. Il est vrai que l'éditeur E. VILAMO-PENNTI (1953:43) écrit: "Quant à la date, le poème a dû être écrit dans la seconde moitié du XIIIe siècle", mais elle ne donne aucun argument. Nous n'osons pas avancer de date pour l'*Art d'aimer* après l'étude des rapports entre notre texte et les "romans", puisque le fait d'avoir un ou deux refrains en commun n'exclut pas l'effet du hasard et des perturbations incidentelles.

## 6. Les chansons

A première vue l'étude des refrains que l'*Art d'aimer* a en commun avec les chansons, semble fournir encore moins de matériel pour constituer un grand ensemble. En effet, parmi les 17 chansons différentes dans lesquelles nous avons retrouvé 14 refrains de l'*Art d'aimer*, il n'y a que deux chansons (R 1377 et R 1509) qui constituent vraiment des *centons* renfermant respectivement 19 et 16 refrains. Les 15 autres chansons fournissent un refrain à la fin de chaque strophe, soit entre 4 et 8 refrains par chanson (les "romans" que nous venons d'étudier, forment des ensembles de vingt à soixante refrains!). Dans cette perspective il est intéressant de constater dans le tableau 2 que la chanson anonyme R 548 a trois de ses cinq refrains en commun avec l'*Art d'aimer* et que les chansons R 157 (anonyme), R 536 (Jaque de Cysoing) et R 607 (anonyme) ont deux refrains en commun avec l'*Art d'aimer*.

On doit bien admettre l'existence d'un lien entre ces chansons et l'*Art d'aimer*, mais quelle conclusion faut-il en tirer sur la date? Toutes les chansons qui ont plus d'un refrain en commun avec l'*Art d'aimer* sont anonymes, sauf R 536. Mais cette chanson, attribuée à Jaque de Cysoing dans MTaKNP, anonyme dans OU, est précisément un cas difficile: elle offre trois strophes identiques dans TaKNPO[12], suivies de deux strophes (IV et V) qui sont différentes dans les deux familles KNP et Ta. Or, l'*Art d'aimer* a, dans les deux cas, les refrains de Ta, non pas ceux de KNP. Faut-il attribuer les deux strophes de Ta à Jaque de Cysoing, ou celles de

---

12. Le ms M ne donne que les sept premiers vers de la première strophe; U a les strophes I et II seulement; O s'arrête après la troisième strophe.

KNP[13]? Devant ces problèmes, il vaut mieux essayer de trouver des ensembles plus grands et se demander si les chansons en question se groupent dans une famille particulière de chansonniers. Le tableau 2 montre une prépondérance très nette du groupe KNPX.

Tableau 2. Les rapports entre les refrains de l'*Art d'aimer* et ceux des chansons.

| n° d'ordre *Art d'aimer* | n° dans *ReR* | chanson R-S | manuscrits |
|---|---|---|---|
| 5 | 1858 | 391.I | KNPX |
| 6 | 81 | 1292.IV | C |
| | | 548.II | KNPXO |
| 11 | 877 | 607.II | KNPXTU |
| 13 | 1872 | 575.III | U |
| 15 | 582 | 1820.IV | KNPXV |
| | | 536.IV | Ta |
| 17 | 1322 | 157.IV | KNPX |
| | | 2121.IV | K |
| 33 | 387 | 1323.I | a |
| | | 1377.IIIa | T |
| | | 548.IV | KNPXO |
| | | 520.VII | *Mir. |
| 36 | 1112 | 607.VI | KNPXTU |
| 37 | 1781 | 444.III | M |
| | | 1240.IV | KNP |
| 41 | 1402 | 1509.IIa | T |
| | | 157.I | KNPX |
| 45 | 1239 | 548.I | KNPXO |
| 47 | 211 | 536.V | Ta |
| 59 | 1009 | 1995.II | KNPCTUaH |
| 63 | 982 | 2064.I | KNX |

Il y a 17 chansons différentes, dont 9 se trouvent dans un ou plusieurs manuscrits de la famille KNPX. Mais l'importance de cette famille ressort encore mieux, quand on se demande dans quel groupe de manuscrits on pourrait trouver les refrains de l'*Art d'aimer*. Pour 11 des 14 refrains on peut indiquer le groupe KNPX, 2 sont propres à U, un seul refrain ne se trouve que dans Ta. On sait que les mss KNPX comportent deux parties distinctes: la première est formée par la section des chansons attribuées, tandis

---

13. Si l'on accepte nos conclusions quant aux rapports étroits entre l'*Art d'aimer* et les chansons recueillies dans les mss KNPX, on peut se demander si cette apparition des deux refrains dans notre texte n'est pas en faveur de l'authenticité des strophes de Ta. L'*Art d'aimer* ne serait pas en rapport avec KNPX, mais avec la source ("Vorlage") de ces manuscrits.

Tableau 3. Les chansons avec des refrains se retrouvant dans l'*Art d'aimer*, dans l'ordre de leur apparition dans KNPX.

| chanson | K page | N folio | P folio | X folio |
|---------|--------|---------|---------|---------|
| R 1820  | 172    | 82      | 98      | 123     |
| R 1420  | 206    | 99      | 95      |         |
| R 1995  | 320    | 153     | 168     |         |
| R 157   | 328    | 157     | 190     | 206     |
| R 548   | 331    | 159     | 135     | 208     |
| R 391   | 335    | 162     | 182     | 220     |
| R 607   | 337    | 163     | 186     | 221     |
| R 2064  | 356    | 173     |         | 231     |
| R 2121  | 417    |         |         |         |

que les chansons de la deuxième partie sont anonymes (JEANROY 1917:5-8, 12-13; SPANKE 1925:263 - il arrive fréquemment que nous soyons renseignés sur les auteurs par des manuscrits d'autres familles). Dans le tableau 3 nous montrons où les chansons se trouvent dans KNPX. Ce tableau appelle les remarques suivantes:

1. A l'exception de R 1820 et de R 1240, attribuées l'une à Richart de Semilli, l'autre à Jean Erart (KNP), à Guiot de Dijon (M) ou à Andrieu Contredit (T), les chansons se trouvent toutes dans la partie anonyme (appelée $K_2N_2P_2X_2$).

2. Six des chansons se trouvent en l'espace de 36 pages (320-356) du ms $K_2$. Le refrain de la septième chanson R 2121 qui se trouve à la fin du chansonnier, est aussi cité dans la chanson R 157, donc dans ces mêmes 36 pages. SPANKE (1925: 272) distingue à l'intérieur de $K_2$ trois groupes: les chansons 1-86, les chansons 87-119 et les chansons 120-140. Les six chansons en question se trouvent toutes dans le premier groupe.

Or, s'il faut dire que le recueil sur lequel se basent KNPX a été composé après 1250, on peut affirmer que les deux premières parties de $K_2$ contiennent beaucoup de pièces antérieures à cette date. La première partie surtout contient beaucoup de pièces qui sont considérablement plus anciennes (SPANKE 1925:282).

On conclurait volontiers que l'auteur de l'*Art d'aimer* disposait d'un ensemble de refrains (sous forme écrite ou orale) comparable à ceux des chansons de la première partie du $K_2N_2P_2X_2$. Cette idée est confirmée par quelques autres textes insérés dans l'*Art d'aimer*. Jusqu'ici nous avons limité notre analyse aux refrains, mais l'auteur cite aussi des strophes de chansons qui n'ont pas encore été identifiées. Il s'agit en premier lieu de la strophe de pastourelle:

(ms. A fol. 82b)
> Elle me respont: Sire Champenois,
> Pour vostre priere ne m'aurez vous des moys,
> Car je suis amie
> Au filz dame Marie,
> Robinet le courtois,
> Qui me chauce et me lie,
> Et ne me laisse mie
> sanz beau chapeau courtois.

Nous y avons reconnu la troisième strophe de R 1984[14], qui nous a été transmise par les mss K (p. 318), N (fol. 152), P (fol. 166), X (fol. 200). Cela nous ramène de nouveau au premier groupe de la partie anonyme de KNPX. Quant à la strophe:

(ms. A fol. 82b)
> Rossignol, va, si lui di,
> A mon ami,
> De ma robe qu'il me dist,
> Et si lui dy
> Que belle suis.
> Et s'il a que me donner
> Si viengne tantost a moy parler.
> Et c'il n'a, garde qu'il y viengne.

nous n'avons pas pu la retrouver, mais elle est certainement dans un rapport étroit avec la fin de l'envoi de la chanson R 980:

> Rosignol, va, si li di
> Les maus que je sent pour li,
> Et si ne m'en plaing mie;
> Di li qu'il avra m'amor,
> Car plus bele ne meillor
> De moi n'avra il mie;
> Di li qu'il avra assez, puis que je sui s'amie,
> Qu'il ne lest pas pour deniers a mener bone vie.

L'une a été écrite comme une sorte de réponse à l'autre, mais il est bien difficile de se prononcer sur l'antériorité de l'une ou de l'autre. R 980 nous est transmis par les mêmes mss K (p. 340), N (fol. 164), P (fol. 188), X (fol. 222), et se trouve également dans le premier groupe de la partie anonyme de KNPX. Quant à la strophe enregistrée dans RAYNAUD-SPANKE sous le n° 466a, et

---

14. Il faut donc ajouter ce renvoi à la description donnée dans RAYNAUD-SPANKE (1955:267).

tirée de l'*Art d'aimer* (ms. A fol. 80b)[15], elle a non seulement la
même disposition des rimes et le même nombre de syllabes (schéma:
10ab' ab' ab' cc), mais encore les mêmes rimes -*é*, -*aine*, -*ez* que
les chansons R 437 (de Gace Brulé; mss MKNXPVORLUC et citée dans
le roman du *Chastelain de Coucy)* et R 425 (anonyme; ms. X). La
dernière chanson se présente comme une imitation de celle de Gace
Brulé:

> v. 7   Je vos le di por Gace Brulé.

On constate ici encore que R 437 se trouve dans tous les manuscrits de notre groupe, et que R 425 est une pièce unique d'un des
manuscrits de ce même groupe. Tout nous conduit donc vers une période d'avant 1250, et cette limite n'est pas contredite par ce
que nous savons sur ceux qui dans quelques manuscrits ont été nommés comme auteurs des chansons en question. Pour Richart de Semilli nous avons trouvé des renseignements contradictoires. G. MU-
RAILLE[16] le place vers 1200, C. CREMONESI (1955:217) "del sec.
XIII probabilmente della metà circa". Les deux datations permettent de placer R 1820 avant 1250. R 1240 est attribuée à trois
trouvères différents: Guiot de Dijon (M), dont on peut dater une
pièce v. 1220–1222 d'après E. NISSEN (1929:XI); Andrieu Contredit
(T), mort en 1248 (MENARD 1970:6); Jehan Erart (KNP), mort en 1258
ou 1259 (BERGER 1963:47–48). HOEPFFNER (1938) situait une pièce de
Jaque de Cysoing vers 1250, mais plus loin il lui assignait le
troisième tiers du XIIIe siècle, parce qu'il identifiait, ce qui
me paraît assez douteux, Jakemon de Soissons avec Jacques de Cysoing. L'auteur de R 520, Gautier de Coincy, est mort en 1236
(KOENIG 1966:XXX). H. PETERSEN DYGGVE (1929) plaçait l'activité
littéraire de Colart le Boutellier, auteur de R 444, "avant et
après le milieu du XIIIe siècle". Quant aux autres auteurs nommés
Ernoul Caupain (R 1377), Baude de la Kakerie (R 1509) et le Chape-
lain de Laon ou la Duchesse de Lorraine (les deux nommés comme
auteur de R 1995), nous ne savons rien sur eux qui puisse nous
aider. Si cette liste nous permet de placer l'*Art d'aimer* avant
1250, elle nous empêche en même temps de suivre C. de BOER et
d'admettre la fin du XIIe siècle. Il faut sans doute placer la
composition de l'*Art d'aimer* dans la première moitié du XIIIe
siècle.

---

15. SPANKE dit à tort: "eingeschoben in den Ovide Moralisé" (RAYNAUD-
    SPANKE 1955:91); il confond notre texte avec le long poème du XIVe
    siècle édité par C. de BOER.
16. *Dictionnaire des lettres françaises. Le moyen âge,* Paris, 1964, 637.

## 7. Les motets

Pour les motets nous allons essayer de suivre la même voie que pour les chansons. Nous étudierons comment les motets se groupent dans les recueils qui nous les ont transmis. Quelques-uns de ces recueils se trouvent dans les mêmes manuscrits que les chansonniers[17], mais la distinction observée entre chansons et motets se justifie même dans ces cas, car les deux types de composition, monodie et polyphonie, sont nettement séparés dans les manuscrits et forment des sections différentes. Nous avons recueilli toutes les données dans le tableau 4.

Tableau 4. Les rapports entre les refrains de l'*Art d'aimer* et ceux qui sont introduits dans des motets.

| n° d'ordre *Art d'aimer* | n° dans *ReR* | motet L-G | | manuscrits |
|---|---|---|---|---|
| 5 | 1858 | 242 | | Mo |
| 13 | 1872 | 31 | | Mo Ba Tu V |
| 17 | 1322 | 268 | | Mo |
| | | 1082 | enté | PaN D |
| 22 | 1228 | 148 | | Mo W |
| | | 149 | | W N Cl |
| | | 1120 | enté | D |
| 31 | 535 | 480 | enté | Mo D W Ba |
| 32 | 639 | 283 | | Mo Cl Ba |
| 33 | 387 | 177 | | Mo Cl |
| | | 64 | | MüAI |
| 36 | 1112 | 387 | | Mo W |
| 37 | 1781 | 18 | | Mo Ba |
| | | 288 | | Mo |
| 41 | 1402 | 1038 | | Mo |
| | | 445 | déb. | R N |
| | | 446 | | N |
| | | 433 | int. | W N |
| 43 | 1432 | 1083 | enté | PaN |
| 59 | 1009 | 523 | enté | Mo W N Cl |
| 63 | 982 | 721 | int. | Mo Ba PsAr |
| 64 | 217 | 800 | enté | Mo Cl |
| 65 | 1867 | 799 | enté | Mo Cl |

On constate qu'il n'y a qu'un seul de tous les refrains communs entre l'*Art d'aimer* et l'ensemble des motets qui ne se trouve pas dans le ms Mo (MONTPELLIER, Ecole de Médecine H 196). C'est le

---

17. Le ms D des motets est le chansonnier I (c'est aussi le ms O du Tournoi de Chauvency); PaN est le chansonnier N.

refrain 1432 (le n° 43 dans l'*Art d'aimer*). Si l'on tient à trouver une explication, on pourrait faire valoir le fait que ce refrain manque dans le ms B (possibilité d'interpolation!)[18] ou bien que le recueil de motets PaN forme une partie du même manuscrit que le chansonnier N que nous avons étudié dans le paragraphe précédent. Tous les autres refrains se trouvent dans Mo. Cette conclusion n'a rien de surprenant pour celui qui connaît la richesse de ce recueil "qu'on a le droit de regarder comme un des plus représentatifs du temps" (ROKSETH 1937–1939:t.IV, 9).

Quelle place occupent les motets en question dans le recueil? Celui-ci se compose de huit fascicules. Le tableau 5 montre que les motets ayant un refrain en commun avec l'*Art d'aimer* se groupent dans quelques fascicules seulement: II, V, VI et VII.

Tableau 5. La place des motets ayant un refrain en commun avec l'*Art d'aimer* dans le ms Mo.

Fasc. II: M 148 (fol. 41v; n° 28), M 480 (fol. 45r; n° 29), M 800 (fol. 46r; n° 30 double), M 799 (fol. 45v; n° 30 triple), M 523 (fol. 50r; n° 32), M 721 (fol. 55v; n° 34).

Fasc. V: M 177 (fol. 126r; n° 87), M 283 (fol. 130r; n° 91), M 18 (fol. 158r; n° 115), M 288 (fol. 199v; n° 148).

Fasc. VI: M 268 (fol. 241v; n° 198), M 1038 (fol. 243v; n° 202), M 242 (fol. 245v; n° 206), M 387 (fol. 256r; n° 225).

Fasc. VII: M 31 (fol. 326v; n° 288).

Les six premiers fascicules forment le "corpus ancien", d'avant 1260, les deux autres fascicules sont presque entièrement d'une

---

18. C'est confirmé par la façon très gauche dont le refrain est amené dans la glose: (ms A fol. 84d)

> "– Glose – De la grant force de Hercules et de son linaige avons nous parlé ci devant et comment il occist les deux serpens ou bercueil et en mains autres perilz entra il par l'admonestment de sa marrastre Juno. Et cellui Hercules fist elle seoir entre les pucelles pour desviudier les fusees et pour charpir la laine pour ce qu'elle ne vouloit mie qu'il sceust riens de chevalerie. Et il faisoit tout ce qu'elle lui commandoit. Et puis conquist il le monde par sa prouesce. Et de ce chante cellui qui fut de ceus qui trop tart y advint *Or ay je trop demouré a ma dame veoir*. Trois hommes ont esté ça en arrieres qui ont conquis tout le monde dont le premier fut Hercules..."

(ensuite l'auteur parle d'Alexandre le Grand et de Jules César).

époque postérieure. Nos refrains se trouvent, à une exception près, dans le "corpus ancien". Cette exception est formée par le refrain B 1872 dont le texte est dans l'*Art d'aimer:*

(ms A fol. 65b)
> Vous qui la verrez ja, pour Dieu dittes lui
> Je sui a la mort, s'elle n'a de moy merci.

Le refrain se retrouve avec de légères modifications dans le *Salut d'Amours II*, 19, le *Roman de la Violette* v. 4409, *Li Confrere d'Amours* strophe 12, la chanson R 575 à la fin de la troisième strophe, mais c'est précisément dans le motet 31 que le texte du refrain s'écarte beaucoup de la forme qu'il a dans les autres contextes:

(Mo fol. 327v)
> Vous qui la irés, pour Dieu dites li
> Douce desirree au cuer joli
> Quar aiés pitié de vostre ami.

On est en droit de se demander s'il y a un lien direct entre l'*Art d'aimer, Sal. II*, R 575, *Viol.* et *Confr.*, d'une part, et le motet 31, de l'autre.

La place des motets dans le "corpus ancien" permet de serrer encore de plus près la date de l'*Art d'aimer*, quand on compare les résultats obtenus avec la liste chronologique des motets dressés par ROKSETH (*ibid.*, 139-140):

"Avec les réserves nécessaires et en évitant de presser les dates, disons donc que *avant* 1220 existaient déjà, tout au moins quant à la musique:
le fascicule VI dans son ensemble, à l'exception du n° 217;
le fascicule V en grande partie, et en tout cas les doubles des n° 83, 86, 88, 89, 90, 92, 93, 97, 100, 111, 121, 128, 132, 140, ainsi que les n° 95 et 135;
le fascicule II moins le n° 32, et sans les quadruples des n° 23, 28 et 31;
du fascicule III et de son appendice, les noyaux à deux voix (double et teneur) des motets, sauf ceux des n° 37, 38 et 41;
du fascicule IV, les noyaux à deux voix des n° 52, 53, 59, ainsi que les n° 62 et 63 en entier;
des fascicules VII et VIII, les noyaux à deux voix des n° 274, 281, 301, 320 et 345.
*Avant* 1240 étaient créées en outre les parties du "corpus ancien" caractérisées par les groupes de deux semi-brèves indépendantes remplaçant une brève du mode VI par deux semi-brèves, de telle sorte qu'étaient constitués:
la totalité des fascicules II, IV et VI;
le fascicule III, moins le triple du n° 40;

le fascicule V, moins le n° 164 peut-être, les n° 168 et 175, s'ils dépendent comme le n° 164 de la mesure binaire, et le n° 177.

*Avant* 1260 étaient formés la totalité du "corpus ancien" et, parmi les motets des deux derniers fascicules, probablement: dans le fascicule VII, les n° 266 et 282 à 288; dans le fascicule VIII, les n° 304, 306 à 308, 320, 324, 329, 331, 334 à 336, 342 et 344.

On voit que les pièces qui ont des refrains en commun avec l'*Art d'aimer*, ont été composées avant 1240, et principalement dans la période 1220-1240. Cette vue est confirmée si nous comparons les refrains de l'*Art d'aimer* avec un autre recueil de motets: le ms La Clayette (Cl.). ROKSETH en dit (p. 136):

"il est à remarquer que ce recueil, s'il ne faisait place à aucune oeuvre moderne, n'avait guère choisi non plus parmi les motets de la première époque... Il accueillait donc presque exclusivement des oeuvres composées ou remaniées entre 1230 et 1250, ou même entre les limites plus étroites, 1240-1250 peut-être".

Le ms Cl. a beaucoup de refrains en commun avec des "romans": *Chauv.*, *Guill.*, *Mir.*, *Jal.*, *Mel.*, *Par.*, *Pris.*, *Ren.*, *Sal I*, *Sal. II*, *Sal. III*, l'*Art d'aimer*. Le plus souvent il s'agit d'un seul refrain commun, dans deux cas il y a deux refrains communs *(Jal. et Sal. III)*, mais il y a jusqu'à six refrains en commun entre l'*Art d'aimer* et Cl.

## 8. L'*Art d'aimer* en prose a été composé vers 1240

L'étude des chansons des mss KNPX indique la même période que celle des recueils de motets des mss Mo et Cl. Il faut placer la composition de l'*Art d'aimer* en prose vers 1240. Un certain nombre de faits sont restés sans explication: nous n'avons pas expliqué comment on a pu retrouver ces refrains dans des textes de la fin du XIIIe siècle. Il faudrait étudier, comme nous l'avons fait ici pour un ensemble limité, *tous* les rapports entre *tous* les refrains. Notre contribution montre à quels résultats on peut aboutir, quelles difficultés on peut rencontrer, si l'on entreprend cette étude d'ensemble.

160

# Amplification et abréviation: les contes de Haiseau

## *1.* Comparaison de contes et collationnement de manuscrits

Cette étude se place au croisement de deux traditions philologiques: d'une part il y a l'intérêt que la philologie a toujours
manifesté pour les rapports entre divers contes, tant à l'intérieur du même domaine linguistique que d'un point de vue international, rapports sur le plan des thèmes et des motifs, et d'autre
part l'effort considérable fait dans le domaine de la transmission
manuscrite et orale d'un seul et même conte. Les deux types de
recherche avaient essentiellement pour but d'arriver à élucider le
problème des origines, soit pour découvrir la "forme-mère" dont
tous les conteurs avaient fait dériver leur version, soit le texte
tel qu'il était sorti de la plume de l'auteur avant de subir des
modifications dues à des copistes. Les résultats des deux types de
recherche ont été présentés traditionnellement sous forme de schéma d'arbre. Ainsi d'après BEDIER (1893:164-165) les rapports entre
les versions des *Tresces* pourraient être schématisés à partir de
la "forme organique" des contes:

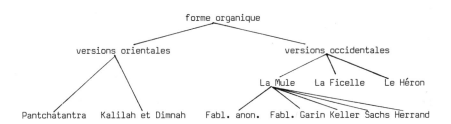

Ce schéma a un caractère fort abstrait: le premier niveau (de
haut en bas) est le plus abstrait n'offrant que "l'ensemble des
traits que doit nécessairement renfermer toute version présente,
passée ou à venir." Au deuxième niveau s'ajoutent des traits accessoires partagés par plusieurs textes. Au troisième niveau des
sous-familles se groupent selon des contaminations d'histoires
diverses. Au quatrième niveau viennent les textes. Mais il faut
bien se rendre compte d'un fait trop souvent oublié, à savoir que
ces textes du niveau le plus bas sont le plus souvent des abstrac-

tions, puisque nous ne possédons pas, pour l'époque et le genre de textes qui nous occupent, l'original élaboré par l'auteur.

Ainsi pour le fabliau des *Tresces*, on aurait un schéma dont la forme extérieure est comparable:

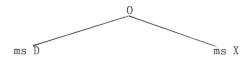

Ici le niveau O (= original) est encore abstrait, tandis que les mss D (PARIS BN f.fr. 19152) et X (PARIS BN f.fr. 12581) représentent les seules données concrètes: les copies manuscrites. On peut encore imaginer d'autres niveaux entre O et DX: des manuscrits intermédiaires perdus dont on est en droit de supposer qu'ils ont existé. Ce qui importe ici, c'est que le niveau le plus élevé du dernier schéma correspond au niveau le plus bas du premier et qu'on peut réduire les deux schémas à un seul. Mais cette opération se heurte à des difficultés. En effet, au moment où BEDIER dressait son schéma, il ne connaissait le fabliau anonyme des *Tresces* (M-R IV 67)[1] que par un seul manuscrit (D) et le fabliau de Garin de la *Dame qui fist entendant son Mari qu'il sonjoit* (M-R V 132) était uniquement connu par le ms B (BERNE, Bibl. mun. 354). MONTAIGLON & RAYNAUD connaissaient bien un autre manuscrit (M-R IV 236), de façon indirecte, par l'ancienne édition de MEON (1808:t. IV, 393). Ils considéraient ce manuscrit comme un témoin des *Tresces*. C'est pourquoi le ms X, dans lequel on reconnaît la source de MEON, a été rattaché par NYKROG (1973:322, 315) au fabliau des *Tresces*. Mais RYCHNER (1960:96 n.2) propose de considérer ce manuscrit comme une copie de la *Dame qui fist entendant* ..., tout en notant: "Sur certains points, le ms X semble plus proche de la version qu'a connue D." Ces hésitations nous font passer du plan de la comparaison des manuscrits à celui de la confrontation des versions du conte, et montrent suffisamment qu'il n'est pas toujours très facile de séparer les deux plans. En effet, théoriquement trois possibilités s'offrent ici:

---

1. Je cite tous les fabliaux d'après l'édition vieillie de MONTAIGLON & RAYNAUD (1872–1890). J'apporte cependant des corrections en me basant sur le matériel déjà réuni pour la nouvelle édition du corpus des fabliaux sous la direction de L. GESCHIERE, W. NOOMEN et N. van den BOOGAARD.

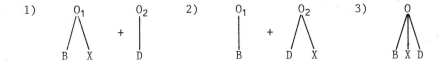

1) $O_1$ $O_2$    2) $O_1$ $O_2$    3) $O$

B X    D    B    D X    B X D

+    +

(je n'entends pas donner ici un aperçu complet des arrangements possibles des manuscrits). Dans les cas où on n'arrive pas à distinguer clairement entre auteur-remanieur et copiste-remanieur et surtout lorsqu'une transmission orale intervient, les deux niveaux semblent difficiles à distinguer. Ces cas difficiles méritent une attention toute particulière et je me propose d'examiner ici un type particulier de la relation entre deux témoins: celle qui existe entre la version amplifiée et la version abrégée d'un "même" conte. Il est bien difficile de classer ces textes dans un schéma comme celui que je viens de décrire: s'agit-il d'un même conte, même dans les cas où les textes n'ont aucun vers commun (critère formel), ou s'agirait-il de deux contes différents, même là où tous les éléments narratifs sont identiques?

## 2. Les contes brefs de Haiseau et les manuscrits BERLIN Hamilton 257 et PARIS BN f.fr. 1593

Dans le cadre de cette étude je me baserai sur l'oeuvre de Haiseau dont le caractère de brièveté simplifie l'exposé, et qui est une illustration de la tendance vers le texte bref qui me semble un trait caractéristique du fabliau. Quand on dresse la liste des fabliaux[2] dans l'ordre croissant d'après le nombre de vers, on constate d'abord qu'il y a une très nette tendance à ne pas dépasser la longueur de 300 vers (plus de 70%). En tête de la liste viennent quelques fabliaux extrêmement courts. Il y en a quatre qui ont cinquante vers ou moins: le *Prestre et le Mouton* (18 vers), le *Prestre et le Leu* (28 vers), *Gauteron et Marion* (28 vers), l'*Anel qui faisoit ... roides* (59 vers). Deux particularités sont à signaler: d'abord nous observons que les deux premiers textes se trouvent dans le ms BERLIN Hamilton 257 (C), le troisième dans le ms C et dans le ms PARIS BN f.fr. 1593 (E), le quatrième dans E. D'autre part il est remarquable que le premier texte et le dernier soient attribués à Haiseau, les deux autres

2. Pour la définition du fabliau voir la communication de W. NOOMEN au XIVe Congrès International de Linguistique et de Philologie Romane, Naples, 1974.

restant anonymes.

Il serait tentant d'attribuer le caractère de brièveté à un copiste, surtout si l'on songe à une observation qu'a faite RYCHNER (1960:47) à propos du *Chevalier qui fist parler les c.* Il a montré que l'écriture d'une partie du ms E, appelée $E_1$, est la même que celle du copiste à qui nous devons le ms C en entier. Or, nos deux fabliaux *Gauteron et Marion* et l'*Anel qui faisoit ... roides* se trouvent précisément dans cette partie $E_1$, de sorte qu'il faut conclure que tous les quatre fabliaux en question ont été transcrits par la même main $CE_1$. Mais je ne voudrais pas en déduire tout de suite que le copiste $CE_1$ eût l'habitude d'abréger les textes qu'il transcrivait. La version du *Valet aux douze femmes* du ms C est plus longue que celles des mss AEI (par E je désigne ici la partie du manuscrit composite autre que les cahiers de la main $E_1$), dans le *Chevalier qui fist parler les c.* les mss BCDE présentent un texte de même longueur[3] et la même observation doit être faite à propos des mss ABCEIK de la *Couille Noire*[4]. J'explique la présence des fabliaux particulièrement courts dans $CE_1$ plutôt par la préférence du copiste pour les fabliaux courts, en particulier pour ceux de Haiseau. En effet, nous ne connaissons cet auteur que par le copiste des mss $CE_1$: à côté des deux fabliaux déjà mentionnés, le *Prestre et le Mouton* (C) et l'*Anel qui faisoit ... roides* ($E_1$), nous possédons encore deux autres fabliaux, les *Quatre Prestres* et les *Trois Dames qui troverent l'anel au comte II*, qui sont attribués à Haiseau et qui se trouvent uniquement dans le ms C. Je considère ces deux fabliaux également comme des fabliaux courts. La brièveté est une notion toute relative: le nombre total des vers ne suffit pas pour décrire la longueur d'un fabliau. Ainsi les *Trois Dames ...* est un conte à tiroirs: trois dames trouvent un anneau et elles décident de le donner à celle qui trompera son mari de la façon la plus ingénieuse. L'essentiel du fabliau est formé par le récit des trois exploits et l'articulation de l'ensemble permet de voir que nous avons affaire à trois fabliaux très courts: introduction 24 vers – première tromperie 48 vers – deuxième tromperie 48 vers – troisième tromperie 42 vers – conclusion 16 vers. Une observation comparable pourrait être faite pour le fabliau des *Quatre Prestres:* l'intrigue demande qu'une même scène se répète trois fois pour qu'une quatrième scène devienne inévitable. Cette série doit encore être

---

3. Communication de M. VERHULSDONCK qui prépare l'édition de ce fabliau.
4. Mémoire de Mlles BALTUS et de BOER.

préparée par une aventure qui déclenche le mécanisme: introduction non-narrative 4 vers - meurtre des trois prêtres 18 vers - le premier corps 16 vers - le deuxième corps 7 vers - le troisième corps 15 vers - meurtre du quatrième prêtre 13 vers - conclusion non-narrative 7 vers.

Tous les textes de Haiseau expédient donc de façon extrêmement rapide les détails de l'intrigue, et si l'on accepte nos conclusions en ce qui concerne les fabliaux à épisodes multiples *(Quatre Prestres, Trois Dames)*, on constate que les fabliaux très courts sont la spécialité de notre auteur Haiseau. Cette particularité est confirmée par une confrontation avec d'autres textes de notre corpus. En effet, nous possédons des fabliaux qui, de manière différente d'ailleurs, peuvent être rapprochés pour le contenu de trois des quatre textes qu'on peut attribuer à Haiseau. Or, ces fabliaux sont plus longs, beaucoup plus longs, que les textes de Haiseau. Quel est le lien entre les textes de Haiseau et ces autres contes parallèles (de Durand, de Hugues Piaucelle, d'auteurs anonymes)? Peut-on décrire les rapports en termes de version abrégée et version amplifiée?

## 3. Abréviation et amplification

Les Arts poétiques consacrent beaucoup d'attention aux procédés de l'abréviation et de l'amplification, et surtout au dernier: "L'amplification est la grande chose" nous fait remarquer FARAL (1962:61). Ces Arts poétiques étaient destinées à la composition de textes latins, mais dans de nombreux textes en langue vulgaire on observe l'application de l'amplification. En ce qui concerne l'autre procédé, l'abréviation, FARAL (1962:85) dit:

> "Cette théorie ne paraît pas intéresser beaucoup la littérature en langue vulgaire, non seulement parce que tous les procédés qu'elle recommande n'y sont pas applicables, mais aussi parce que la brièveté n'y est pas souvent recherchée."

Il est très difficile de recourir en français aux procédés liés à la forme de la structure superficielle du latin tels que les constructions "ablativus absolute positus" ou "verbum conversum in participium". Mais l'essentiel de la procédure proposée entre autres par Geoffroy de Vinsauf dans sa *Poetria Nova*[5] n'est pas là. La série de sept procédés sur laquelle FARAL se base, est précédée

---

5. FARAL (1962:194-262); éd. GALLO (1971).

dans le texte de Geoffroy de Vinsauf par un argument négatif qui donne à mes yeux l'essentiel de l'abréviation:

> 695 Si brevis esse velis, prius ista priora recide,
> Quae pompam faciunt; ...

"Ista priora" renvoie à la procédure de l'amplification, de sorte que l'abréviation se définit essentiellement comme la négation de l'amplification. En effet, le texte "neutre" est à considérer comme une construction théorique[6]: il sera ou bien abrégé par rapport à l'amplification, ou bien élaboré par rapport à l'abréviation. Si l'on accepte cette complémentarité entre les deux procédés, il faut noter que l'application de la réduction est beaucoup plus fréquente en langue vulgaire que ne le croit FARAL. Mais il est plus difficile de la dépister dans les textes, d'autant plus que certains procédés tels que le sous-entendu et la présupposition, *intellectio* (702 ... *prudentia docti / In dictis non dicta notet;*), ou la proscription de toute répétition (702 *Respuat audiri bis idem*) devraient se rencontrer aussi dans ce texte "neutre" théorique.

## 4. La brièveté des fabliaux

La tendance vers la brièveté est particulièrement manifeste dans le genre littéraire en langue vulgaire des fabliaux. Ainsi l'auteur de la *Crote* (M-R III 46) dit explicitement, et il le montre par son texte de 59 vers, que pour lui la brièveté est une qualité indispensable:

> 3 Por ce qu'il m'est conté et dit
> Que li fablel cort et petit
> Anuient mains que li trop lonc.

Comme l'avait fait Geoffroy de Vinsauf, il oppose amplification (trop lonc) à abréviation (li fablel cort et petit).

On pourrait croire, d'autant plus que l'autonomie de la poétique médiévale en langue vulgaire est bien établie[7], que le rapprochement entre Geoffroy de Vinsauf, théoricien latin du XIIe siècle, et un genre français dont les premiers textes sont de la fin de ce siècle mais qui a connu son plus grand essor au XIIIe siècle, est assez gratuit. Mais l'unique exemple que fournit Geoffroy de Vinsauf de l'abréviation justifie à mes yeux le rapport

---

6. *Poetria Nova*, v. 58–59.
7. Voir notamment ZUMTHOR (1972).

que je viens d'établir:

718 Rebus in augendis longe distante marito,
Uxor moecha parit puerum. Post multa reverso.
De nive conceptum fingit. Fraus mutua. Caute
Sustinet. Asportat, vendit matrique reportans
Ridiculum simile liquefactum sole refingit.

On reconnaît tout de suite dans cet exemple d'abréviation un conte qui, depuis le Xe ou XIe siècle, circulait partout en Europe, et qui figure aussi dans le corpus des fabliaux: c'est l'*Enfant remis au soleil* (M-R I 162). On voit dans le traitement ultérieur par Geoffroy de Vinsauf que la notion d'abréviation est relative. Il montre comment on pourrait présenter le conte sous une forme encore plus succincte:

738 De nive conceptum quem mater adultera fingit,
Sponsus eum vendens liquefactum sole refingit[8].

Et encore:

740 Vir, quia quem peperit, genitum nive femina fingit,
Vendit et a simili liquefactum sole refingit.

Rien n'empêcherait alors de changer l'ordre de la démarche de Geoffroy, et de présenter les vers 718-722 comme l'amplification des vers 738-739 ou 740-741. Et les vers 718-722 seraient encore amplifiés dans le texte en prose latine du *Documentum*[9].

Nous avons dans l'exemple de Geoffroy un cas privilégié: nous voyons comment Geoffroy de Vinsauf a créé son texte abrégé en se basant sur une version plus longue, laquelle est fournie en même temps. La technique de l'abréviation peut aussi être celle d'un auteur placé devant un ouvrage déjà existant et écrit par quelqu'un d'autre. Cela correspond tout à fait avec les idées qu'on peut se faire de la notion de propriété littéraire au moyen âge. D'une part on constate que des auteurs s'approprient des structures profondes pour en faire un "nouveau" conte, d'autre part un copiste croit transmettre fidèlement le même texte, même s'il ne conserve qu'une partie de la structure profonde de son modèle dans

---

8. P. MEYER avait signalé ces deux vers parmi des charades et des énigmes d'un manuscrit du Trinity College de Cambridge, sans en reconnaître la source. BEDIER (1893:417) qui n'avait pas vu non plus qu'il s'agissait de l'exemple scolaire de Geoffroy de Vinsauf, les a traités comme un "Jocus monachorum".

9. Geoffroy de Vinsauf (Galfredus de Vino Salvo), *Documentum de modo et arte dictandi et versificandi*; éd. dans FARAL (1962:263-320); *exemplum de puero concepto de nive*, p. 279.

des vers identiques en surface. De là résulte en pratique la difficulté de manier la notion de "conte identique". Entre la structure profonde d'un caractère très abstrait (la "forme organique"
de BEDIER) et la structure d'un conte effectivement réalisé on
saurait imaginer un très grand nombre de niveaux d'abstraction à
partir desquels d'autres "versions" pourraient être décrites.

On a, après les travaux de BEDIER, suffisamment exploré les
niveaux les plus abstraits. BREMOND (1973:56) a montré notamment
que "Bédier n'a pas été en mesure de fixer le degré d'abstraction
auquel il faut se situer pour dégager la forme organique du récit." Quand on étudie les fabliaux, comme nous, dans une perspective différente de celle de BEDIER, quand il ne s'agit pas de ré-
futer ou de démontrer une thèse concernant les origines, le travail se situe au niveau d'abstraction le plus proche de la surface. Le cas le plus simple est celui de la tradition manuscrite
des fabliaux de Rutebeuf. Elle montre une très grande cohérence et
il est rare qu'une variante s'étende sur un vers entier. Le plus
souvent elles appartiennent à la catégorie des variantes dites
graphiques. Ainsi dans le *Pet au Vilain* la variante la plus importante se trouve aux vers 3-4 (éd. FARAL & BASTIN 1969:306):

> AI: charité / Ne sens ne bien ne verité
> B : verité / Ne bien ne pais ne charité
> C : charité / Ne bien ne foi ne loiauté.

L'effort d'abstraction qu'il faut faire après quelques déplacements n'est pas très grand: la notion de "mauvais" est ici aussi
adéquatement rendue par l'absence de "sagesse" que par le manque
de "paix" ou de "fidélité", puisque les termes ne s'excluent pas
mutuellement. On n'hésiterait pas à qualifier les quatre copies
manuscrites du *Pet au Vilain* comme un seul texte, comme le même
fabliau. Si des variantes comme celles-ci se multiplient dans un
texte, le niveau d'abstraction où il faut se situer ne change pas.
Mais il existe aussi des constellations de variantes qui ne permettent plus au lecteur d'affirmer que c'est le même texte. Le
clivage n'est pas très net, surtout dans le domaine des fabliaux.
On a l'impression qu'une décision pour chaque cas isolé s'impose,
puisque tous les degrés de transformation se présentent dans le
corpus.

L'intérêt d'une étude consacrée à Haiseau réside dans le fait
que nous avons ici un cas qu'on peut juger extrême et qui par là
peut nous aider à fixer les limites à l'intérieur desquelles notre
problème se pose. A la base se trouve l'hypothèse suivante: on

pourrait appeler deux contes identiques s'il est possible de considérer l'un des deux comme la projection de l'autre, l'inverse
n'étant pas nécessaire. Je m'explique: avec les fabliaux de Haiseau nous sommes aux limites inférieures des fabliaux, ce qui im-
pliquerait, si l'hypothèse est juste, que nous avons la forme organique du conte avec le minimum d'éléments qui en feraient un
fabliau. Dans un autre texte comparable on devrait retrouver tout
ce qu'il y a dans le fabliau de Haiseau. Il va de soi que l'inverse n'est pas nécessairement vrai. Si donc nous nous trouvons en
face d'un texte A et de son amplification B ou, ce qui revient au
même, d'un texte B et de son abréviation A, la seule relation per-
mise est celle d'inclusion. Il faut se demander si chaque élément
du texte A se retrouve dans le texte B, et si les éléments de B ne
sont pas en contradiction avec ceux du texte A. Cette formulation
permet de traiter des cas d'ambiguïté. Si le texte A fournit une
leçon (mot, phrase, séquence) qui peut être interprétée de deux
façons, on retiendra l'interprétation élaborée dans B. Si, au contraire, il y a contradiction entre A et B, il faut conclure que
nous sommes devant deux contes à considérer comme différents à
notre niveau d'analyse. Notons que ceci ne s'applique qu'aux cas
où il n'y a pas de lien entre deux textes au niveau de la structure de surface. Autrement dit, si les deux textes ont des vers en
commun, je les caractériserai comme conte identique, indépendam-
ment d'oppositions partielles éventuelles. Cette règle formelle
s'applique donc avant l'autre.

## 5. Les fabliaux de Haiseau et les versions parallèles

Seul l'*Anel qui faisoit ... roides* ne saurait être rapproché
d'un autre texte. NYKROG (1973:82) a émis l'hypothèse selon laquelle Haiseau se serait basé sur un lai breton. Mais comme d'une
part ses arguments ne m'ont pas convaincu et que d'autre part personne n'a retrouvé le lai en question, je n'étudierai pas ici ce
fabliau.

Le fabliau du *Prestre et du Mouton* présente une autre difficulté pour l'analyse. On pourrait le mettre en rapport avec le fabliau *Sacristain IV* où pour disposer du corps d'un prêtre tué plusieurs personnages passent la nuit à mettre le corps devant la
porte d'autrui. Le début du *Sacristain IV* manque dans l'unique
manuscrit, mais on peut suppléer à cette lacune par une extrapolation de la fin: le prêtre a été tué par un mouton. Or, ce début

manquant est précisément celui du fabliau de Haiseau. Il semblerait donc fort intéressant, et utile du point de vue pratique, de réunir ces deux textes pour en faire un seul conte. Mais nous sommes empêchés de le faire par le fait que ce qui n'était qu'entrée en matière pour l'auteur anonyme du *Sacristain IV* est le noyau même du récit de Haiseau. Celui-ci se hâte de le clore après cet unique épisode:

> 17 Por ce nos veut Haiseaus mont[r]er
> Qu'il se fet bon de tot garder. *Explicit*

Les rapports entre les *Quatre Prestres* de Haiseau, les *Trois Bossus* de Durand et *Estormi* de Hugues Piaucelle sont plus compliqués. BEDIER a classé les quatorze versions du conte qu'il connaissait, sans inclure les *Quatre Prestres*[10]. La méthode qu'il a suivie montre des insuffisances évidentes: la forme organique se définit par ce que ces contes ont en commun. BREMOND (1973:57) a montré quelles sont les conséquences de cette procédure:

> "Bédier commet une éclatante pétition de principe: là où il dispose de nombreuses versions du même récit (comme dans les *Souhaits saint Martin*), il est conduit à élaborer une forme organique d'une abstraction très poussée, susceptible de couvrir la multiplicité des variantes recensées; de la généralité de ce schéma, il déduit alors l'universalité du fabliau, son aptitude à passer les frontières. Là au contraire où il ne connaît qu'une version d'un conte, il la prend telle quelle, avec les racines qui la lient au terroir; il n'a plus alors la moindre peine à montrer que le récit, sous cette forme hautement particularisée, ne convient qu'à une société restreinte".

BEDIER (1893:202) prétend qu'il travaille différemment:

> "Je prends l'un quelconque des récits de ma collection, pour en extraire, antérieurement à toute comparaison, la forme organique".

Mais quand il donne par ex. le résumé de la *Femme de Pêcheur* (p. 203), on s'aperçoit qu'il tient déjà compte des variantes:

> "Par suite de circonstances variables, trois cadavres *(plus ou moins, mais deux au minimum)*[11], se trouvent réunis dans une maison; il s'agit de s'en débarrasser".

---

10. BEDIER connaissait bien ce texte puisqu'il l'inclut dans son index, mais il n'a pas modifié son chapitre sur les *Trois Bossus* qu'il a dû rédiger avant la découverte du ms C ou l'inclusion des fabliaux (dont les *Quatre Prestres)* de ce manuscrit dans le dernier volume de M-R.
11. C'est moi qui souligne.

La parenthèse de BEDIER a été ajoutée pour pouvoir rendre compte d'un des récits des *Facétieuses Nuits* de Straparole, de deux contes recueillis à Vals et d'un conte français du XVIIIe siècle. A ces objections qui concernent la forme organique des *Quatre Prestres* et des versions apparentées, je voudrais ajouter quelques observations concernant ce que BEDIER appelle les "traits accessoires", qui servent à classer ces mêmes contes. Ces traits sont nombreux et BEDIER en isole trois:

"Chaque conteur devra en effet se préoccuper de répondre à une série de questions, dont voici les principales: Comment les cadavres peuvent-ils être pris les uns pour les autres ...? Quel est l'homme qui se charge de la lugubre tâche de faire maison nette? Où et comment se débarrasse-t-il des cadavres? etc".

BEDIER ne retient que la première question pour sa classification, et j'ai l'impression que c'est pour l'élégance de son schéma. En effet, le premier critère fournit une belle dichotomie en deux classes de six et de huit contes, le deuxième offre onze classes pour les quatorze versions, le troisième fournit une classe de douze membres, et deux classes d'un seul membre. Le caractère *ad hoc* de la décision de BEDIER apparaît quand on introduit, comme quinzième, les *Quatre Prestres* de Haiseau dans la classification. Les quelques traits analysés par BEDIER montrent que le fabliau des *Quatre Prestres* et celui des *Trois Bossus* n'ont pas le rapport de texte abrégé - texte amplifié que nous recherchons. Le choix de trois bossus au lieu de trois prêtres oriente la narration dans un sens différent: l'introduction aura un caractère érotique (dans le sens donné par NYKROG 1973:54 à ce terme) dans les *Quatre Prestres* qui fait défaut dans les *Trois Bossus*, tandis que la scène finale aboutira à la disparition d'un mari encombrant dans les *Trois Bossus*, et d'un prêtre innocent et inconnu dans les *Quatre Prestres*.

La comparaison entre *Estormi* et les *Quatre Prestres* est intéressante parce que nous avons, en face du texte très bref de Haiseau, un *Estormi* de Hugues Piaucelle qui a toutes les caractéristiques de l'amplification. La lecture de l'*Estormi* est guidée par un très grand nombre de remarques explicites sur la narration. Hugues Piaucelle fournit non seulement toutes les réponses aux questions qui pourraient venir à l'esprit du lecteur des *Quatre Prestres*, il formule aussi les questions elles-mêmes. Elles se laisseraient ramener à deux types: des questions sur "l'art de la narration" (pourquoi nous dire ou taire quelque chose?) et sur le déroulement de l'action (comment le personnage est-il amené à faire quelque chose?). Prenons le début des *Quatre Prestres*:

> 5 Trois prestres amoient une fame
> A son baron le dist la dame
> A un jor tous trois les manda
> Si con ses barons li loa.

Ce passage soulève les questions suivantes: Où l'action se passe-t-elle? Qui sont les personnages? Pourquoi le mari consent-il à les recevoir chez lui? Est-ce que la dame les reçoit tous en même temps, ou l'un après l'autre? Hugues Piaucelle répond aux questions en nous décrivant comment Jehan et Yfame avaient perdu tout leur argent, comment la dame voit une possibilité pour soustraire de l'argent aux prêtres en faisant semblant de leur céder. Le mari consent à condition qu'il puisse se cacher dans la maison. Cependant Hugues Piaucelle ne répond pas à la première question. Elle trouvera sa réponse chez Durand, dans les *Trois Bossus*, mais la manière dont cet auteur présente cette information montre qu'il juge ce détail superflu:

> 6 Jadis avint a un chastel,
> Mes le non oublié en ai,
> Or soit aussi comme a Douay,

On voit que Haiseau néglige surtout de donner des motivations (par exemple la pauvreté des personnages), tandis que Hugues Piaucelle en rend compte. Mais celui-ci s'aperçoit aussi du fait que la motivation elle-même peut demander à son tour une motivation, et à ce moment il renonce à toute information complémentaire (v. 7-11). Même pour un homme comme Hugues Piaucelle le fabliau a ses limites bien définies: la brièveté du genre ne permet pas d'en faire un roman. Les remarques sommaires de Haiseau sont développées ou désambiguïsées chez Hugues Piaucelle, mais les détails élaborés différemment ne manquent pas non plus. Un seul exemple: les prêtres meurent dans un four chez Haiseau, dans *Estormi* le mari Jehan s'oublie au point de tuer les prêtres avec une massue[12]. On ne peut donc pas réduire les rapports entre les deux contes à la simple relation abréviation-amplification.

---

12. NYKROG (1973:155) a mal lu *Estormi*. Il n'a pas vu qu'*Estormi* est le frère de la nièce qui se trouve dans la maison de Jehan et Yfame. Il explique le mot *niez* comme "beau-frère", élimine le personnage de la nièce et attribue son rôle à Yfame. Cette optique fausse complètement ses idées sur la situation et le caractère des personnages.

La confrontation des *Trois Dames qui troverent l'anel au conte*
de Haiseau avec la version anonyme du ms A (PARIS BN f.fr. 837)
révèle un lien très particulier entre "narration" et "abréviation". Comme nous l'avons vu plus haut, Haiseau néglige toute motivation des actions, pour donner uniquement le déroulement de son
récit. Sa version des *Trois Dames* est de 100 vers plus courte que
la version anonyme. L'ordre des trois "exploits" des dames qui
dupent leur mari est un peu différent et une scène diffère sensi-
blement, car chez Haiseau il n'y a qu'un seul but: conquérir l'anneau du comte par une ruse dont le mari doit être la victime:

> 20  Cele qui mieus conchiera
> Son baron, ou mieus, ou plus bel,
> Cele avra gaaignié l'anel.

Dans la version anonyme l'intention est double: tromper le mari
par une ruse, non seulement pour gagner l'anneau, mais aussi pour
plaire à leurs amants:

> 4  Entre eles trois Jhesu jurerent
> Que icele l'anel auroit
> Qui son mari mieux guileroit
> Por fere a son ami son buen.

Tous ces exemples, qu'on pourrait facilement multiplier, montrent la tendance vers la brièveté chez Haiseau, et on ne s'étonne
pas peu que l'introduction des *Trois Dames* soit beaucoup plus dé-
veloppée chez Haiseau que chez le poète anonyme. Si celui-ci nous
dit seulement qu'il s'agit d'*un anel / Que trois dames un main
troverent* (v. 2-3), Haiseau nous raconte comment un comte dans un
jardin près de Rouen perdit son anneau et comment trois dames le
trouvèrent. Ce qui frappe surtout c'est le fait que ces détails
narratifs sont accompagnés de bon nombre d'épithètes: le comte est
"riche", le jardin "par trop beaus", les dames "de mout grant noblece, de grant beauté, de grant richesce", et l'anneau valait
bien "quarante livres tout pour voir".

Les règles observées et appliquées partout ailleurs, selon lesquelles il faut supprimer "quae pompam faciunt", ne jouent plus
ici. Je crois trouver l'explication de ce phénomène curieux dans
le fait que l'abréviation est une technique réservée à la *narra-
tio*. L'introduction fournie par Haiseau n'a pas pour but de résu-
mer l'intrigue, comme il l'avait fait dans les *Quatre Prestres*, en
présentant en quatre vers ce que Hugues Piaucelle disait en vingt

vers[13]. Il présente le cadre à l'intérieur duquel les trois récits des *Trois Dames* peuvent être donnés. Haiseau se sent beaucoup plus libre dans l'élaboration de ce cadre, puisque pour lui l'essentiel réside dans la narration rapide des trois bonnes histoires. A cet égard il est significatif que Geoffroy de Vinsauf ne présente pas d'exemple de l'application de l'abréviation autre que le *récit* de l'*Enfant remis au soleil*.

L'étude des textes de Haiseau et des versions parallèles a montré que les rapports sont indirects: Haiseau n'a abrégé aucune des versions connues, et celles-ci ne représentent pas l'amplification des textes de Haiseau. Tous ces fabliaux entretiennent des rapports avec des textes encore inconnus ou perdus, ou bien ils sont liés par ce que Geoffroy de Vinsauf[14] appelle un modèle mental plutôt que tangible:

> et status eius / est prius archetypus quam sensilis.

---

13. Dans ce cas s'applique la règle qu'on trouve par ex. chez Jean de Garlande (éd. LAWLER 1974:72):

> "Item eligere debemus uerba illa in quibus consistit uis materie, quod maxime considerandum est in prohemiis, in quibus tractatus subsequens declaratur."

14. *Poetria Nova*, v. 47–48.

# Exemplum de Ysengrino et Renardo

Dans le recueil de sermons du manuscrit PARIS BN, f.lat. 16483 de la deuxième moitié du XIIIe siècle, on trouve au fol. 80v une histoire sur Isengrin et Renard qui n'est pas connue par d'autres sources. Elle est insérée comme "exemple" dans un sermon pour l'Epiphanie. D'après une main qui est également du XIIIe siècle, l'auteur des sermons serait Gérard de Liège: "sermones sunt hic fratris Gerardi. De Liege. Le Deuin", l'auteur des traités *Quinque Incitamenta ad Deum amandum ardenter, Septem Remedia contra Amorem illicitum* et surtout *De Doctrina Cordis*[1].

Voici le texte de cette historiette qui a comme particularité de contenir des passages en français dans un contexte latin:

> Exemplum de ysengrino et renardo, qui simul habebant frustum baconis uel lardi. Traxit autem renardus rasorium et abscondit in lardo quem ysengrinus uolebat auferre ei, quia potentior erat renardo. Ysengrinus autem cum deglutiret sub lardo rasorium absconditum, scindebatur guttur eius. Et dixit renardo: Compere, ego nescio quod habeo. Et ille respondit: Au rendre le sauras.

Exemple d'Isengrin et de Renard qui ensemble avaient une flèche de "bacon" ou de "lard". Mais Renard prit un rasoir et le cacha dans la flèche de lard qu'Isengrin voulait lui prendre, puisqu'il était plus fort que Renard. Mais lorsqu'Isengrin engloutit le rasoir caché sous le lard, il se coupa la gorge. Et il dit à Renard: *"Compère, je ne sais pas ce que j'ai!"* Et celui-ci répondit: *"Tu le sauras quand tu le rendras!"*

Les manuscrits cycliques des branches du Roman de Renard nous présentent aussi une histoire dans laquelle Renard et Isengrin volent ensemble une flèche de lard, un "bacon". Dans la branche V[2] nous voyons comment Isengrin tient Renard entre ses pattes, car il est beaucoup plus fort que le goupil, et se demande quelle sera la meilleure façon de faire mourir Renard d'une mort très lente. A ce moment précis ils entendent un "vilain" qui s'approche courbé sous le poids d'une lourde flèche de lard. Renard fait comprendre à son oncle que celui-ci aura intérêt à mettre du lard à son menu plutôt

---

1. Voir notamment WILMART (1931:349–430), en particulier p. 380 où notre texte est transcrit en note; WILMART (1933:181–247).
2. Ed. E. MARTIN; branche XVII dans l'édition M. ROQUES, CFMA 88, 1960; notre citation est d'après cette dernière édition.

que du renard. Isengrin lâche Renard et celui-ci réussit à attirer l'attention du vilain sur lui. Celui-ci se met à la poursuite du renard et abandonne la flèche de lard qui l'empêche de courir. Isengrin se hâte de s'en saisir.

Jusqu'ici cette histoire pourrait préluder à l'*exemplum* du recueil de sermons attribué à Gérard de Liège. Dans la branche V Isengrin trompe Renard et mange tout seul la flèche de lard, comme dans l'*exemplum*, et ne lui laisse qu'un bout de ficelle, la "hart". Mais il n'y a pas de rasoir caché! Renard s'en va, le ventre vide, et ce n'est que plus tard, après une nouvelle aventure du goupil, que Renard se voit vengé par des chiens qui attaquent:

> 15431   Renart fu sor le for muciez,
> si en fu mout joienz et liez;
> la bataille prant a garder
> et Isangrin a remproner:
> "Or avez vos le guerredon:
> Mar i menjastes le bacon".

La grande différence réside dans le fait que Renard ne joue pas de rôle actif, il est le spectateur caché ("muciez"), car c'est purement par hasard qu'Isengrin croise le chemin des chiens qui sont à la poursuite de Renard. Dans l'*exemplum* au contraire, Renard pressent ce que son compagnon va faire, et il prépare sa vengeance en cachant le rasoir dans la flèche de lard.

Nous ne connaissons pas un tel emploi d'un instrument comme le rasoir dans la littérature animale. On pourrait penser un instant à une très ancienne fable dont témoignerait selon WINTERNITZ (1968:269)une expression en sanscrit où il est question d'un rasoir:

> "Die ältesten wirklichen Fabeln begegnen uns in der indischen Litteratur im Mahābhārata, und zwar sowohl im eigentlichen Epos als auch im XII. Buch. Dass es im 3. Jahrhundert v. Chr. schon Fabeln in Indien gegeben hat, beweisen Reliefs auf dem Stūpa von Bharhut. Für die Zeit des Grammatikers Patañjali (2. Jahrhundert v. Chr.) beweisen die von ihm gelehrten Wortbildungen kākatālīyam ("unerwartet wie in der Fabel von der Krähe, die durch eine herabfallende Palmenfrucht getötet wurde") und ajākrpānīyam ("nach Art der Ziege mit dem Schermesser" oder "der durch ein Schermesser umgekommenen Ziege")".

Mais il est très probable que ce "rasoir" n'a rien à faire avec celui qui est utilisé dans l'*exemplum*. Il paraît plus sage de considérer le mot "Schermesser: rasoir" comme une traduction fautive de ce qui est à proprement parler un couteau sacrificiel![3]

Nulle part je n'ai su découvrir une histoire semblable, et les spécialistes que j'ai consultés lors du Deuxième Colloque International consacré à l'étude de l'Epopée animale, les Fables et les Fabliaux (Amsterdam, octobre 1977) ne la connaissent pas non plus.

J'ai trouvé certaines ressemblances avec un passage d'une histoire concernant le chacal (qui occupe dans bien des littératures mondiales la place du Renard) qui vient de l'Afrique du Sud et qui a été enregistré au milieu du siècle dernier(BLEEK 1864:10):

> "Then he (=the chackal) put into his (the lions') mouth a hot piece of quartz which had been boiled together with the fat, and the stone went down, burning his throat. Thus died the Lion".

Certes les différences sont plus importantes que les éléments communs, mais ne trouve-t-on pas dans le même recueil (BLEEK 1864:16-17) une histoire qui est très près de celle de la branche III: "C'est la Branche de Renart com il fu getez en la Charrete aux Pessonniers" (ROQUES 1960:v.12933-13079)?

Ce qui est plus important encore, lorsqu'il s'agit de placer notre *exemplum* dans l'ensemble de la tradition, c'est la façon de narrer qui est tout à fait celle des auteurs des *exempla*, et plus spécialement de ceux où figure Renard. Beaucoup d'*exempla* se terminent par un court dialogue entre les deux personnages principaux, chacun d'eux disposant de juste une phrase. La deuxième réplique est précisément le trait mordant qui conclut l'histoire. Donnons comme exemple l'histoire qui illustre ce qu'on appelait en France "la confession de Renart" et qui a été racontée par Jacques de Vitry (CRANE 1890:125):

> Hec est confession vulpis, que solet in Francia appellari confessio renardi. Cum enim debuisset suspendi et taxus eum duceret ad curiam leonis, facta confessione de omnibus peccatis, eodem die vidit gallinas juxta domum cujusdam hominis, et taxo ait: "Illa est via qua incedere debemus, scilicet juxta domum illa quam vidimus". Cui taxus respondit: "Miser, hodie confessionem mihi fecisti de cunctis peccatis tuis, et confessus es quod multas gallinas devorasti, et promisisti Deo in manu mea quod de cetero abstineres". Cui renardus ait: "Verum dicis, sed ego tradideram oblivioni".

Dans un autre *exemplum De Reynardo et Tedbergo* ce n'est pas

---

3. Je remercie le Dr Roodbergen qui m'a donné de nombreuses heures au Netherlands' Institute for Advanced Studies pour m'expliquer l'art de la composition et décomposition des mots en sanscrit.

Renard qui a le mot de la fin, mais Tiber le chat (WRIGHT 1942:57).

On a voulu voir la "griffe" de Gérard de Liège dans l'utilisation d'expressions, proverbes et citations en langue vulgaire à l'intérieur d'ouvrages latins. Cela s'appliquerait également ici. Pourtant on a l'impression que c'est encore un trait commun à plusieurs *exempla*, et souvent ce mot de la fin est en français (ou le cas échéant, en anglais). Ainsi dans une autre histoire citée par WRIGHT (1942:127):

> De clerico cujusdam magni principis.
> EXEMPLUM cujusdam clerici unius magni principis, qui beneficia plura ei oblata refutabat; de quo cum princeps ille admirans semel cuidam loqueretur, respondit ille quod intellexit clericum illum voluisse quod numquam ecclesiam aliquam reciperet minoris valoris quam centum librorum. A quo vocato princeps quaesivit si ita esset, qui dixit quod sic, et quaerenti causam respondit, "Quia nolo ire ad infernum nisi *pur bone poygne d'argent*", i.e. pro magna pecuniae quantitate.

Ces histoires qui se terminent en français permettent de supposer qu'il s'agit de récits racontés à l'origine en langue vulgaire. *De Clerico* aussi bien que *De Ysengrino et Renardo* seraient tout à fait clairs s'ils étaient contés entièrement en latin, comme le montre d'ailleurs la traduction ajoutée "i.e. pro magna pecuniae quantitate". Rien n'obligerait à intercaler des phrases en français si ce n'est que le récit était connu en français et *connu sous une forme bien déterminée*. Les conditions qui déterminent le plus la forme d'une narration sont sans aucun doute de nature métrique, et c'est pour cette raison que nous voyons apparaître des chansons ou fragments de chanson en langue vulgaire dans plusieurs *exempla* (cf. WRIGHT 1942:83):

> Godefray, Godefray,
> Tu ne feistes, ne jeo ne fray.

Dans cette perspective il est remarquable que dans l'*Exemplum de Ysengrino et Renardo* les paroles "compere" (Ysengrin) et "Au rendre le sauras" (Renard) forment ensemble un vers octosyllabique! L'hypothèse semble justifiée que nous avons ici un seul vers d'une branche perdue du *Roman de Renard* français.

# Le fabliau anglo-normand

Que sait-on sur le fabliau anglo-normad? Dans un manuel comme celui de DOMENICA LEGGE (1963) on chercherait en vain une seule ligne consacrée aux fabliaux anglo-normands. Ils sont mentionnés chez VISING (1923:n° 216-221) ou SINCLAIR (1965), mais s'agit-il vraiment de fabliaux? En appliquant des critères très stricts on pourrait arriver à la conclusion qu'il n'y a pas de fabliaux an-glo-normands du tout. Il y a deux textes qui dans les manuscrits médiévaux sont désignés par le terme de fabliau: *Dame Sirith* et le *Fablel del Gelous*. Mais nous écartons ces deux textes, puisque l'un est écrit en anglais, tandis que le deuxième n'est pas narra-tif. Ce qui justifie cette décision, c'est le fait que ce n'est pas le texte lui-même qui dans les deux cas se désigne comme fa-bliau, mais qu'il s'agit d'une indication fournie par les ru-briques des manuscrits. Il ne reste alors que les sept textes sui-vants[1]:

| | | | |
|---|---|---|---|
| 15 | Le Chevalier qui fist parler les Cons | M | (British Museum) |
| 30 | Celle qui fu foutue et desfoutue | i | (CLERMONT-FERRAND) |
| 31 | Les quatre Sohais saint Martin | Z | (OXFORD) |
| 96 | Les trois Dames qui troverent un Vit | M | (British Museum) |
| 113 | Le Chevalier a la Corbeille | M | (British Museum) |
| 114 | La Gageure | M | (British Museum) |
| 123 | Un Chivalier et sa Dame et un Clerk | h | (CAMBRIDGE) |

Aucun de ces textes ne se désigne lui-même comme fabliau, et c'est donc uniquement par voie d'extrapolation qu'on pourrait les dési-gner ainsi (NOOMEN 1974). Cinq sur sept des textes que je viens de nommer, connaissent encore une version continentale:

| | | | | |
|---|---|---|---|---|
| 15 | Le Chevalier qui fist parler les Cons | ABCDEI | cf. 15 | |
| 19 | La Borgoise d'Orliens | ABC | cf. 123 | |
| 30 | Celle qui fu foutue et desfoutue (Grue) | ABDEF | cf. 30 | (Heron) |
| 31 | Les quatre Sohais saint Martin | ABF | cf. 31 | |
| 96 | Les trois Dames qui troverent un Vit | E | cf. 96 | |

---

1. Les numéros, sigles des mss et titres sont ceux du *Nouveau recueil complet des fabliaux* (NRCF) à paraître; voir van den BOOGARD (1977). Les citations de fabliaux sont faites de telle façon que la consulta-tion des recueils de MONTAIGLON & RAYNAUD (1872-1890) et RYCHNER (1960) reste possible.

Parmi ces cinq fabliaux il y en a quatre qui portent dans le texte même la désignation de fabliau:

15    C8    Quant il oent bons fableaus lire,
30    B3    Voudré au fabliau ja fere,
31    A2    Don bien est droiz que je vous die
            Un fablel merveilleus et cointe
96    A3    A conter un fabliau par rime.

On pourrait croire que l'omission du mot fabliau dans les textes anglo-normands soit due au hasard, comme c'est le cas du début du fabliau des *Quatre Sohaits* qui fait entièrement défaut dans le ms Z. Mais à la fin du même fabliau le texte a été volontairement altéré, ce qui a entraîné la suppression du mot fabliau: cf. le ms A:

        187    Par cest fablel poez savoir

avec Z:

        107    Pur ceo vus di, n'est mie fable.

Quelque chose de semblable se produit aussi dans les versions anglo-normandes d'autres fabliaux. Il n'y a que la ressemblance avec des fabliaux "certifiés" qui permette de les considérer comme des fabliaux.

Cinq textes présentent donc des cas d'analogie intéressants en ce sens qu'ils nous permettent de comparer le fabliau anglo-normand avec le fabliau continental. La ressemblance entre le *Chevalier a la Corbeille* et le *Roman de Floire et Blanchefleur* est superficielle et ne permet pas de donner une comparaison fructueuse dans le cadre de notre étude. Nous allons essayer de profiter de l'existence de tant de versions apparentées pour caractériser le fabliau anglo-normand par rapport à celui du continent, tout en tenant compte du cadre socio-culturel particulier de la littérature anglo-normande dans la société anglaise.

Dans la mesure où nous pouvons trancher la question, les versions continentales sont plus anciennes et plus proches de l'original que les versions anglo-normandes. C'est pourquoi d'ailleurs RYCHNER (1960:46) parle de versions dégradées. Je suis d'accord avec SINCLAIR (1965) pour dire que le terme est plutôt mal choisi à cause du jugement de valeur très négatif qu'il implique. Je ne crois pas, sauf dans quelques cas, que les versions anglo-normandes soient moins bien racontées; elles sont plutôt racontées autrement et par là elles s'écartent davantage d'un original qu'on peut essayer de reconstituer. Mais cette notion d'original perd

beaucoup de son intérêt devant celle de "mouvance du texte" de
ZUMTHOR (1972:65 sqq.). Dans ces conditions il ne faut pas chercher la spécificité du conte anglo-normand dans l'*inventio* des
sujets, mais dans le choix opéré dans le répertoire et dans l'élaboration du matériel.

Les études autour du fabliau connaissent un débat central qui
est celui du public des fabliaux. Serait-il plutôt courtois (NY-
KROG 1957) ou bourgeois (BEDIER 1893)? On n'a jamais fait intervenir dans cette discussion la situation du fabliau anglo-normand.
Pourtant les choses paraissent simples, peut-être même trop
simples. En Angleterre il n'y avait que des nobles et les personnages dans leur entourage immédiat qui comprenaient le français.
Mais au XIIIe siècle, et c'est l'époque des fabliaux, beaucoup de
marchands et d'ouvriers venaient s'installer en Angleterre. Ce
contact suffisait peut-être pour que le public anglais ait une
connaissance suffisante du français à des fins pratiques, mais
nous parlons ici de l'appréciation d'un ouvrage littéraire, ce qui
est autre chose. Les fabliaux avaient comme fonction principale
d'amuser le public et dans ce cas une bonne connaissance du français me semble indispensable. Je me vois donc obligé de revenir
aux cercles aristocratiques. Les titres paraissent me donner raison: dans trois des textes réunis nous voyons un chevalier. L'é-
tude des autres textes révèle des personnages du même groupe so-
ciologique. Il n'y a que le fabliau des *Quatre Sohais* qui met en
scène un vilain. Nous avons donc l'impression que les fabliaux
anglo-normands ont été choisis principalement en fonction de la
situation des personnages. Cette impression est confirmée par les
fabliaux où la version continentale correspondante se situe dans
un milieu nettement différent: la *Borgoise d'Orliens* et *Celle qui
fu foutue et desfoutue (Grue)*. Un autre trait remarquable est sans
aucun doute révélé par l'examen des liens de famille qui existent
entre les protagonistes. On avait déjà constaté dans le fabliau
continental qu'il n'est pratiquement pas question de lien de famille autre que celui du mariage (SCHENCK 1978:28). Or dans le
fabliau anglo-normand il y a précisément ces autres liens qui
jouent un rôle prédominant. Dans la *Gageure* par exemple on constate que le ressort essentiel de l'action est précisément le rapport entre deux familles:

        114   5   Un chevalier jadis estoit
                  Que une tres bele femme avoit;
                  Ele n'amoit pas soun lygnage
                  De ce ne fist ele que sage.

Dans le *Chivalier et sa Dame et un Clerk* nous avons une dame qui a
près d'elle une demoiselle qui est la soeur de son mari. Dans le
*Chevalier a la Corbeille* un rôle important est confié à la mère du
mari. Une comparaison avec la littérature courtoise, et notamment
le roman, semble s'imposer. En effet, dans un des fabliaux nous
avons non seulement le décor courtois, mais aussi explicitement le
public courtois: 30 Cele qui fu foutue et desfoutue (version Héron).

> 4 Or le voil faire savoir a cort
> Por faire ces jeluz geler.
> D'un chevalir oï parler
> Ke mut estoit riches et manaus.

Ce passage nous montre un chevalier important, et nous le ren-
controns dans la plupart des fabliaux anglo-normands. Dans trois
des textes les nobles ont le rang de conte, dans le quatrième on
souligne sa richesse et puissance. Mais le texte du *Chevalier a la
Corbeille* apprend aussi qu'il faut être prudent, car il y a noblesse et noblesse:

> 43 Le chevalier mout souvent
> Soleyt aler a tournoyement
> Si com riche baroun deit fere.
> Le chevalier de basse affere
> Que longement se avoit mussee
> E en mussant soun temps ussee,
> Un jour se purpensa
> Qe la dame vere irra.

Dans tous les fabliaux en question les personnages riches et puis-
sants sont réduits au rôle de figurant. Ils appartiennent au décor
aristocratique qui est de rigueur, mais les véritables héros sont
de jeunes chevaliers, souvent pauvres et sans situation. C'est
vers eux aussi que va la sympathie du narrateur qui les présente
en se servant de termes élogieux. Ainsi le clerc du fabliau du
*Chivalier et sa Dame et un Clerk* est traité de "clergastre et me-
nestrauz" par la dame, quand elle veut cacher ses rapports intimes
avec lui, mais le point de vue du narrateur est présenté par les
yeux d'un vicaire (qui ne joue plus aucun rôle):

> 65 Le vicaire mout le ama
> Kar sage e umble le trova.
> Si estoit li clerk gentil,
> Ne fut païsant ne nés vil,
> Car fiz de chivaler estoit
> Piere et miere perdu avoit;
> A la clergie se vout tenir:
> De ceo se quidoit mieux guarir.

Dans d'autres fabliaux aussi nous retrouvons ce même personnage, en train de gravir l'échelle sociale. Dans le fabliau français, il s'agit surtout de personnages qui essayent d'améliorer leur situation financière, mais quand on met en scène un jongleur il en est autrement. Contrairement au clerc que nous venons de voir, le jongleur reste pauvre, et il est évident que cela fait même partie de sa technique. Un jongleur mis en scène est toujours pauvre et adonné au jeu. Ce personnage du jongleur fait entièrement défaut dans le fabliau anglo-normand. Cela tient à une différence entre ceux qui présentent les fabliaux en se basant sur d'autres présupposés, pour un autre public et avec d'autres intérêts. Pour montrer la différence entre les diseurs des fabliaux je voudrais me servir de deux termes qui désignent aussi des personnages dans respectivement le fabliau continental et anglo-normand, à savoir ceux de jongleur et de clerc. Il faut cependant bien comprendre que j'utilise ces termes dans un sens différent de celui qu'on donne habituellement à ces mots. Le jongleur est l'homme qui vit par le contact direct avec le public, il cherche un contact immédiat qu'il doit maintenir jusqu'à la fin. Le clerc se trouve devant un public qui est déjà impliqué et qui de toutes façons continuera d'écouter jusqu'à la fin. Ce public aussi désire être tenu en haleine, mais il est convaincu d'avance de la valeur de ce qu'il va écouter. Le clerc sait que son art est subordonné au fait qu'il présente quelque chose d'important. En plus, l'analyse de la façon dont est narré le fabliau anglo-normand indique qu'il n'y a pas de contact direct entre jongleur et public. Nous avons affaire à une version de jongleur réécrite par un clerc. A la différence du fabliau continental, le fabliau anglo-normand n'est pas fait pour un succès immédiat et sans lendemain. Le clerc essaye de donner autre chose, d'aller au-delà de l'histoire proprement dite. Evidemment il ne faut pas apporter une distinction trop absolue; il convient de lire les textes de façon très prudente, car les textes anglo-normands ont souvent une longue préhistoire (RYCHNER 1960:118).

Les fabliaux ont, et ce n'est pas à tort, la réputation d'être des histoires assez grivoises, voire même obscènes. Pourtant, si l'on regarde le total des fabliaux, ce n'en est qu'une infime partie. Or, dans le corpus des fabliaux anglo-normands, il s'en trouve jusqu'à cinq qu'on doit appeler obscènes, tandis que le sixième *(Le Chevalier a la Corbeille)* place une scène fortement érotique à un endroit central du conte. Dans le septième *(Un Chi-*

*valier et sa Dame et un Clerk)* une sexualité purement physique joue le rôle le plus important. Si donc la plupart de ces textes ont même un caractère nettement pornographique, on voit aussi que les versions anglo-normandes s'efforcent d'accentuer cet aspect, même au détriment de la façon de narrer l'histoire. Les *Trois Dames qui troverent un Vit* et le *Chevalier qui fist parler les Cons et les Culs* indiquent, dès leur titre, que tout est centré autour de parties anatomiques désignées par des mots de trois lettres en ancien français. La première histoire met en scène trois dames qui font un pèlerinage au Mont-Saint-Michel. En route elles font la trouvaille indiquée dans le titre. Elles se querellent, demandent à une abbesse d'intervenir comme juge. Celle-ci réussit à garder cette relique pour elle-même et pour ses consoeurs en disant qu'il s'agit du *torail* (=heurtoir) de la porte du cloître. Cependant cette intrigue est gâtée dans le ms M qui livre la version anglo-normande. Quand le texte anglo-normand donne au vers 80:

Compayne, metez le vyt avaunt,

là où le ms E (version continentale) parle de "la chose", il n'est plus possible à l'abbesse de faire mine de croire qu'elle se trouve devant le heurtoir. La version anglo-normande du *Chevalier qui fist parler les Cons* élimine pratiquement tous les ornements narratifs pour raconter très directement les événements (qui d'ailleurs ont eu un grand succès dans la littérature pornographique postérieure, aussi bien au XVIIe siècle *(Nocrion)* que dans les *Bijoux indiscrets* de Diderot et plus récemment chez Alberto Moravia – ALMANSI 1974:102). Une même tendance s'observe dans la comparaison des deux versions *(Grue et Héron)* de *Celle qui fut foutue et desfoutue.* Pour les autres textes il faut surtout constater que les clercs anglo-normands ont opté pour des textes très obscènes (voir surtout les *Quatre Sohais saint Martin).* La tendance à l'élimination des descriptions pour en arriver plus rapidement au détail pornographique contraste de façon remarquable avec le développement de la description de personnages qu'on observe dans les mêmes fabliaux. Et, ce qui est encore plus curieux, c'est que ces personnages sont sans exception beaux et bons. Le chevalier du *Héron* est très bel homme (v. 30 et 56), tandis que dans la *Grue* il y a une simple référence au 'vaslet' sans description plus précise (v. 34 et 100-102). Il en est de même dans la *Gageure* et le *Chevalier a la Corbeille.* Dans le *Chevalier qui fist*

*parler les Cons* le ms M est le seul à dire *'le bel bachiler'*, I se
limite à ses qualités de combattant: *'hardi, prous et combatans'.*
Pour les descriptions élogieuses des personnes il faut surtout
regarder l'exemple du *Chivalier et sa Dame et un Clerk*:

> v. 57 Li clerk fu de bele estature
>       Bien out en li overé Nature.
>       Qui de beauté vousist contendre
>       En li n'avoit que i reprendre:
>       Apert avoit la viere,
>       Sur tote rien fud debonere.
>       La gent le amoient pur sa bounté
>       Pur sa pruesce, pur sa beauté.

Bien sûr, on pourrait dire qu'il s'agit ici du personnage principal avec lequel l'auteur, clerc lui-même, s'identifie et qu'il
décrit donc avec tous les termes élogieux de la tradition. Mais il
n'y a pas que le clerc qui soit beau et sympathique. Tous les personnages sont bons et beaux sans exception. Même le patron du
clerc, le prêtre qui ne joue aucun rôle dans l'intrigue, est au-
dessus de toute critique. Les motifs des actions aussi sont des
plus nobles, et la dame couche avec le clerc uniquement pour éviter des choses encore pires à ses yeux. Or, cette attitude vis-à-
vis des personnages me semble caractéristique pour le fabliau anglo-normand. Il est vrai qu'on trouve des descriptions de beauté –
et surtout de beauté féminine – dans le fabliau continental (par
exemple dans 103 *Le Prestre et le Chevalier)*, mais pour les hommes
il n'y a guère de descriptions de leur extérieur, tandis que la
beauté de caractère est introuvable. Nous avons affaire à deux
situations narratives nettement différentes, ou plutôt deux intentions sociales différentes. Le narrateur anglo-normand cherche
l'estime du public par l'intrigue, tandis que le jongleur continental monte sur scène pour se moquer de lui-même et remporter
ainsi un succès.

Il y a dans le fabliau anglo-normand la conscience du fait que
le fabliau est court. Pour le *Chevalier qui fist parler les Cons*
par exemple, la version anglo-normande est seule à dire que le
récit ne sera pas très long:

> 10 Counteroi assez brievement.

De même dans la version anglo-normande des *Trois Dames qui troverent un Vit:*

> 4 Assez brievement le counteroy,

observation qui fait défaut dans la version continentale. D'autre part, le fabliau anglo-normand n'hésite pas à donner de l'information sur la vie ultérieure des personnages là où les versions continentales se limitent à l'évènement. Les versions du *Chevalier qui fist parler les Cons* nous permettent de saisir sur le vif cette différence en ce qui concerne les épilogues. Les mss CE donnent une fin très brève. Le ms I montre le chevalier allant de tournoi en tournoi après l'aventure décrite dans le fabliau. Le manuscrit anglo-normand M est seul à donner la description de la vie ultérieure du conte lui-même, le sort de la narration:

> 285 Et quaunt cest aventure fust seue ...

Le fabliau du *Chivalier et sa Dame et un Clerk* est celui qui est le plus explicite et donne un curriculum vitae complet des personnages:

> 577 E sa femme apres cel jor
> Ama e cheri son seignur
> Assez plus k'unke mes ne fiht ...
> 583 Long tens vesqui en vie bone,
> Del païs dame e matrone,
> E, kant moruth la bone dame,
> A Deu rendi sus sa alme.

Dans la *Gagèure* aussi il y a ce besoin d'épiloguer:

> 101 Et le prodhomme fist son frere
> Esposer icele chaunbrere;
> E depus apres ycel jour,
> Ama la dame par tendrour
> Ceux que soun seigneur bien ama
> E molt de cuer les honora.

A travers ce grand nombre de traits qui opposent les fabliaux anglo-normands aux fabliaux français du continent on discerne quelques lignes générales qui se laissent ramener aux concepts de l'absence d'une forte tradition littéraire et celui de la conscience de l'importance du groupe social, du clan. Narrateur et public fonctionnent en Angleterre contre un arrière-plan totalement différent.

On a appelé le *Chevalier qui fist parler les Cons* "féodal et non-courtois" (KIESOW). J'ai examiné ailleurs (van den BOOGARD *et al.* 1949) comment on peut passer du lai au fabliau ou inversément du point de vue du vocabulaire employé. Pour ce qui est du vocabulaire, le *Chevalier qui fist parler les Cons* est essentiellement un fabliau, mais il suffit de l'introduction de trois substantifs seulement pour lui conférer le caractère d'un lai: *lande, fée, don.*

Le mot *lande* suffit pour faire penser au genre du lai dans la version continentale, mais dans le manuscrit anglo-normand M ce mot n'est pas nommé mais remplacé par un autre détail:

| | |
|---|---|
| C85 Et chevauchent par une lande | M45 Par priories e abbayes |
| A79 Tant erreret par une lande | M46 Lur convenist aler totes veies |
| I75 Puis s'en entrerent en une lande | M47 Pur ce que petit avoient |
| | M48 Qe despendre purroient |

Le ms M remplace donc le cadre mystérieux des landes par la réalité quotidienne qui exige que le chevalier et son écuyer profitent de l'hospitalité qui leur est offerte dans les monastères, pour vivre sans trop dépenser. De la même façon le ms M remplace le don surnaturel des jeunes filles par un "guerdon": la rémunération pour un service donné. Quand ces jeunes filles sont décrites pour la première fois dans les mss CAI, ils s'accordent pour dire qu'on est en présence de jeunes femmes qui paraissent être des fées:

> C 114  En la fonteine se baignoient
> .iii. pucelles preuz et senees
> De beauté resembloient fees.

Cette apparence n'était pas trompeuse, car plus loin le chevalier fait l'observation

> C 310  Bien sai de voir ce furent fees.

Or, le manuscrit anglo-normand M supprime toute allusion à un monde féérique: la constatation du chevalier est tout simplement supprimée et les *"fées de la fontaine"* deviennent des *"demoiselles du ruisseau"*:

> M 61  Yleque virent treis damoiseles
> Sages, cortoises e tres beles
> Qu'en la russhele se baynerent.

Quelle conclusion faut-il tirer de toutes ces observations? Je n'oserais pas parler de l'esprit normand en Angleterre comme l'a fait G. PARIS il y a un siècle (1895:56): "la double tendance de l'esprit normand: orthodoxie pure, éloignée des subtilités de la curiosité vaine ou des égarements de l'esprit (et ...)". Ce genre de généralisation ne se défend d'aucune manière et n'est pas fructueux. Le narrateur de notre fabliau ne voit pas l'utilité de se référer à une tradition littéraire, dans le cas précis celle du lai, qu'il aurait pu évoquer à l'aide de quelques mots seulement: *lande, fee, don*. On peut formuler des hypothèses sur les causes: le narrateur ne comprend pas l'allusion lui-même, ou il la trouve sans intérêt pour son public. Le non-emploi du terme de fabliau montre aussi que ceux qui racontaient ces histoires ne voyaient pas l'utilité de rejoindre explicitement une tradition littéraire et de coller l'étiquette de fabliau à ce qu'ils présentaient. Ils ne s'attendent pas à avoir la même réaction qu'on aurait devant un public continental qui savait situer ce qu'il allait entendre dès les premiers vers par la simple mention du mot de fabliau. L'absence de ce terme dans le fabliau anglo-normand, la disparition de toute allusion aux jongleurs et à leur situation personnelle, l'insistance sur les rapports familiaux, l'intérêt pour la basse noblesse et pour les clercs, l'emploi de trois langues dans les manuscrits qui ont conservé les fabliaux anglo-normands, le manque d'intérêt pour la forme de l'histoire et pour les rimes, l'absence de rapports avec d'autres genres, le caractère obscène, tout cela indique l'absence totale d'une tradition littéraire. Nous rejoignons ici, pour une partie de la littérature anglo-normande, une observation de BLAKE (1977:21) pour la littérature anglaise de la même époque: "one of the most important results of all this is that there was no feeling of tradition in medieval English literature in the sense that people knew and remembered the words of English literary works". En français continental nous avons très souvent affaire à des structures qui relèvent du métier de jongleur et à une intertextualité très forte, dont il n'est pas question dans le fabliau anglo-normand.

Pour expliquer le caractère d'obscénité du fabliau anglo-normand, il faut comprendre que pour le public et le narrateur c'était là le caractère par excellence du fabliau qui venait du continent. On réduisait le genre à quelques caractéristiques tout en négligeant d'autres traits qui sur le continent déterminaient aussi le genre. En Angleterre on regardait la tradition des fabliaux de très loin, et le fabliau était essentiellement regardé comme une histoire très courte qui provoquait le rire surtout par des détails obscènes. D'autre part, il y a le sentiment de l'unité du clan. Les auteurs des versions anglo-normandes des fabliaux font preuve du désir d'appartenir à ce groupe qui ne leur est pas totalement fermé. C'est pour cette raison que les textes sont localisés dans un milieu aristocratique, c'est pour cela que toutes sortes de liens de parenté sont si importants, c'est pourquoi la transition entre haut et bas, riche et pauvre, seigneur et valet joue un rôle aussi important. Mêmes les textes pornographiques ont un arrière-plan de relations durables, les caractères sont invariablement beaux, l'épilogue montre une situation où le but est atteint, où il y a de nouveau l'ordre qui règne et où le jeune homme a pénétré dans le groupe des "happy few". Le clerc, auteur des versions anglo-normandes des fabliaux, est estimé et apprécié dans ce même milieu.

# Le dit allégorique du *Cerf Amoureux*

Le *Cerf Amoureux* a été édité une seule fois, en 1965[1], mais une réédition s'impose. L'éditeur ne connaissait que deux manuscrits, PARIS BN f.fr. 25566 (A) et PARIS BN f.fr. 378 (B). Nous pouvons y ajouter un troisième, PARIS BN f.fr. 1446 (C), qui tout en appartenant au même fonds français de la BN avait curieusement échappé à l'attention de la plupart des chercheurs[2]. La justification du travail que nous présentons ici pour honorer M. Smeets, réside surtout dans le fait que nous croyons pouvoir montrer que ce nouveau ms C représente mieux l'original que les deux autres. Cette constatation est d'autant plus surprenante que THIEBAUX a affirmé[3] que le ms A *était l'original* et que B *en était une copie*. Notre analyse tend à renverser complètement cette thèse. Le résultat permettra de juger équitablement de l'allégorie du *Cerf Amoureux*, critiquée sévèrement, notamment par RIBARD (1969)[4].

## L'allégorie

L'image de la chasse, c'est-à-dire celle du chasseur poursuivant sa proie, se présente facilement à l'esprit, quand il s'agit de décrire le rapport entre amant et aimée. Aussi trouve-t-on des allusions, comparaisons et images de ce genre chez un très grand nombre d'auteurs. Ovide avait déjà comparé amour et chasse dès le début de son premier livre de l'*Art d'aimer*, et on voit déjà apparaître le cerf:

---

1. THIEBAUX (1965). Nous remercions Mme DORREBOOM-VLUGTER qui avait attiré notre attention sur ce texte en nous remettant son dossier sur les versions A et B à l'époque où le *Cerf Amoureux* était encore inédit, Mlle F. den BAAS qui a préparé une première transcription et la description des manuscrits et Mlle M. KHOE qui s'est chargée de la concordance en se servant de l'ordinateur de la Faculté des Lettres de l'Université d'Amsterdam.
2. Ne mentionnent que les deux mss A et B: *Histoire littéraire de la France...* XXIII, 290; TOBLER (1884); LANGLOIS (1910:4); A. LÅNGFORS (1917:23); TILANDER (1932:6). THIEBAUX (1974:145, n. 1) s'en tient toujours aux deux manuscrits de son édition de 1965. Pourtant RIBARD (1969:41, n. 4) avait signalé l'insuffisance du travail de THIEBAUX.
3. THIEBAUX se base sur la thèse inédite de L. GRIMAULT pour affirmer que celui-ci a déterminé "which was the original text" (p. 332, n. 4). Elle donne l'édition d'après A en se basant sur la même autorité: "MS fr. 25566, or 'A', which he concluded was the original, is here transcribed in full." (p. 535, n. 5).
4. Par ex. 311: 'Le pire ce sera cette oeuvre de jeunesse, *Li Chiers Amourous* ... Mieux vaut s'en taire.'

45 Scit bene venator, ceruis ubi retia tendat;
   scit bene, qua frendens ualle moretur aper;
   aucupibus noti frutices; qui sustinet hamos,
   nouit quae multo pisce natentur aquae:
   tu quoque, materiam longo qui quaeris amori,
   ante frequens quo sit disce puella loco. [5]

A l'époque d'Ovide ces comparaisons étaient déjà traditionnelles[6], mais Ovide rejoint autre chose qu'une tradition littéraire: il s'agit aussi de formes didactiques, *Cynegetica*, *Ixeutica*
*et Halieutica*. C'est dans un même courant d'idées qu'il faut placer le *Cerf Amoureux*. Ce dit représente la branche "littéraire"
d'un certain nombre de textes techniques qui commencent à apparaître en français vers la fin du XIIIe (TILANDER 1960:5). D'autre
part le *Cerf Amoureux* se place dans un courant de textes allégoriques modelés sur le *Roman de la Rose*. Ainsi nous voyons apparaître ici pour la première fois la comparaison traditionnelle de
l'amour avec la chasse sous la forme d'un récit allégorique[7]. La
chasse suit essentiellement les étapes de la chasse à courre,
telle qu'elle est décrite dans les livres de chasse médiévaux[8]:
quand le cerf est dépisté par le limier Fine Amour, le chasseur
essaye de débucher le cerf qui s'est caché dans le buisson d'Orgueil. Il se sert de chiens qui, accouplés, se relayent en groupes
de deux: d'abord Penser et Souvenir (119-85), ensuite Désir et
Volonté (186-91) et à la fin Humilité et Pitié (282-9) qui mettent
le cerf aux abois. Le chasseur prépare le cerf, donne à boire et à
manger à ses chiens et envoie le cerf à un ami.

---

5. Ed. HOLLIS (1977:2). La pratique médiévale de la chasse à courre,
   telle qu'elle est décrite dans notre allégorie, a sans aucun doute
   fait éliminer l'allusion aux cerfs dans la traduction médiévale:

   "Le bon veneur scet bien ou il doit mettre ses retiaux et ou
   li fort sanglier demeurent et habitent ... " (éd. ROY 1974:
   263).

   Pour la différence entre la conception de l'auteur du *Roi Modus* et
   celle de Gaston Phébus quant à l'emploi des filets (pour le premier
   c'est un *deduit royal*, pour le second un *deduit d'omme gras ou d'omme
   vieill ou d'un prelat*) voir MENARD (1979).
6. HOLLIS (1977:41, n. 45-48): 'Stereotyped illustrations', avec renvoi
   pour les exemples à KENNEY, *Mnemosyne* 23 (1970), 386-388.
7. Pour d'autres textes comparables, voir THIEBAUX (1974).
8. Citons les textes les plus importants en ancien et moyen français: *Les*
   *Livres du Roy Modus et de la Reine Ratio* (éd. TILANDER 1932); Gace de
   la Buigne, *Le Roman des Deduis* (éd. BLOMQVIST 1951); *La Chace dou Cerf*
   (éd. TILANDER 1960); Gaston Phébus, *Livre de la Chasse* (éd. TILANDER
   1971).

## Les deux plans: *littera* et *allegoria*

On peut reprocher à l'auteur de trop montrer les ficelles de son métier. Au lieu de permettre au lecteur de suivre l'allégorie par une lecture continue sur deux plans simultanés[9], il l'interrompt sans cesse pour lui expliquer les rapports entre les deux niveaux d'interprétation. Bien sûr, il a besoin d'un cadre; dans le *Roman de la Rose* c'était celui d'un songe (éd. LECOY 1965:2,v. 26), ici c'est le spectacle d'une chasse à laquelle il aurait assisté, qui suggère l'allégorie à l'auteur (1-52; voir en particulier 47-48). Il présente ses personnages allégoriques et indique leur double rôle (54 'Dame qui est Cerf Amoureus', 57 et 58-9). Il s'attarde longuement sur la description des douze cors du cerf (TILANDER 1957:5-15) dans la tradition du *Roman de la Rose*[10]: Bontés, Senz, Honnours etc. (70-86). Il s'interrompt de nouveau, de façon très explicite, pour éclaircir l'allégorie dans les passages 92-96, 104-108, 128-130, 133-144, 162-172, 198-205, 212-215, 236-241 et la fin résume encore les similitudes (301-335) entre amour et chasse pour se clore sur une phrase qui permet deux interprétations:

> 336    A cest mot est cornee prise.

Ce va-et-vient continuel cause en effet un certain embarras dans l'expression (voir notamment 198-205 et 166-177), et on voit le bien-fondé de certaines critiques. Nous espérons cependant contribuer par cette nouvelle édition à une évaluation plus juste du texte en faisant le départ entre la responsabilité de l'auteur et l'intervention d'un copiste. En effet, le caractère embrouillé qui se dégage du texte tel qu'on le connaît à travers A et B, est dû en grande partie à des déplacements faits dans un ancêtre commun. Le ms C nous permet de voir l'ordre original et de constater que le récit de la chasse est mieux narré qu'on ne le croyait.

## La supériorité du ms BN f.fr. 1446

Une comparaison superficielle des trois manuscrits ferait reje-

---

9.    'and to read an allegory as a continued simile, but a simile which works backward, is hard for us only because we have lost the habit' (LEWIS 1958:125).

On peut se demander si le *Cerf Amoureux* ne montre pas que la même difficulté existait pour un auteur médiéval et son public.

10. Cf. par exemple l'énumération des flèches v. 939-68 de l'éd. LECOY (1965).

ter le ms C comme manuscrit de base. La liste des leçons rejetées
montre que C était un copiste plus négligent que ses collègues A
et B. Dans B il y a juste un seul mot oublié à signaler au v. 198
*(gens faite* pour *gens si faite),* B porte *cuer* (295) comme C, A ne
connaît aucune de ces petites erreurs. Pour d'autres endroits du
texte aussi, on aurait une préférence pour AB. 6 *Nices* semble plus
logique que *richez* (voir cependant 172-176). AB donnent aussi des
rimes plus satisfaisantes: 7-8 *(deshonneur:neure),* 13-14 *(vi:
assouvi),* 65-66 (B *repeü:seü* et A *esmeü:seü).* Il y a surtout la
variante du v. 84 AB *hautece* par opposition à C *noblece.* Le texte
des mss AB permet la double interprétation qui convient ici, hau-
teur de la ramure et caractère noble, et qui fait défaut pour *noblece.* En plus ce mot ne saurait s'appliquer à l'ensemble, là où
l'un des cors (le huitième) s'appelle déjà *Noblece* (82).

Mais tous ces points de critique contre C - limités le plus
souvent à un seul mot, voire une lettre - ne doivent pas masquer
un phénomène important: la perfection du ms A n'est pas synonyme
de copie fidèle. Elle est due à une habileté toute professionnelle: A ne laisse pas subsister des incorrections métriques ou
grammaticales et il corrige tout ce qui lui paraît suspect dans
son modèle. La meilleure illustration de sa façon de travailler
est offerte par le vers 295:

    A  Le sang alaitent et s'i baignent
    B  L'alaitent et ou cuer se baignent
    C  L'alaitent et au cuer se baignent.

Ce vers fait allusion à la pratique de la curée (afr. *cuiriee)* qui
consiste à donner à manger aux chiens dans la peau *(cuir)* du cerf:

Modus I, 29:

    "Pren le foye du cerf, le poumon et le jargel et le cuer,
    et soit tout decoupé par morsiaux sus le cuir et sus le
    sanc, qui est suz le cuir."

Le modèle commun avait sans aucun doute remplacé *cuir* par *cuer,*
peut-être parce que le coeur faisait partie de la curée. B et C
ont fidèlement transmis cette erreur, mais A a refait le vers,
parce qu'il s'était dit que "se baigner au coeur" ne saurait être
correct!

De la même façon un ancêtre commun des mss AB n'avait pas reconnu le CR indirect non-prépositionnel du v. 20 qui enjambe sur
le vers précédent "la chasse du veneur" (C). Il en avait fait un
CS, transmis par AB. Mais A s'est rendu compte de l'anacoluthe et
il a transformé le vers suivant, sans pourtant arriver à la cor-

rection désirée[11]. De même, nous préférons C 180 *Ou repus estoit* à
AB *Ou repusé s'est*. En effet, la graphie serait curieuse pour le
verbe 'reposer' (cf. 265 ABC *repos)* et un féminin *repuse* ('cachée') est inacceptable dans le contexte. BC 146 *esprendre* ('débucher, s'élancer') est plus juste que A *le veut emprendre* ('le veut
attaquer').

## Les termes techniques

Nous avons déjà montré, à propos du mot *cuir* que les copistes
ne comprenaient pas toujours les allusions aux usages des chasseurs et les mots de vénerie. Le ms C a conservé un de ces termes
techniques, au v. 290, là où AB ont complètement transformé le
couplet: *betent* signifie ici de toute évidence 'ils mordent'. Cela
se dit surtout des chiens qui mordent les ours, selon TL I, 954-
955 et FEW XV, 99. God. I, 640c traduit 'combattre, poursuivre',
ce qui s'éloigne beaucoup du sens étymologique et de celui qu'il
doit avoir ici. AB n'ont pas compris la situation: quand le cerf
est mort, il faut éloigner tout de suite les chiens, pour qu'ils
n'abîment pas le cerf. C'est le chasseur lui-même qui doit écor-
cher le cerf et préparer d'une part les meilleurs morceaux,
d'autre part ce qu'on donnera aux chiens (la curée). Les chiens ne
doivent pas mordre le cerf, comme ils le feraient d'un ours. C'est
exactement la description fournie par C. Les versions AB ont gardé
encore l'opposition 191 *Ains l'atourne (afaite)* qui n'a de sens
que dans le contexte du ms C.

Au v. 179 AB désignent l'endroit où se cache le cerf par *fol
liu (fol lieu)*. Evidemment nous avons ici une sorte d'étymologie
populaire (comme on l'a observé aussi pour 'folie') du mot *follu*
('fourré') qu'a dû comporter le modèle des mss AB. La preuve en
est fournie par le v. 227 où A a conservé la forme *follu*, remplacée par *Orgueil* dans BC. Cependant on est en droit de se demander
si le mot *follu* avait bien appartenu à l'original du v. 179. C
donne un mot technique *ruse* qui signifie souvent 'détour et ruse
du cerf pour mettre les chiens en défaut' (Modus II, 398). Mais
nous l'avons rencontré aussi dans le sens de 'endroit où le cerf a
fait sa ruse' dans Gace de la Buigne, *Le Livre des Deduis*, 8200:

---

11. La ponctuation de THIEBAUX ne sauve pas le ms A: 23 *S'a* n'est pas
    possible. Notons aussi que sa lecture 19 *da cace* est une coquille.
    Nous n'avons pas adopté la numérotation de THIEBAUX qui s'est laissé
    tromper par la disposition des vers à côté de la lettrine ornée.

8199    Et, quant ont longuement chacié,
        De la ruse sont aprochié.

C'est exactement le sens qui convient au vers 179. L'incertitude des copistes AB devant la terminologie cynégétique se manifeste encore d'une autre façon: il leur arrive, par une erreur
d'interprétation de leur modèle et par excès de zèle, de mettre
des termes de vénerie là où il n'en faut pas. Les deux copistes
donnent, chacun à son tour, un terme technique dans un sens qui
n'est attesté nulle part. Au v. 65 les trois manuscrits disent que
Fine (Bonne) amour procure (cherche) les provisions dont les
chiens sont *esmeü* (A), *repeü* (B), *secouru* (C). Le mot qui convient
est sans aucun doute *repeü*. *Secouru* n'est pas impossible, mais
donne une version assez plate. Mais *esmeü?* Le sens courant 'Faire
bouger les chiens' ne convient guère ici. Nous y voyons plutôt une
réminiscence de *esmouvoir le cerf*, qui est caractéristique pour le
stade initial de la chasse au cerf (THIEBAUX 1974:28), mais le mot
n'a rien à voir avec la situation. Le copiste B aussi remplace le
mot facile par un terme 'difficile': au v. 110 il donne *le sueill*
là où AC s'accordent pour dire *ce (le) bruel*. Le mot doit être le
synonyme du mot *buisson* du vers précédent, ce qui ne donne aucun
problème pour AC. Mais le mot *sueill*, qui est un mot caractéristique de la terminologie des chasseurs, désigne le 'lieu bourbeux
où se vautre le sanglier' (Modus II, 402; TL IX, 768). Nous n'a-
vons trouvé aucun passage où le terme s'applique à l'endroit où se
cache le cerf, et nous croyons qu'il est correct de douter ici de
cette *lectio difficilior*.

**Les inversions**

   S'il est vrai que cette description des passages techniques
pourrait déjà faire hésiter en faveur de C, il faut pourtant noter
qu'il y a encore deux autres problèmes dont il faut parler. Le
premier est celui des v. 172-175 et du v. 230, le second est celui
des inversions qui se sont produites aux v. 195-206 et 235-254.
Pour le premier, nous avouons que nous n'arrivons pas à proposer
une interprétation satisfaisante de ces leçons de C, qui semblent
inférieures à celles des autres manuscrits. Nous transcrivons
172-175 tel qu'il se trouve dans le manuscrit. Nous croyons qu'il
faut lire

                Que dame, se a pour chevance
                Qu'el est riche et de grant puissance
                De valour donc son cuer afuble
                De desdaing donc s'onnour avulge.

Mais devant le nombre de petites interventions qu'il faut faire pour interpréter C, il paraît plus simple d'adopter l'omission de ces vers (et l'adaptation des vers précédents) des mss AB. Pourtant nous avons conservé la leçon C, puisque nous n'excluons pas la possibilité que C a conservé un texte déjà corrompu dans un modèle commun et rejeté par AB. Un même raisonnement vaudrait aussi pour C 230 *maintenirs* qu'on voudrait bien corriger en *maintenant* ou *maintenus*, si le résultat était entièrement satisfaisant. Faute de mieux, nous conservons cette leçon. Le problème des passages intervertis est beaucoup plus important et, à nos yeux, la solution doit déterminer le choix du manuscrit de base et les rapports avec l'original. Nous avons essayé d'imaginer comment les permutations ont dû se produire en prenant comme point de départ du raisonnement chacun des trois manuscrits. Nous ne voyons qu'une seule conclusion possible: il faut que ce soit le ms C qui ait conservé l'ordre de l'original, puisque c'est le seul ordre qui rende compte de toutes les modifications apportées aux textes et qui fournisse une narration logique (voir schéma 1). Voici comment les inversions dans AB ont dû se produire. Le modèle de B s'est trompé: après avoir transcrit B 192 = C 194, il ne passe pas à C 195, mais à C 235 (très probablement, puisqu'il s'agit d'une quarantaine de vers, il s'est trompé de colonne!). Le saut s'explique par la ressemblance sémantique et formelle des deux vers précédents:

> C 194  *Le cerf chace et souvent tarie*
> C 234  *Li cers matist et si s'esmaie.*

Quand le modèle de B arrive au v. B 213 = C 253, il se rend compte de son erreur. Il retourne au v. C 205 et, pour faciliter la transition, il transforme

> C 205  Que de celui ne li ert mais
>         Du cerf est li contes si fais

en une construction qui comporte les rimes originales

> B 213  La met sa volenté a nient
>         Et tout ainsi dou cerf avient.

Il s'est basé sur

> C 253  La met volenté tout a nient
>         Et autresi du cerf avient.

Après avoir fait cela, il a rejoint B 215 = C 207 et il peut continuer sans problèmes jusqu'au v. B 236 = C 228. A ce moment il

Schéma 1: déplacements

```
    A  ...                    B  ...              C  ...
       ...                       ...
       190                       192              194
                                 194
                                 194
 ┌─────────────────┬──────────────────────────┬──────────┐
 │ 191             │ 195                        │ 195      │
 │ ...             │ ...                        │ ...      │
 │ ...             │ ...                        │ ...      │
 │ ...             │ ...                        │ ...      │
 │ 208             │ 212                        │ 204      │
 │ 209             │ 213                        │ 205      │
 │ 210             │ 214                        │ 206      │
 └──────┬──────────┴──────────────┬─────────────┤ 207      │
   ┌────┴──────────────────────────┴─────────────┴──────────┐
   │ 211                        215               207        │
   │ ...                        ...               ...        │
   │ ...                        ...               ...        │
   │ ...                        ...               ...        │
   │ 232                        236               228        │
   └─────────────────────────────────────────────┤ 229
                                                    230
                                                    231
     233
     234
   ┌ 235 ──────────────────────────────────────── 232 ┐
                                                    233
                                                    234
     236
     237                        237
     238                        238
 ┌─────────────────┬──────────────────────────┬──────────┐
 │ 239             │ 239                        │ 235      │
 │ ...             │ ...                        │ ...      │
 │ ...             │ ...                        │ ...      │
 │ ...             │ ...                        │ ...      │
 │ 248             │ 248                        │ 252      │
 │ 249             │ 249                        │ 253      │
 │ 250             │ 250                        │ 254      │
 └──────┬──────────┴──────────────┬─────────────┤ 255      │
        │ 251                        251          255      │
        │ ...                        ...          ...      │
        │ ...                        ...          ...      │
```

**Légende:** Les vers identiques et employés à la même place sont en-
cadrés et placés sur la même ligne horizontale. Dans les
colonnes les vers identiques sont: A209-210=A249-250;
B192=B238; B213-214=B249-250; C253-254=C205-206. Les déplacements sont A191-210/B195-214=C235-254 et C195-206=
AB239-250.

voit qu'il est tout près du fragment qu'il avait déjà copié auparavant. Il a conservé les vers C 229-234, mais son successeur B
s'est rendu compte de l'absence de lien logique. Il supprime ces
vers et il fait un couplet de transition B 237-238 (voir schéma
2). De cette façon, il veut préparer l'insertion du passage qu'il
avait sauté. Ce couplet est modelé sur celui qui précédait l'endroit où il avait fait son erreur (B 192). Comparez

> B 237   Et volentés le resemont
>            Le cerf chace aval et amont

avec:

> B 191   Car amours l'escrie et semont
>            Le cerf chace aval et amont

Il peut maintenant continuer et écrire B 239-248 en copiant C 195-
204. Mais il sait qu'il est en train d'insérer un fragment qui se
trouvait ailleurs. Aussi doit-il écrire ces vers B 249-250 de manière à ce que B 251 fonctionne comme lien avec le reste (= C 255).
Il a déjà constaté que

> C 205   Que de celui ne li ert mais
>            Du cerf est li contes si fais

se laissent remplacer sans grands problèmes par

> C 253   La met volenté tout à nient
>            Et autressi du cerf avient.

Il combine les deux couplets pour en faire

> B 249   Que de celui de li iert nient
>            Et tout ainsi dou cerf avient

Nous avons pris comme point de départ de notre démonstration le
modèle du ms B, parce que l'étude des variantes montre que B est
intermédiaire[12] entre C et A. Les rares lieux où AC se réunissent
contre B s'expliquent le mieux par l'hypothèse suivante: le ms B
est une copie fidèle et très proche de l'intermédiaire entre A et
C. Une autre explication possible est celle qui admet une 'contamination légère' entre A et C[13]. En effet, on peut expliquer les
modifications du texte du ms A à partir du même modèle que celui
de B. Celui-ci a dû se baser sur une construction grammaticalement
peu correcte par la réunion des vers C 193-194/235:

---

12. Pour la notion d'intermédiaire, voir J. FROGER (1979).
13. Van den BOOGAARD (1979). - *Réd.*: reproduit dans le présent volume, p.
    229-236.

*Schéma 2: tableau synoptique des vers C228-235*

228 Y est tost souuenirs venus
229 Qui le chace mout asprement
230 Maintenirs si est vistement
231 Desir ne se trait mie ensus

232 Ainz fait les saus grans et menus
233 Et le mort et li fait grant plaie
234 Li cers matist et si s'esmaie

235 Car grant paour a d'estre pris

236 Li va souuenirs corre sus

237 Et volentés le resemont
238 Le cerf chace aual et amont
239 Qui en pluiseurs lieus est bleciés

232 Li va souuenirs courre sus

233 Si que li cers est tous matis
234 Ains fait les saus grans et menus

236 La est li cers molt cours tenus
237 Car souuenirs trop le rengresse
238 Ki le tient en molt tres grant presse

239 Tant k'en pluiseurs lius est bleciés

Qu'amours le semont et escrie
Le cerf chace et souvent tarie
Car grant paour a d'estre pris.

En effet, le sujet du troisième vers fonctionne comme objet au
deuxième vers. Ce prédécesseur de AB apporte une modification,
mais les résultats ne sont pas meilleurs:

B191-192/195 Car amours l'escrie et semont
Le cerf chace aval et amont
Car grant paour a d'estre pris.

A et B, chacun de sa façon, essayent de corriger le texte. A
résout le problème en mettant *li cers fuit*, B ajoute deux vers
dont le premier ressemble beaucoup, du point de vue sémantique, à
B 191 et le second, B 194, introduit le sujet de B 195. A l'endroit où le modèle de B avait essayé de corriger son erreur en in-
sérant le passage sauté à l'endroit du passage introduit trop tôt,
C 228-234 + B 239, A s'est aperçu que la soudure était mal faite.
Aussi transforme-t-il le passage C 229-234 à l'aide d'éléments
trouvés ailleurs: il conserve C 232 = A 235, mais A 233-234 sont
faits à partir de C 231, 234, et A 173-174 (= C 177-178) avec la
variante C *tapid* = AB *quatis*, influencée à son tour par 24 *quatis*.

Malgré les efforts des copistes A et B, on s'aperçoit encore
des modifications, quand on essaye de suivre les étapes de la
chasse dans ces deux manuscrits en tenant compte en particulier du
rôle des chiens. Dans les mss AB un vers comme

242 Or sont des quatre chiens li troi

ne se laisse pas placer dans le récit. Dans C au contraire, il est
à sa place: après les actions de Pensee (222), Souvenir (228) et
Desir (230-233) qui ont effarouché le cerf. Il n'y a donc qu'un
seul chien qui reste, Volonté, auquel le cerf doit échapper (253).
Dans cette perspective, il nous paraît juste de corriger l'opinion
reçue sur la valeur littéraire du *Cerf Amoureux;* la révalorisation
devra se baser sur le texte du ms C, qui représente le mieux l'o-
riginal et l'intention de l'auteur.

## L'auteur et la date

Le texte était généralement considéré comme anonyme[14], mais
RIBARD (1969:40-42) considère le *Cerf Amoureux* comme une oeuvre de
jeunesse de Jean de Condé. Son argumentation très prudente se base

---

14. *Histoire littéraire* ..., XXIII, 290; LÅNGFORS (1917:23), etc.

essentiellement sur la présence du texte à la fin d'une série d'oeuvres authentiques de Jean de Condé dans le ms 1446. De notre côté, nous n'excluons pas, après l'examen de la tradition manuscrite, l'attribution à son père, Baudouin de Condé, dont le ms 1446 nous livre également la production littéraire. C'est que dans les mss A et B le *Cerf Amoureux* voisine avec *Les trois Morts et les trois Vifs* de Baudouin de Condé. Devant l'hypothèse de RIBARD (1969:42), selon laquelle on aurait mis le *Cerf Amoureux* de Jean 'à côté d'une oeuvre de son père lui servant en quelque sorte de garant', nous préférons l'alternative qui est de l'attribuer sans plus à Baudouin. Cela permettrait aussi de résoudre de façon plus satisfaisante le problème des dates. Si le ms 25566 a été composé entre 1291-1297, nous sommes à la limite extrême pour que l'attribution à Jean soit possible ("ses premières oeuvres pouvant se dater des années 1295-1300" - RIBARD 1969:71). Et encore faut-il qu'il y ait un laps de temps très bref entre la date de la composition et l'exécution de la copie (et des copies intermédiaires!), car l'original ne se trouve pas parmi les manuscrits conservés. Avec l'attribution à Baudouin, on résoudrait aisément ce problème.

La critique sévère contre ce texte a été une raison pour exclure le *Cerf Amoureux* du canon des oeuvres authentiques de Baudouin ou de Jean de Condé. Malgré les défauts que nous avons signalés plus haut, il faut remarquer qu'il y a aussi des passages fort bien venus. Citons, en guise de conclusion à cette brève introduction, un seul passage: la trouvaille fort heureuse des v. 125-127. Le Cerf Amoureux atteint la pleine campagne, poursuivi par les aboiements d'un des chiens. Il se sert de l'expression *as pleins chans* qui signifie à la fois 'en pleine campagne' et 'à plain-chant'. Le poète joue sur les deux sens, et compare les aboiements de Pensée à des motets dont les trois voix superposées *Triplum (treblez)*, *Duplum* ou *Motetus (muetez)*, et *Tenor (chanz)* se bousculent de la même façon qu'une foule de pensées ou les aboiements d'une meute. Nous avons rencontré une comparaison entre les aboiements des chiens de chasse et la musique polyphonique dans le *Livre des Deduis*[15], mais l'auteur du *Cerf Amoureux* a le mérite d'avoir su fondre ces deux images pour les transposer au niveau allégorique et pour décrire la confusion d'esprit d'une femme amoureuse.

---

15. Ed. BLOMQVIST (1951:8073–88 et 9200–16).

# Le Cerf Amoureux

As sagez, courtois, honnorablez,
Loiaus, amoureus et raisnablez
Doit on recorder les biaux diz.
4    Mieus valent quant on les a dis
As amoureus qui les entendent,
Que as richez qui riens n'entendent
Fors a ce qui les deshonneure:
8    Fos est qui villonnie honeure.
On se doit d'onnour pourveoir
Par escouter et par veoir:
Le veoir donne congnoissance
12   Et li escouter ramenbrance.
Ramenbrance ai de ce que vi
Dont j'ai le cuer mout assongni
Sanz vilain essoignement.
16   Car je vi, n'a pas grandement,
En une forest ou j'estoie,
Un cerf chacier. La m'arrestoie,
Ca veoir voloie la chasce
20   Le veneoir qui sieut la trace
Du cerf qu'il avoit esmeü.
Quant il l'out devant lui veü,
S'a tous ses chiens, grans es petis,
24   Menez ou li cers fu quatis.
Il les escrie et li chien saillent,
Le cerf de toutez pars assaillent.
La chace du cerf dura mout,
28   Mais n'ai soing que face du tout
Ce que je y vi parlement;
Mais tant y fu je longuement
Que li chers fu priz et tenus
32   Et des grans chiens et des menus.
Le veneur le vi affaitier
Et qu'il donna a alaitier
Les chiens et a boire le sanc
36   Qu'il li fist essir par le flanc.
Quant li veneirez que l'out point,
L'ot atourné et mis a point,
Qui pas n'en estoit esbaubis,
40   A un sien ami du païs
L'envoia par mout grant amour.

---

*Variantes:*
*Titre manque A,* c'est li dis dou cerf amoreus *B - 1* loiaus h. *AB - 2*
Courtois a. *AB - 5* quant l. *B - 6* as nices ki adés ne tendent *AB - 8* Faus
*A;* villonnie neure *AB - 14* Dont j'ai bien le cuer assouvi *A,* Dont j'ai le
cuer bien assouvi *B - 15* vilain assouniement *A - 16* n'a mie granment *AB -
20* Li venezzes *AB - 21* Ki le chierf a. *A - 22* il l'a d. *AB - 24* ciers ert
Q. *AB - 25* Escriés les a et il salent *A - 26* ciers de tous lés assalent
*A,* cierf a tous lés assaillent *B - 27* Molt longement dura li cace *AB - 28*
N'est mie raisons *A,* N'ai mie voloir *B;* que je face *AB - 29* De canques je
vi *A,* De kanques g'i vi *B - 38* L'eut afaitiet *A,* L'ot escorchié *B - 39* Ki

Je m'en parti, n'i fis demour,
Tout a chele chasce pensant.
44 Li penser me va pourchacant
Une plaisant melancolie
A quoi mes cuers souvent colie.
Et pensai par cele aventure
48 Que la fame est d'autel nature:
Qu'autant y a bien a chacier,
Ainz c'on puist s'amour porchachier
Ne qu'a ami en face otroi,
52 Qu'un cerf prendre, si com je croi.
Donc, qui aime d'amour coreus
Dame qui est Cerf Amoureus,
Il doit tant atendre et souffrir
56 Qu'envoier li voeille ou offrir
Amours qui est li droiz veneirez.
Car Fine Amour est li meneirez
De tous les chiens qui le cerf pranent.
60 A Amour le chacier apranent.
Li chien sont de noble nature,
Car trestout est lor norreture
De regars et de contenancez:
64 Fine Amour fait les pourveances
De quoi li chien sont secouru.
C'est bien raison qu'il soit seü
Comment Amours set le cerf prendre.
68 Pour ce le vous vorrai aprendre
Que plaisans en est li recors.
Mout est biaus et noble de cors
Li chers dont la chace conmence.
72 Pas n'ai talent que je vous mence:
Ses cornez ont douze biaus rains.
Les premiers et les deerrains
Vous vourai dire et deviser
76 Ainsi que m'i sai aviser:
Bontés en est tous li premiers,
Senz li secons, Honnours li tiers,
Li quars Biautez, li quins Vaillance,
80 Li sisimez est Contenance,
Li septimez si est Simplece,
Li vuitimez si est Noblece;
Maintiens, Bons Los, Humilitez
84 Et tres parfaite Charitez,
Cil quatre les cornez parfont
Qui de mout grant noblece sont.

---

point A; estoit esbahis AB - 42 Loés AB - 43-44 Trestout pensant a cele
cace / Et cis pensers si me pourcace AB - 49 Autant y B - 51-52 manquent
A, Ne que la dame B, K'a prendre un cerf si B - 55 doit et atendre AB -
58 Car boine a. AB - 61 de douce n. AB - 64 Boine amours AB; quert les A
- 65 sont esmeü A, sont repeü B - 66 Bien est r. AB - 72 Et s'ont n'ai
soing qu. A, Et si n'ai soing qu. B - 73 Ses beles cornes douze A - 75
Vous voel je d. A - 76 Et ki bien s'i set a. AB - 81 Et li septimes est
noblece A, Li septismes si est noblece B - 82 Et li witimes est simplece
A, Li witsmes a non simplece B - 86 grant hautece s. AB

Cil qui tel cerf a prendre embrace,
88  Il est droiz et raisons qu'il sache
Tout ce qu'a chacier appartient.
Et non pour quant a Amour tient
Li cers et la chace et la prise;
92  Car quant bonne dame est esprise
D'un loiel ami qui l'oneure,
S'avient a la fois qu'ele *neure*
Un orgueil ou ele s'enbusche.
96  Honnis soit buschons de tel busche!
Mais d'Orgueil et d'Outrecuidier
Couvient qu'Amour face vuidier
Le cerf que li amans desire
100  Qui souvent se plaint et souspire
Ne ja ne cuide avoir tel proie.
Car quant plus s'umilie et proie,
Plus fuit li cers et se destourne:
104  Et c'est la dame qui ne tourne
Sa requeste fors qu'a fanlose,
Si que cil plus proier ne l'ose
Ne n'a pooir que il tant face
108  Que devers lui tourne sa face.
Ferue est el buisson d'Orgueil
Mais vuidier li fera le bruel
Amours qui la chace a emprise:
112  Se chiens amaine sanz faintise
Qu'il a acouplez deus et deus.
Ce li cers n'est priz, c'est grans deul
A celui qui le cuide avoir;
116  Mais li chien sont de tel savoir,
De tel vertu et de tel pris,
Que li cers iert atains et pris.
Amours *corne* et Pensee muet
120  Qui plus de chiens ne se remuet.
Quois fu Souvenirs ses compains
Et quant Pensee s'est empains,
Bien poez savoir *sanz* cuidier
124  Le lieu d'Orgueil li fait vuidier,
Si que li cers ist as plains chanz:
De treblez, de muetez, de chanz
Sont tout li abai de Pensee.
128  Plus ne se puet estre tensee
Dame qui avoir en despit

*Leçons rejetées:*
*94* enuire – *119* torne – *123* savoir cuidier (= sanz *sauté)*


*Variantes:*
*87* Ki pour tel cerf se met en cace *AB* – *88* Il est molt bien r. *AB* – *93* De
l. *AB* – *94* A le fois avient k. *A* – *95* ou ses cuers s. *B* – *97* Car d. *AB* –
*99* li amis d. *AB* – *101* Que ja *A* – *104* Chou est *AB* – *105* fors a f. *A* – *108*
devers li t. *A,* lui retourt s. *B* – *109* Car il e. *A* – *110* le sueill *B* –
*112* amaine a cele prise *AB* – *117* tel pooir e. *AB* – *123* savoir sans c. *AB*
– *128* Pis ne *AB* – *129* Dame que d'avoir *AB*

<pre>
       Veut son amant, car nul respit
       Ne donne Pensers; ainz s'esforce
132    De chacier: toute y met sa force.
       Car quant la dame a despité
       Son amant sanz avoir pité,
       Lues qu'ele y pense, si l'en poise
136    Et dist "De tant douce despoise
       Est cil qui lonc tans m'a enmee,
       Et de si bonne renommee.
       Ainz ne me requist mesprison,
140    Je ne voi cause ne raison
       Que doie souffrir tel martire."
       Tout ainsi mort et sache et tire
       Pensers et fait que dame vuide
144    Le lieu d'Orgueil ou trop se cuide.
       Ci est li cers esmus a prendre,
       Puis que Pensers le fait esprendre,
       Mais il couvent qu'il ait aiue.
148    Li cers el bois mout bien s'eschiue
       Des chiens et bien eschaperoit,
       Se grant plentez n'en y couroit.
       Pour ce en y met on plenté
152    Qu'il en facent leur volenté:
       Ja par un chien priz ne seroit,
       Comment qu'il entrepriz en soit,
       Se des autrrez n'eüst secours.
156    Se Pensers est venus le cours
       Le Cerf Amoreus assaillir,
       Il y porra mout bien faillir,
       S'a la chace n'est secourus.
160    Souvenirs s'i est acourus
       Qui aprez Pensee s'eslaisse;
       Ca, quant dame le penser laisse
       Qui trop se cuide de value
164    Vers son amant, fait a falue
       Pensers puisqu'ele s'en orgueille.
       Tout aussi com d'erbe ou de fueille
       Se cuevre li cers enz el bos
168    — C'on n'en voit ne ventre ne dos —
</pre>

---

*Leçons rejetées:*
145 cors — 151 Et pour *(vers trop long d'une syllabe)* — 159 Se


*Variantes:*
130 Son boin ami quant *A*, Son bon amant quant *B* — 132 cacier et i *AB* —
133 C'est quant *A* — 134 Son ami s. *A* — 135 Quant ele *AB* — 136 tant boine
d. *AB* — 138 de se vaillant r. *A* — 139 C'onques ne me quist m. *A*, K'ains
ne *B* — 140 ne sai c. *A* — 141 Que souffrir doie t. *AB* — 142 ensi sace mort
e. *A* — 145 Or est li cers e. *AB* — 146 le veut emprendre *A*, pensers l'a
fait e. *B* — 149 D'un cien et tost e. *A*, Dou chien et *B* — 151 Pour ce *AB* —
152 Que bien en font l. *A*, Que il en font l. *B* — 153-154 Ke (Ne *B*) ja par
un cien ne fust pris / Comment k'il en fust entrepris *AB* — 159 S'a sa c.
*B* — 160 Souvenirs i e. *AB* — 162 quant le penser dame l. *A* — 164 son ami
f. *A* — 166 Car aussi *AB* — 167 S'acuevre l. *A*

```
        Pour ce qu'il ne soit aperçus
        – Par le flair des chienz est deçus
        Qui la place li font querpir –.
172     Tout aussi voit on avenir
        Que dame si aput ceuance
        Qu'ele riche et de grant puissance
        De valour dont son cuer afuble
176     De desdaing dont s'onnour avugle:
        C'est li cers en l'erbe tapis.
        Souvenirs qui n'est pas matis
        Li fait cele ruse vuidier
180     Ou repus estoit par cuidier.
        Or fuit li cers et fait maint saut:
        Souvenirs l'abaie et assaut:
        Qui droit le ramaine en Pensee
184     Et Pensers li retoult l'entree
        De Haïne ou vouloit entrer.
        Desirs le revient encontrer
        Qui est uns des vrais chiens d'amours.
188     Et pour Desir faire secours
        I vient Volentez en la route.
        Mout tost a sa chaiane route:
        Avec Desir est acouplez.
192     Souvenir est mout essouflez,
        Qu'Amours le semont et escrie.
        Le cerf chace et souvent tarie
        Qui en plusieurs lieus fu bleciez;
196     Mout tost ert enz el bos fichiez,
        Se li venairrez ne se gaite.
        Au jour d'ui sont la gent si faite
        Que, s'une dame a mis son cuer
200     En un vaillant homme de fuer
        Et il l'aime, sanz ochoison
        Li mesdisant par traïson
        Li aleverunt un tel blasme
204     Et tant en diront a la dame
        Que de celui ne li ert mais.
        Du cerf est li contez si fais,
```

---

169 que il ne soit perchus *AB* - 171 Ki li font que la place wide *AB* - 172
Aussi dame quant trop se cuide *A*, Tout aussi quant femme se cuide *B* -
173-174 *manquent AB* - 175 De valour et son cuer afule (awle *B*) *AB* - 176
s'onneur avule *A*, s'onnour afule *B* - 177 l'erbe quatis *AB* - 179 Li fait
tost ce fol liu widier *AB* - 180 U repuse s'est par *AB* - 181 La fuit *A* -
183 le race a p. *A*, ramaine a p. *B* - 185 voloit rentrer *B* - 186 Desirs li
rest a l'encontrer *AB* - 189 Revint v. *A* - 191 K'avoec desir ert a. *A*,
Avoec desir fu a. *B* - 193-194 Car amours l'escrie et semont / Li cers
fuit (Le cerf chace *B*) aval et amont *AB* - *après 194* Et amours rescrie
penser / Li cers ne se set ou tenser *ajoutés dans B; le passage corres-*
*pondant à 195-206 se trouve dans AB après les vers qui correspondent à*
*229-234* - 195 Tant k'en *A* - 196 Dont il issi ert tost ficiés *A* - 198 K'au
jour d'ui est la gens faite *(vers trop court d'une syllabe) B* - 201 Ki
l'amera *A* - 203 aleveront loés un b. *A*, aleveront si grant b. *B* - 205 Ki
ne l'en iert aussi que nient *A*; iert nient *B* - 206 Et tout ensi du cerf
avient *AB*

```
        Quant il est de chiens apressez
208  Et depilliez et engressez,
        Adez fuit. Et il a droiture
        Se il redoute l'aventure
        D'estre priz; il y voit sa mort.
212  Aussi quant dame se remort
        A ce que grant chose est de lui,
        Plus fiere est; amans a failli,
        S'amour ne li est en aïe.
216  Mais quant Amour perçoit qu'amie
        Veut issir hors de droit compas,
        Ses chiens fait efforcier le pas
        Qui tout laissoient l'abaier.
220  Mout se puet le cerf esmaier,
        Qui bien cuidoit estre a garant,
        Car Pensee le va tirant
        Qui le ramaine a droit propos.
224  De bois ist hors de son repos
        Li cerf, tout a plaine champaigne.
        Et pour ce qu'il ne se rempaigne
        En l'Orgueil dont il est issus,
228  Y est tost Souvenirs venus
        Qui le chace mout asprement.
        Maintenirs si est vistement
        Desir, ne se trait mie ensus,
232  Ainz fait les saus grans et menus
        Et le mort et li fait grant plaie.
        Li cers matist et si s'esmaie,
        Car grant paour a d'estre pris.
236  Aussi vaillant dame de priz,
        Quant ele aime et ele est amee,
        Tant doute a estre renommee
        D'aucun mesdisant plain d'envie
240  Qu'ele dit ja jour de sa vie
        De s'amour ne fera l'otroy.
        Or sont des quatre chiens li troi
        Recreant, car du Penser ist
244  Souvenirs; riens ne li forfist:
```

---

Leçons rejetées:
214 As maus – 242 chhiens

Variantes:
207 Car quant des ciens est engressés (apressés B) AB – 208 et appressés
A – 209 Tous dis fuit que (car B) c'est se nature AB – 210 Et trop r. A,
et molt r. B – 212 Et quant dame aussi s. A – 213 de li AB – 214 est amis
a A, est amans a B – 216 Et quant amis p. A – 218 efforcier lor p. AB –
220 Or s. AB – 223 a son proupos AB – 224 A ce caup ist li cers du bos A,
Or est li cers issus dou bos B – 225 et se met a AB – 227 U follu d. A –
228-235 Voir l'introduction pour la présentation synoptique de ce passage
– 235-254 le passage qui correspond à ces vers se trouve, dans AB, entre
les vers qui correspondent à 194/207 – 236 Ensi v. A – 240 Dist ja tant
qu'ele soit en vie A, Dist que ja tant que soit en vie B – 241 Fera otroi
AB – 242 La sont A – 243 Recreant quant d. A

Ele l'a mis en nonchaloir.
Et Desirers la fait doloir
Un petitet en sa venue:
248 Ele s'i est petit tenue.
Volentez l'a le plus blecie,
Car ele est et tainte et noircie
Et si veut ce qu'ele n'ose emprendre,
252 Tant fort se doute de mesprendre:
La met Volenté tout a nient.
Et autresi du cerf avient
Qui par la forest va courant;
256 S'a la fontaine vient bruiant
Et un poi s'i puet rafreschir,
Il li couvient les chiens guenchir:
Ore est plus viste que devant.
260 Mais a ce cop va escriant
Amours ses chiens qu'il voit lassez.
Entor li les a amassez,
Il les escrie et les chiens saillent,
264 Le cerf de toutez parz assaillent,
Mar ont repos. S'ert priz tout outre,
Car Pensers le priz li demoustre
Du vrai commant: c'est ses abais.
268 Suvenirs, qui n'est bruns ne bais,
Li renonce les amistez,
Les honnorablez privetez,
Dont raisons et qu'il li souviegne.
272 Desirs l'assaut qu'ele reviegne
As deduis que Souvenirs nonce.
Volentez, qui ne poise une once,
Eüst mis le cerf a merci,
276 Mais il a un petit guenchi,
Qu'il ne veut la prixe otryier.
Fine amour ne veut detrier:
Bien voit que la prise est meüre.
280 Li cers un petit s'asseüre,
Qui bien cuidoit sa delivrance.
Mais Amours li a fait moustrance
De deus chiens qu'il a affaitiez:
284 C'est Humilitez et Pitez.
Amours crie par grant soulas:

---

246 Se desirriers le (la B) fist d. AB - 253 met se volenté a AB - 254 Et
tout aussi d. A, Et tout ainsi d. B - 255 va bruiant A - 256 vient fuiant
A - 257 pou se puet B - 258 chiens guerpir B - 260 Aprés men dit va
esprouvant A - 261 ciens que v. AB - 263 Si les escrie par franquise A -
264 Le cerf assalent sans faintise A, Et le cerf a tous lés assaillent B
- 265 N'ara repos si sera pris A - 266 Car pensers li nonce le pris A,
Car amours li moustre le pris B - 267 vrai ami c. AB - 269 Li recorde l.
A - 271 Dont drois est que au cuer li tiengne AB - 272 Desirs veut que li
cers reviengne A - 273 As desirs que A - 275 L'eust a son kieus atourné
A, Eust la le cerf atorné B - 276 Mais li cers s'a lués destourné A, Mais
il l'a un pou trestorné B - 277 Ki n. A - 278 Et a. A, Mais a. B - 281
K'adés cuide s. A, Qui bien cuide s. B - 285-286 Amours corne et il sont
sali / Humilités n'a pas fali AB

Humilitez ne falli pas,
Ainz fist le cerf agenoullier.
288 Pitiez le conmence a pillier,
Ci doi le cerf a merci mettent.
Amours ne veut pas que le betent,
Ainz l'affaite a sa volenté.
292 Et li chien, ou tant a bonté,
Sevent si bien gaitier leur point,
Car aussi tost qu'Amours l'a point,
L'alaitent et au *cuir* se baignent.
296 Amours ne veut que il s'en faignent,
Mais onques pour leur alaitier
Ne laist le cerf a affaitier.
Ainz l'affaite et puis le presente
300 Celui que on a mis s'entente.
Ainsi cure Amours de l'amie
Et de l'amant; si ne veut mie
Les grans amistiez depecier.
304 Mout fait l'amant esleecier
Quant dame li fait otriance
De s'amour; a cele acordance
Pour leur amour secreement
308 Mener n'aquelz troi seulement:
C'est amours, l'amie et l'amis,
Qui en lui amer a tout mis
Cuer et volenté et desir.
312 Ore a amie a son plaisir
En gardant s'onnour et son cors:
En tele maniere est mes recors.
Amer doivent tout vroi amant
316 En l'onnour leur dame gardant.
Quiconquez le fait autrement,
Certez il aime faussement.
Tout ainsi est dame atornee;
320 Car ja tant ne seit destornee

---

*Leçon rejetée:*
295 cuer


*Variantes:*
287 Ains fait 1. *A* - 289 Tant k'il le metent a merci *A*, La metent le cerf
a merci *B* - 290 Amours saut il n'a pas guenci *A*, Amours saut il n'a point
fui *B* - 291 Ains l'atourne a *A* - 292 cien sont de tel b. *A*, chien ou molt
a *B* - 293 Et si tres bien gaitent 1. *A* - 294 Que si trestost k. *A*,
K'aussi tres tost k. *B* - 295 Le sanc alaitent et s'i baignent *A*, et ou
cuer s. *B* - 296 Et amours veut k'il ne s'en f. *A* - 297 Car amours p. *A*,
Ne amours p. *B* - 298 Ne le laist mie a *AB* - 300 A celui cui point n'est a
ente *A*, A celui qui n'est pas a ente *B* - 301 Ensi oeuvre a. *AB* - 302
amant ne ne v. *AB* - 305 Car la *B*; fait otroi que troi *B* - 307-308
*manquent AB* - 309 Amours et amie et amis *A*, Amours et la dame et amis *B* -
310 Ki tous s'est en sa dame mis *A*, Qui en li amer avoit mis *B* - 311-312
*manquent A*, Cuer et desir et volenté / La le reçoit en loiauté *B* - 313 En
gardant son cors et s'ounour / Et bien sacent grant et menour *AB* -
314-318 *manquent AB* - 319 Ke ensi *A* - 320 Ne ja tant ne s'iert d. *A*, Ne


210

De son vrai amant conforter
Que, s'amour le veut visiter
Et metre en pensee amoureuse,
324 Qu'ele ne soit lues curieuse
A faire ce qu'amour commande.
Dont est cil nice qui demande
S'amour set noblement chacer:
328 Nus ne se porroit deslacier
De ces chiens qu'il ne fust atainz.
De ce soit chascun tous certains:
Nus cuers contrester ne porroit
332 Contre amours; a chief ne venroit.
De bonne eure fu dame nee,
Quant d'amour est si demenee
Que deçute n'est ne sousprise.
336 A cest mot est cornee prise!

Explicit li chiers amoureus.

_Leçon rejetée:_
_333_ la dame _(vers trop long d'une syllabe)._

_Variantes:_
ja ne s'iert tant d. _B_ - _321_ son boin ami c. _A,_ son bon amant c. _B_ - _322_
s'amours veut en li entrer _A_ - _323-324 manquent A_ - _325_ Que lués fait c.
_A_ - _329_ qu'il nen f. _B_ - _330_ Tant est cascuns fin et certains _AB_ -
_331-332 manquent AB_ - _333_ A b. _A;_ fu dame nee _AB_ - _334_ Quant (Qui _B)_ ensi
est d'amour menee _AB_ - _335_ Car n'est dechute ne sousprise (seurprise _B)_
_AB_ - _336_ mot ai c. _AB_ - _Explicit manque A,_ Explicit li dis dou cerf
amoreus _B._

# IV
# POINTS DE MÉTHODE

# La statistique: outil de recherche pour la poésie lyrique

Pour m'en tenir au thème de cette section, "Voies modernes vers le moyen âge", j'ai choisi de mettre l'accent sur la méthode de recherche. Je voudrais prêter attention au revêtement et à la signalisation plutôt qu'à la localité médiévale qui nous attend au bout de cette route moderne.

Toutefois vous aurez peut-être l'impression, en examinant les tableaux, que j'essaye de vous faire prendre des vessies pour des lanternes: on y trouve bien des chansons courtoises, mais l'information s'y résume à des dénombrements portant sur un choix de catégories grammaticales. Il n'est pas du tout évident que ces chiffres ouvrent la voie à une meilleure compréhension ou à une connaissance élargie de la poésie lyrique médiévale, et les sceptiques seront portés à douter encore plus en prenant connaissance des conclusions auxquelles ces opérations arithmétiques permettent de parvenir.

J'ai analysé une vingtaine de chansons courtoises françaises du nord composées à la fin du XIIe et au début du XIIIe siècles. Pour être précis j'en ai compté les mots après les avoir classés selon leur catégorie grammaticale. Les résultats sont donnés sous forme condensée dans la colonne PLYR (poésie lyrique) du tableau 1.1.

Je suis bien conscient d'aller très loin dans la simplification lorsque je parle de "mots" et de "catégories grammaticales", alors que la linguistique ne se sert de ces notions qu'avec la plus grande prudence. On trouve toutefois dans les études statistiques

*Tableau 1.1:* distribution réelle des catégories grammaticales dans le *Philomena* de Chrétien de Troyes (PHIL) et dans vingt chansons courtoises du Chastelain de Couci et de Thibaut de Champagne (PLYR).

| code | cat. gram. | PHIL | PLYR | total |
|------|-----------|------|------|-------|
| 0 | articles | 347 | 175 | 522 |
| 1 | substantifs | 1388 | 957 | 2345 |
| 2 | adjectifs | 369 | 284 | 653 |
| 3 | verbes | 2034 | 1390 | 3424 |
| 4 | adverbes | 1121 | 881 | 2002 |
| 5-6 | pronoms | 1715 | 1244 | 2959 |
| 7 | prépositions | 765 | 524 | 1289 |
| 8 | conjonctions | 1066 | 689 | 1755 |
| | total | 8805 | 6144 | 14949 |

*Tableau 1.2:* distribution théorique établie sur la base des totaux marginaux du tableau 1.1.

| code | cat. gram. | PHIL | PLYR | total |
|------|-----------|------|------|-------|
| 0 | articles | 306 | 216 | 522 |
| 1 | substantifs | 1381 | 964 | 2345 |
| 2 | adjectifs | 385 | 268 | 653 |
| 3 | verbes | 2017 | 1407 | 3424 |
| 4 | adverbes | 1181 | 821 | 2002 |
| 5-6 | pronoms | 1742 | 1217 | 2959 |
| 7 | prépositions | 759 | 530 | 1289 |
| 8 | conjonctions | 1033 | 722 | 1755 |
| | total | 8805 | 6144 | 14949 |

portant sur la littérature un certain nombre de propositions d'ordre pratique, et je les ai reprises en les adaptant à l'objet de ma recherche. Le traitement des bandes perforées que j'ai préparées a été effectué sur l'ordinateur du Centre de Mathématiques d'Amsterdam.

J'ai comparé un certain nombre de données numériques de sortie avec des données du même ordre publiées dans la concordance du roman de *Philomena* attribué à Chrétien de Troyes (PHIL)[1]. Le tableau 1.2 donne les totaux auxquels on s'attendrait pour PHIL et PLYR si la distribution des mots en catégories grammaticales se faisait selon les mêmes proportions dans les deux groupes. Ces tableaux, de même que les suivants, peuvent contenir quelques imprécisions dues à l'arrondissement des résultats.

La formule 1.3 met l'accent sur la différence entre distribution réelle et distribution théorique; en l'appliquant aux données des tableaux 1.1 et 1.2 on obtient les résultats du tableau 1.4.

*Formule 1.3:*

$$\chi^2 = \sum_{i=1}^{r} \sum_{j=1}^{c} \frac{(O_{ij}-E_{ij})^2}{E_{ij}}$$

O = Observation (valeur réelle);
E = Espérance (valeur théorique);
r = rang (horizontal) – ici: 8 rangs;
c = colonne (vertical) – ici: 2 colonnes.

---

1.  DUBOIS *et al.* (1969).

*Tableau 1.4:* calcul du $\chi^2$ à l'aide de la formule 1.3 pour les données des tableaux 1.1 et 1.2

| code | O-E | (O-E)² | /E = | $\chi^2$ |
|------|-----|--------|------|----------|
| 0 | +41 | 1681 | 306 | 5,49 |
|  | -41 | 1681 | 216 | 7,78 |
| 1 | + 7 | 49 | 1381 | 0,03 |
|  | - 7 | 49 | 964 | 0,05 |
| 2 | +16 | 256 | 385 | 0,66 |
|  | -16 | 256 | 268 | 0,95 |
| 3 | +17 | 289 | 2017 | 0,14 |
|  | -17 | 289 | 1407 | 0,20 |
| 4 | +60 | 3600 | 1181 | 3,05 |
|  | -60 | 3600 | 821 | 4,39 |
| 5-6 | +27 | 729 | 1742 | 0,42 |
|  | -27 | 729 | 1217 | 0,60 |
| 7 | + 6 | 36 | 759 | 0,04 |
|  | - 6 | 36 | 530 | 0,06 |
| 8 | +33 | 1089 | 1033 | 1,05 |
|  | -33 | 1089 | 722 | 1,51 |
|  |  |  |  | $\chi^2$ = 26,42 |

Nombre de degrés de liberté: $(r-1)(c-1) = 7$.
La table du $\chi^2$ donne en regard de $\chi^2 = 24,322$ une valeur de 0,001 pour P. Nous avons donc ici $P < 0,001$.

Comment interpréter $\chi^2 = 26,42$ et $P < 0,001$? Ceci veut dire que j'ai moins d'une chance sur mille de me tromper en affirmant que les deux groupes de textes ne sont pas extraits de la même population. En d'autres termes la distribution des catégories grammaticales diverge d'un groupe à l'autre de manière significative. Maintenant vous pensez peut-être: "voilà bien du travail pour démontrer ce que l'on savait depuis longtemps; il s'agit tout bonnement de deux textes différents et il ne faut pas s'étonner d'y trouver des différences; je ne vois pas ce que cette conclusion peut m'apporter: ce n'est pas de la littérature. Ça ne m'avance pas d'un pas vers une meilleure compréhension de la poésie médiévale."

Or, pour la recherche littéraire, l'utilité de ces données réside dans la possibilité de les confronter à d'autres. Voyez à cet effet les tableaux 2.1 et 2.2.

J'y compare à l'aide du même $\chi^2$ dix chansons du Chastelain de Couci à 10 chansons de Thibaut de Champagne. Le tableau 2.2 donne un $\chi^2$ de 5,28, pour lequel P se situe entre 0,90 et 0,70. Ceci veut dire qu'il n'y a aucune raison de supposer que les deux groupes divergent de manière significative du point de vue de la distribution des catégories lexicales. En comparant deux groupes

*Tableau 2.1:* distribution réelle des catégories grammaticales de 10 chansons courtoises du Chastelain de Couci (CHAS) et de 10 chansons de Thibaut de Champagne (THIB). Entre parenthèses les distributions théoriques.

| code | CHAS | | THIB | | total |
|---|---|---|---|---|---|
| 0 | 94 | (96) | 81 | (79) | 175 |
| 1 | 520 | (532) | 437 | (425) | 957 |
| 2 | 158 | (158) | 126 | (126) | 284 |
| 3 | 780 | (774) | 610 | (616) | 1390 |
| 4 | 470 | (490) | 411 | (391) | 881 |
| 5 | 512 | (502) | 389 | (399) | 901 |
| 6 | 184 | (192) | 159 | (151) | 343 |
| 7 | 296 | (291) | 228 | (233) | 524 |
| 8 | 403 | (388) | 286 | (301) | 689 |
| | 3417 | (3417) | 2727 | (2727) | 6144 |

extraits d'une même population et en ne faisant intervenir que le hasard, on obtiendrait quelque 8 fois sur dix une répartition semblable. Ceci n'est pas une preuve de la validité de l'hypothèse nulle, qui dit que les chansons du Chastelain et celles de Thibaut appartiennent à la même population; un critique littéraire pourra néanmoins en tirer la conclusion suivante: "après avoir classé un certain nombre de textes sur des critères littéraires, on a examiné deux types d'opposition en comparant des caractéristiques n'appartenant pas spécifiquement au domaine littéraire: les catégories

*Tableau 2.2:* calcul du $\chi^2$ sur la base des données du tableau 2.1.

| | CHAS | | | | | THIB | | |
|---|---|---|---|---|---|---|---|---|
| code | $(O-E)^2$ | / E | = | | code | $(O-E)^2$ | / E | = |
| 0 | 4 | 96 | * | 0,04 | 0 | 4 | 79 | 0,05 |
| 1 | 144 | 532 | * | 0,27 | 1 | 144 | 425 | 0,34 |
| 2 | 0 | 158 | | 0,00 | 2 | 0 | 126 | 0,00 |
| 3 | 36 | 774 | | 0,04 | 3 | 36 | 616 | * 0,05 |
| 4 | 400 | 490 | * | 0,82 | 4 | 400 | 391 | 0,102 |
| 5 | 100 | 502 | | 0,20 | 5 | 100 | 399 | * 0,25 |
| 6 | 64 | 192 | * | 0,33 | 6 | 64 | 151 | 0,42 |
| 7 | 25 | 291 | | 0,02 | 7 | 25 | 233 | * 0,10 |
| 8 | 225 | 388 | | 0,58 | 8 | 225 | 301 | * 0,75 |
| total | | | | 2,30 | | | | 2,98 |

TOTAL: $\chi^2$ = 5,28

La table donne pour 8 degrés de liberté:
P = entre 0,90 et 0,70.

grammaticales. Ce test a permis de rejeter l'hypothèse selon laquelle les textes narratifs et les chansons seraient extraits de la même population, et de constater que les deux groupes de chansons sont très proches l'un de l'autre."

Ces tests semblent indiquer que les chansons courtoises partagent plus que la simple forme strophique, ou la "structure profonde": *Madame, je vous aime*. Les transformations qui s'y appliquent doivent avoir beaucoup de points communs pour que le résultat final présente une telle unité. Soit dit en passant que si vous avez des objections à l'égard de cet usage quelque peu métaphorique de la terminologie générative-transformationnelle, je ne vois aucun inconvénient à parler, comme Geoffroy de Vinsauf, d'*amplification* ou d'*expolition* au moyen de *circonlocutions*, de *collations*, d'*exclamations*, etc. Cette recherche permet de supposer qu'à un certain niveau de la langue il est possible de parler d'une unité, que je voudrais appeler stylistique. C'est l'étude de cette unité à l'intérieur même de l'usage linguistique du Chastelain et de Thibaut que je voudrais approfondir encore. Je pourrais le faire en répétant la même analyse un grand nombre de fois et en variant toujours les textes servant à la comparaison. Mais il est peut-être plus intéressant dans ce cadre d'esquisser un autre type d'analyse.

*Tableau 3.1:* Probabilité d'occurrence de la séquence *substantif - autre catégorie* dans les chansons du Chastelain de Couci et celles de Thibaut de Champagne.

M: fréquence d'occurrence d'une catégorie immédiatement précédée d'un substantif.
T: fréquence totale de la même catégorie.
Probabilité de la séquence: M/T.
(Je ne tiens pas compte des substantifs suivis d'exclamations et d'interjections ou placés en fin de chanson).

| code catégorie | CHAS M/T | | | THIB M/T | | |
|---|---|---|---|---|---|---|
| 0 | 6 | 94 | 6% | 7 | 81 | 8% |
| 1 | 22 | 520 | 4% | 22 | 437 | 5% |
| 2 | 22 | 158 | 13% | 15 | 126 | 11% |
| 3 | 93 | 780 | 11% | 79 | 610 | 12% |
| 4 | 72 | 470 | 15% | 68 | 411 | 16% |
| 5 | 82 | 512 | 16% | 58 | 389 | 14% |
| 6 | 12 | 184 | 6% | 10 | 159 | 6% |
| 7 | 64 | 296 | 21% | 51 | 228 | 22% |
| 8 | 127 | 403 | 31% | 100 | 286 | 34% |

J'aimerais donner une idée de la position des différentes catégories les unes par rapport aux autres. J'aimerais surtout présenter une recherche syntaxique basée sur des données statistiques. Toutefois les problèmes posés par un tel travail sont d'une telle ampleur que je dois me limiter ici à quelques indications. Le tableau 3.1 illustre l'une des questions que l'on peut se poser dans le cadre d'une telle méthode: dans quelle mesure peut-on, après un substantif, s'attendre à trouver un article, ou un autre substantif, un adjectif, etc. Voici un exemple. Dans le tableau 3.1 la catégorie de l'adverbe porte le code 4. On peut lire dans la deuxième colonne que dans les chansons du Chastelain de Couci il y a 72 cas où un substantif est immédiatement suivi d'un adverbe. Les textes du Chastelain de Couci ont 470 occurrences d'adverbes (troisième colonne), ce qui donne une probabilité de 15% pour cette séquence (quatrième colonne). Pour les chansons de Thibaut de Champagne on trouve un pourcentage très proche: 16%. On observe une affinité comparable pour toutes les combinaisons d'un substantif et d'une autre catégorie et, dans une mesure moindre, pour la séquence verbe – autre catégorie (cf. tableau 3.2). On voit que ce procédé permet de construire deux fois une matrice de 9 X 9 éléments. Si l'on étendait la recherche à des séquences de trois mots on aurait théoriquement $9^3$ = 729 possibilités.

*Tableau 3.2:* Probabilité d'occurrence de la séquence *verbe - autre catégorie*. Mêmes formules qu'en 3.1; pourcentages seulement.

| code | CHAS | THIB |
|------|------|------|
| 0 | 26% | 27% |
| 1 | 12% | 15% |
| 2 | 15% | 17% |
| 3 | 14% | 27% |
| 4 | 27% | 27% |
| 5 | 12% | 14% |
| 6 | 29% | 29% |
| 7 | 40% | 34% |
| 8 | 43% | 33% |

J'espère vous avoir montré dans ce début de recherche qu'il y a de bonnes raisons de considérer que la langue du Chastelain est apparentée à celle de Thibaut. Toutefois la relation étroite que nous venons d'observer ne va pas nous aider à répondre à la question complémentaire: peut-on à l'aide de la statistique montrer ce

qui différencie les deux auteurs? Je n'oserais pas donner une réponse catégorique. Je veux tout au plus essayer de mettre le doigt
sur quelques contrastes qui semblent pertinents.

Mais je tiens à insister sur l'un des mots du titre: la statistique doit rester un *outil*. Je suis avant tout un lecteur, lecteur
de textes qui étaient destinés à une réception orale. Ce que je
m'efforce d'atteindre c'est une interaction constante entre la
recherche statistique et ma compréhension du texte. Je voudrais
contrôler mes observations de lecteur à l'aide de la statistique,
mais j'attends aussi de la statistique qu'elle me lance sur une
piste profitable à ma réflexion de lecteur. Ce dernier point mérite un exemple. Le tableau 1.5 montre que la *poésie lyrique* diffère du *Philomena* principalement par la fréquence plus élevée des
adverbes et l'emploi plus réduit des articles. Ce sont en effet
les catégories dont le $\chi^2$ est le plus élevé: resp. 4,39 et 7,78.
D'après le tableau 2.2 c'est aussi par la fréquence d'emploi des
adverbes que le Chastelain et Thibaut, par ailleurs très proches,
diffèrent le plus: Thibaut de Champagne, avec un $\chi^2$ de 1,02, y
recourt plus que le Chastelain de Couci.

Cette constatation m'a suggéré d'aiguiller la recherche sur
l'usage des adverbes chez ces deux auteurs. J'ai découvert que
Thibaut utilisait 28 fois le mot *plus*, contre 8 fois chez le Chastelain. J'ai alors étendu la recherche aux autres adverbes de comparaison. Les résultats se trouvent dans le tableau 4.1.

*Tableau 4.1*: adverbes de comparaison chez CHAS et THIB.

| auteur | *plus* | autres adv. d'inégalité | égalité | total adv. |
|--------|--------|--------------------------|---------|------------|
| CHAS   | 8      | 21                       | 37      | 470        |
| THIB   | 28     | 32                       | 26      | 411        |

Voilà sans aucun doute l'amorce d'une piste pour le chercheur
qui s'interroge sur la *rhétorique* de ces trouvères. On pense tout
de suite à établir un lien entre ces proportions et ce qu'un Geoffroy de Vinsauf dit de la *collatio*, en particulier de la *collatio
aperta*, aux v. 245 et suivants de sa *Poetria Nova*:

        collatio quae fit aperta
    Se gerit in specie simili quam signa revelant
    Expresse. Tria sunt haec signa: magis, minus, aeque.

Le tableau met en évidence le penchant de Thibaut pour le *magis* et
le *minus*.

Ceci est un exemple parmi beaucoup d'autres d'un type de recherche pour lequel l'outil de base est une liste de fréquences de
tous les mots utilisés. Ce genre de travail révèle toutes sortes
de différences que d'autres méthodes laisseraient dans l'ombre. Il
en est ainsi du verbe *servir*, qui a le sens typiquement féodal de
"être le vassal de", et qui s'applique en poésie courtoise à la
relation du *je* à la *dame courtoise*: Thibaut de Champagne ne s'en
sert guère. Et s'il le fait, comme dans la chanson R 1268:

> Or la m'estuet servir

il s'empresse d'ajouter comme pour s'excuser:

> Ne m'en puis plus tenir.

Chez le Chastelain de Couci en revanche ce mot est très fréquent.
Je ne sais si j'ose me baser sur un si maigre indice pour conclure
sans plus à l'identité du *je* et du poète Thibaut de Champagne, qui
occupait en tant que roi de Navarre une place particulière dans le
système féodal, ou pour en déduire que chez les poètes lyriques le
vocabulaire féodal n'était pas encore devenu une collection de
clichés sans lien avec la réalité de l'époque.

J'aimerais encore vous donner un exemple de la démarche inverse. Je peux partir d'une hypothèse que j'ai formulée en tant
que lecteur et tenter de la vérifier.


*Tableau 5.1*: expression de la 1ère personne du singulier chez les
    trouvères Thibaut de Champagne et Chastelain de
    Couci. Codification en 5 groupes:

     A sujet avec prédicat
     B prédicat sans sujet
     C objet direct
     D complément prépositionnel
     E pronom/adjectif possessif
     F pronom réfléchi


J'ai déjà parlé de la petite phrase *Madame, je vous aime* que
l'on transforme, que l'on amplifie et que l'on répète pour en
faire une plainte de 5 à 6 strophes. On peut imaginer qu'un trouvère développe l'élément *je*, tandis qu'un autre met l'accent sur

*vous.* Peut-on alors partir d'une recherche sur la fréquence des mots pour se faire une idée de l'angle sous lequel un poète donné préfère approcher ce thème?

Le tableau 5.2 donne, pour chaque chanson de Thibaut de Champagne et du Chastelain le nombre d'occurrences des marques de la première personne du singulier (voir tableau 5.1). Les textes étant d'inégale longueur je les mesure en syllabes. C'est une me-

*Tableau 5.2*: calcul, sur les 20 chansons étudiées, du quotient:

$$\frac{\text{Nombre d'occurrences lère pers. A/F}}{\text{Nombre de syllabes}} \quad X \quad 100$$

| chanson | THIB quotient | = | chanson | CHAS quotient | = |
|---------|---------|-------|---------|---------|-------|
| R 237 | 19/ 2,03 | 9,22 | R 679 | 51/ 4,80 | 10,62 |
| R 275 | 20/ 2,66 | 7,52 | R 700 | 46/ 4,75 | 9,68 |
| R 315 | 25/ 4,30 | 5,82 | R 40 | 50/ 4,00 | 12,50 |
| R 324 | 27/ 4,30 | 6,05 | R1009 | 46/ 3,50 | 14,57 |
| R 360 | 25/ 3,80 | 6,58 | R 985 | 42/ 4,56 | 9,22 |
| R 407 | 22/ 4,30 | 5,12 | R 671 | 53/ 4,80 | 11,03 |
| R 510 | 30/ 2,63 | 11,41 | R 209 | 45/ 5,36 | 8,41 |
| R 523 | 29/ 2,31 | 12,55 | R 790 | 33/ 4,00 | 8,25 |
| R 711 | 28/ 4,30 | 6,51 | R1965 | 28/ 3,28 | 8,53 |
| R 714 | 31/ 4,28 | 7,24 | R1913 | 18/ 1,89 | 9,52 |
| moyenne | 256/34,91 | 7,34 | moyenne | 412/40,94 | 10,06 |

sure très précise, et elle a l'avantage essentiel d'être voulue par l'auteur. Le quotient nombre de marques de la 1ère personne / nombre de syllabes donne la proportion des syllabes qui servent à désigner la 1ère personne, car on peut sans danger compter *je, me, m', moi, -ai,* etc. comme des monosyllabes.

La dernière ligne donne la moyenne pour les chansons de Thibaut: 7,34. Elle est inférieure à celle du Chastelain de Couci: 10,06. Suis-je maintenant en droit d'affirmer que Thibaut utilise moins souvent la première personne du singulier que le Chastelain de Couci? Car il ne faut pas perdre de vue que Thibaut a aussi une chanson dont le quotient s'élève à 12,55%, tandis que chez le Chastelain on en trouve une avec 8,25%.

Pour résoudre ce problème on a avantage à recourir au test de Kolmogorov-Smirnov. Le tableau 5.3 se compose de 4 lignes. La première établit des classes de pourcentages. Par exemple la classe 5 recouvre les pourcentages allant de 5 à 5,99.

*Tableau 5.3:* le test de Kolmogorov-Smirnov.

$S10_1(X)$ = fréquences cumulées des classes de pourcentages de syllabes marquant la 1ère personne du singulier dans les chansons de THIB.
$S10_2(X)$ = idem pour CHAS.
échelle: unités 5 à 14

| Pourcentages | 5 | 6 | 7 | 8 | 9 | 10 | 11 | 12 | 13 | 14 |
|---|---|---|---|---|---|---|---|---|---|---|
| $S10_1(X)$ | $\frac{2}{10}$ | $\frac{5}{10}$ | $\frac{7}{10}$ | $\frac{7}{10}$ | $\frac{8}{10}$ | $\frac{8}{10}$ | $\frac{9}{10}$ | $\frac{10}{10}$ | $\frac{10}{10}$ | $\frac{10}{10}$ |
| $S10_2(X)$ | $\frac{0}{10}$ | $\frac{0}{10}$ | $\frac{0}{10}$ | $\frac{3}{10}$ | $\frac{6}{10}$ | $\frac{7}{10}$ | $\frac{8}{10}$ | $\frac{9}{10}$ | $\frac{9}{10}$ | $\frac{10}{10}$ |
| $S10_1(X) - S10_2(X)$ | $\frac{2}{10}$ | $\frac{5}{10}$ | $\frac{7}{10}$ | $\frac{4}{10}$ | $\frac{2}{10}$ | $\frac{1}{10}$ | $\frac{1}{10}$ | $\frac{1}{10}$ | $\frac{1}{10}$ | $\frac{0}{10}$ |

A la deuxième ligne je donne les fréquences cumulées de chaque classe de pourcentages (de 5 à 5,99; de 6 à 6,99 etc.) chez Thibaut de Champagne. A la troisième ligne j'applique la même formule au Chastelain de Couci. La dernière ligne donne pour chaque quotient la différence entre les deux fréquences cumulées. Ce qui est déterminant dans ce test c'est la différence maximum, ici 7/10. Pour un test unilatéral comme le nôtre la table donne pour N = 10 (nombre de classes) et $K_D$ = 7 une limite de 0,01. Cela veut dire que s'il n'y avait pas de différence réelle et que les différences observées étaient dues au hasard, un résultat comme celui que nous avons obtenu ne se présenterait que dans un cas sur cent. Cette chance est si faible qu'il est raisonnable d'accepter l'autre hypothèse: il est clair que le Chastelain de Couci fait de la première personne du singulier un usage plus fréquent que Thibaut de Champagne.

J'ai étendu cette recherche sur l'usage de la première personne en l'appliquant à un total de 62 chansons. Les résultats se trouvent dans le tableau 6.1.

J'ai soumis ces données au test $\chi^2$, non pas tant en raison du total – qui laisse voir une grande divergence – mais pour voir si le $\chi^2$ a pour chaque trouvère une valeur anticipatoire. En d'autres termes: il me suffit d'étudier sept chansons d'un trouvère donné pour en déduire la fréquence avec laquelle il se sert de la première personne; est-ce que je peux en tirer des conclusions concernant l'usage de l'auteur dans les autres chansons?

La réponse que l'on donnera à cette question peut avoir des répercussions intéressantes, par exemple pour l'histoire littéraire. Pour illustrer le problème j'ai ajouté à ma liste de neuf

*Tableau 6.1:* marques de la première personne du singulier dans 10 groupes de chansons

I. Nombre de syllabes marquant la 1ère personne du singulier (tabl. 5.1, cat. A/F)

II. Nombre de syllabes ne marquant pas la 1ère personne du singulier

| auteur | nombre de chansons | syll. I | syll. II | total |
|--------|--------------------|---------|----------|-------|
| Chastelain de Couci | 7 | 333 | 2844 | 3177 |
| Thibaut de Champagne | 7 | 168 | 2234 | 2402 |
| Blondel de Nesle | 6 | 168 | 1589 | 1757 |
| Raoul de Soissons | 7 | 218 | 3123 | 3341 |
| Jehan de Nuevile | 8 | 180 | 1684 | 1864 |
| Chrestien de Troyes | 5 | 155 | 1466 | 1621 |
| Chardon de Croisilles | 3 | 114 | 1076 | 1190 |
| Adam de la Hale | 4 | 63 | 1004 | 1067 |
| Gace Brulé | 8 | 334 | 2761 | 3095 |
| X | 7 | 210 | 2488 | 2698 |
| | 62 | 1943 | 20269 | 22212 |

trouvères un poète X identique à l'un des neuf. Dans le tableau 6.2 je donne les $\chi^2$ en ordre décroissant, de Gace Brulé qui s'exprime beaucoup plus souvent que les autres à la première personne, à Raoul de Soissons qui s'en sert le moins. Notre X se trouve entre Chardon de Croisilles et Thibaut de Champagne, parmi les auteurs pour lesquels la valeur observée est inférieure à la valeur théorique calculée en fonction du groupe de 62 chansons dans son ensemble.

*Tableau 6.2:* syllabes marquant la 1ère personne: valeur théorique et $\chi^2$. Classement selon valeurs décroissantes.

| auteur | O – E | | | $(O-E)^2/E$ | | $\chi^2$ |
|--------|-------|---|-----|-------------|---|----------|
| Gace | 334 – 270 | = | 64 | 4096/270 | | 15,17 |
| Couci | 333 – 278 | = | 55 | 3025/278 | | 10,95 |
| Jehan | 180 – 163 | = | 17 | 289/163 | | 1,77 |
| Chrétien | 155 – 142 | = | 13 | 169/142 | | 1,19 |
| Blondel | 168 – 155 | = | 13 | 169/155 | | 1,09 |
| Chardon | 114 – 104 | = | 10 | 100/104 | | 0,96 |
| X | 210 – 236 | = | –26 | 676/236 | * | 2,86 |
| Thibaut | 168 – 210 | = | –42 | 1764/210 | * | 8,32 |
| Adam | 63 – 93 | = | –30 | 900/ 93 | * | 9,68 |
| Raoul | 218 – 292 | = | –74 | 5476/292 | * | 18,74 |

(J'omets les valeurs complémentaires des syllabe ne marquant pas la première personne).

Les tableaux 6.3, 6.4 et 6.5 présentent une recherche semblable, mais axée sur la différence entre prédicat avec et sans pronom sujet.

Vous direz peut-être que c'est une différence d'ordre purement linguistique. Pour ma part je suis convaincu du contraire. T. FRANZEN, par exemple, dans sa thèse intitulée *Etude sur la syntaxe des pronoms personnels sujets en ancien français*, met en lumière l'existence d'un lien étroit entre la construction de la phrase et la présence ou l'absence du pronom sujet. Cela signifie pour moi que l'emploi d'une construction par un auteur relève bien réellement d'un choix. C'est ainsi que je trouve les deux vers suivants à peu de distance dans la chanson R 1397 de Thibaut de Champagne:

> 29 Dame, bien vueil que vous sachiez de voir

et

> 33 Je n'ai mestier, dame, de decevoir.

D'un point de vue linguistique Thibaut aurait pu dans les deux cas choisir une construction différente. En comparant les fréquences

*Tableau 6.3.*

A. 1ère pers. du sg. exprimée à l'aide de la séquence *sujet + prédicat*;
B. 1ère pers. du sg. exprimée à l'aide de la désinence du prédicat seulement.
(entre parenthèses: les valeurs théoriques)

| auteur | A | | B | | total |
|---|---|---|---|---|---|
| Chastelain de Couci | 49 | (59) | 120 | (110) | 169 |
| Thibaut de Champagne | 48 | (36) | 54 | ( 66) | 102 |
| Blondel de Nesle | 26 | (27) | 53 | ( 52) | 79 |
| Raoul de Soissons | 41 | (37) | 65 | ( 69) | 106 |
| Jehan de Nueville | 26 | (33) | 69 | ( 62) | 95 |
| Chrestien de Troyes | 30 | (29) | 54 | ( 55) | 84 |
| Chardon de Croisilles | 19 | (21) | 42 | ( 40) | 61 |
| Adam de la Hale | 12 | ( 9) | 14 | ( 17) | 26 |
| Gace Brulé | 43 | (52) | 107 | ( 98) | 150 |
| X | 46 | (37) | 59 | ( 68) | 105 |
| Total | 340 | | 637 | | 977 |

d'emploi on obtient des différences significatives, qui ressortent avec une clarté particulière du tableau 6.5: Thibaut de Champagne utilise très souvent le pronom sujet, le Chastelain de Couci très rarement. Dans ce tableau X se situe entre Thibaut de Champagne et

*Tableau 6.4:* $\chi^2$ pour les données du tableau 6.3.

| Auteur | | A | | B | |
|---|---|---|---|---|---|
| Couci | * | 1,69 | | 0,91 | |
| Thibaut | | 4,00 | * | 2,18 | |
| Blondel | * | 0,03 | | 0,01 | |
| Raoul | | 0,43 | * | 0,23 | |
| Jehan | * | 1,48 | | 0,77 | |
| Chrétien | | 0,03 | * | 0,01 | |
| Chardon | * | 0,19 | | 0,10 | |
| Adam | | 1,00 | * | 0,53 | $\chi^2 = 19,34$ |
| Gace | * | 1,55 | | 0,82 | $\nu = (10 - 1)\,(2 - 1) = 9$ |
| X | | 2,19 | * | 1,19 | P = entre 0,05 et 0,02 |

Adam de la Hale. Si j'osais déjà, à ce stade de la recherche, me risquer à attribuer ces chansons, je leur donnerais Thibaut de Champagne pour auteur, et c'est bien à lui qu'elles appartiennent.

Voilà une belle construction qui débouche sur des résultats encourageants, mais je suis le premier à reconnaître que ces modestes exemples ne sont que de maigres indices dans un réseau complexe de possibilités de recherche. Si je pense aux applications possibles sur le terrain de l'histoire littéraire, en particulier à la recherche visant à identifier l'auteur d'un texte dont l'attribution n'est pas certaine, je vois surgir de gros problèmes.

La recherche visant à l'identification des auteurs des chansons médiévales comporte des difficultés spécifiques, dues à leur caractère fortement homogène et à leur brièveté. Dans presque tous les exemples j'ai comparé des *groupes* de chansons, et même dans ce cas il n'est pas facile de formuler un jugement relativement bien fondé au sujet de tel ou tel trait caractéristique. Ce problème croît en raison inverse des dimensions de l'échantillon - qui peut

*Tableau 6.5:* mêmes données qu'en 6.4, mais ordonnées en raison décroissante des valeurs de la colonne A.

| | | | | | |
|---|---|---|---|---|---|
| Thibaut | | 4,00 | * | 2,18 | |
| X | | 2,19 | * | 1,19 | |
| Adam | | 1,00 | * | 0,53 | |
| Raoul | | 0,43 | * | 0,23 | |
| Chrétien | | 0,03 | * | 0,01 | |
| Blondel | * | 0,03 | | 0,01 | |
| Chardon | * | 0,19 | | 0,10 | |
| Jehan | * | 1,48 | | 0,77 | |
| Gace | * | 1,55 | | 0,82 | |
| Couci | * | 1,69 | | 0,91 | |

se réduire à une seule chanson. Il faut alors tester un grand
nombre de caractéristiques. Quoi qu'il en soit l'histoire de la
littérature médiévale française tirerait profit d'une telle recherche, j'en ai la ferme conviction. J'ai compté 148 chansons que
les différents chansonniers attribuent à deux ou plusieurs trouvères. Une recherche basée sur des méthodes mathématiques parvien-
drait peut-être à désigner le candidat le plus vraisemblable. Mais
je suis conscient des écueils auxquels ce travail se heurtera, et
le mot "certitude" n'y aura jamais sa place.

Mais celui qui tirera le plus grand profit d'une recherche statistique, c'est le lecteur à qui elle dévoilera des particularités
qui lui auraient échappé lors d'une lecture plus traditionnelle.
En confrontant un grand nombre de faits il parviendra peut-être à
se faire une idée des proportions qui caractérisent le langage
poétique des XIIe et XIIIe siècles; il sera ainsi en mesure de
reconstruire partiellement le cadre littéraire dans lequel chaque
chanson occupe sa place spécifique - comme il le fait, souvent
sans s'en rendre compte, pour la littérature de son époque.

Pour conclure j'exprime le voeu d'avoir pu donner une certaine
idée de ce que pourrait être une voie moderne vers le moyen âge -
j'espère ne vous avoir pas donné l'impression de m'en tenir à la
structure d'un seul pavé.

# Le classement des manuscrits et son approche formelle

Quand le philologue a dressé la liste des variantes et qu'il les a soigneusement comparées, il en tire ses conclusions sous forme de liste d'accords ou d'oppositions entre deux ou trois manuscrits ou groupes. Il a déjà pris un certain nombre de décisions concernant la façon dont il faut choisir les variantes, négliger ou éliminer les variantes orthographiques et traiter les variantes multiples.

Il s'agit maintenant de décrire les rapports entre les manuscrits ou groupes de manuscrits, et de construire à cet effet un arbre généalogique à partir des données réunies. Or, un examen de la pratique des chercheurs montre qu'il y a deux possibilités d'approcher le problème, qui sont en rapport avec la conception fondamentale qu'on se fait du fonctionnement et de la force explicative de l'arbre.

Les deux conceptions ont en commun qu'il faut, en première analyse, exclure l'idée d'une contamination systématique ou forte. On peut éventuellement détecter une légère forme de contamination et la tolérer. La notion de contamination elle-même ne fait aucune difficulté: il est vrai que certains chercheurs aimeraient distinguer entre contamination et polygénèse. La polygénèse inclurait alors (parmi d'autres phénomènes qui comportent chacun une autre explication historique, telle que le hasard ou l'activité conjecturale des scribes) la contamination comme l'utilisation simultanée de plus d'un document. Mais il n'y a pas de problème pour accepter la même description du phénomène: les manuscrits contaminés sont ceux qui remontent, directement ou indirectement, à plusieurs sources utilisées en même temps. Dans un schéma comme (1) il ne serait pas permis que A et C se réunissent contre B:

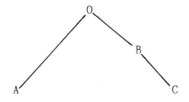

Il faudrait alors indiquer aussi le rapport AC dans le schéma et admettre que A remonte à deux sources (0 et C) ou que C a deux ancêtres (B et A), comme dans le schéma (2):

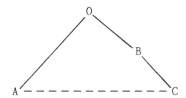

Provisoirement nous écartons cette éventualité bien qu'elle soit précisément la plus intéressante, et d'une très haute fréquence dans les textes anciens qui nous occupent.

Le *stemma* est la schématisation d'une classification d'un certain nombre de données et l'indication des rapports existant entre elles. Il convient de se demander si c'est là une construction *a priori*, c'est-à-dire un ensemble de données et de rapports qui existe en réalité et qu'il s'agit de redécouvrir. L'alternative serait de considérer le travail taxinomique comme l'établissement d'une construction *a posteriori:* il existe un certain nombre de faits que nous voulons grouper pour des raisons pratiques, mais cette construction ne représente pas nécessairement une classification indiquant des rapports généalogiques.

Le choix dépend de la réponse qu'on donne à la question de savoir si nous avons affaire à une tradition homogène ou à une tradition hétérogène. Pour qu'on puisse se mettre d'accord sur ces notions, il ne faut pas perdre de vue que nous parlons de *textes*. C'est la notion même de texte comme ensemble cohérent de signes linguistiques et graphiques qui se trouve centrale dans la manière d'envisager le problème.

On établit une classification toujours dans un but précis qui dans notre cas est:

1. de retrouver la teneur de l'original;
2. d'expliquer les variantes de chaque manuscrit isolé dans leurs rapports avec tous les autres témoins.

Si l'on ne se rend pas compte de l'importance de ce phénomène, on risque de perdre de vue la réalité et de s'attacher à une classification qui n'a d'autre but que le travail taxinomique lui-même. Nous partons d'un texte, et le résultat que nous essayons d'obtenir est aussi un texte (C. SEGRE).

Celui qui dresse un *stemma*, ou essaie de le faire, a réuni préalablement un ensemble de textes qui ont beaucoup d'éléments en commun, et il commence son travail avec l'idée que les témoins qu'il a devant lui partageront ces traits caractéristiques dans une mesure importante avec les textes non conservés. Ainsi on dira du schéma (3):

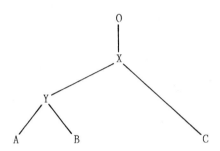

qu'il est assuré que O, X, Y, A, B et C ont, malgré leurs différences, beaucoup d'éléments en commun. Il s'agit d'une tradition homogène. On commence sa classification par la partie supérieure de l'arbre. On dit que les propriétés du noeud le plus haut placé se retrouvent de toute façon en partie dans les noeuds inférieurs.

D'autre part, c'est précisément par les différences qu'on définit les manuscrits les uns par rapport aux autres: on raisonne à partir des notions de variante et de faute.

La *variante*, qui se définit toujours par rapport à la leçon d'un autre manuscrit, est le fragment de texte qui se trouve en un *lieu variant*. Le lieu variant se définit comme l'endroit où deux ou plusieurs manuscrits donnent des fragments de texte différents intercalés entre deux lieux invariants qui comportent des fragments de texte identique (pour le début et la fin du texte il faut considérer des lieux "vides" comme invariants). Or, le problème est que chaque fragment du texte A peut être variant ou invariant, et même les deux à la fois par rapport à des manuscrits différents. Si l'on conduit le raisonnement sur les variantes à ses limites extrêmes, il se pourrait que deux manuscrits n'aient plus rien en commun (schéma 4):

O

A

B

Théoriquement ce schéma pourrait représenter (la chance est
petite, mais dans des arborescences plus grandes et plus compli-
quées cela pourrait sembler possible) une situation dans laquelle
O et B n'ont plus rien en commun. En effet A pourrait modifier par
exemple tous les mots pairs de son modèle O: le texte

a b c d e f g h i j..

du ms O donnerait dans A

a k c l e m g n i o..

Si maintenant B avait l'idée de changer tous les mots impairs de
son modèle A, on arriverait au résultat:

p k q l r m s n t o..

Le résultat serait que le texte de B n'a plus rien en commun avec
O.

Evidemment c'est un raisonnement *ad absurdum* et je ne crois pas
qu'on ait jamais rencontré une telle situation dans la réalité des
textes. Ici, c'est par la partie inférieure du *stemma* que commence
le raisonnement. Les variantes qui se trouvent en fin de ligne ne
doivent pas se retrouver nécessairement dans tous les noeuds supé-
rieurs.

Je distingue à la base des approches différentes deux types de
raisonnements qui aboutissent nécessairement à des conclusions opposées:

a) tous les manuscrits (perdus et conservés) ont un certain nombre
   de caractéristiques en commun et il est possible de définir
   chaque manuscrit et son appartenance au *stemma* par la somme des
   constantes et des variantes;

b) tout élément du texte d'un manuscrit peut être un élément variable; il n'y a donc aucun trait qu'on trouve nécessairement
   dans tous les témoins, perdus ou conservés.

Le problème posé ainsi est bien connu des biologistes qui ont une longue expérience des problèmes de classification, et qui depuis vingt ans ont fait des progrès remarquables dans le domaine de l'analyse des notions qui jouent un rôle dans la taxinomie. (SNEATH & SOKAL 1973; pour l'application dans d'autres domaines DORAN & HODSON 1975).

Ils distinguent entre classes monothétiques et classes polythétiques. Les deux conceptions taxinomiques conduisent dans notre cas à l'établissement d'un *stemma* de type essentiellement différent, et par conséquent à une utilisation différente de l'ordinateur pour la reconstitution des arbres généalogiques. Ce qui pourrait ajouter à la confusion, c'est que très souvent par les deux méthodes appliquées au même matériel on arrive à dessiner un arbre de la même forme.

Les classes polythétiques se définissent par des traits caractéristiques qui ne sont pas nécessairement partagés par tous les membres. La méthode qui considère les manuscrits et les groupes de manuscrits comme des classes polythétiques se servira de méthodes statistiques comme l'analyse factorielle (J. GRIFFITH, F. BERGHAUS), "cluster analysis" (P. GALLOWAY) ou le coefficient de corrélation de Pearson (F. BERGHAUS) et renoncera à présenter le *stemma* comme autre chose que la meilleure façon d'indiquer des similitudes. Cette méthode permettra de retrouver des rapports qui ressemblent aux rapports génétiques, puisqu'on pourrait soutenir que les manuscrits qui se ressemblent le plus et qui sont réunis par ces techniques sont précisément ceux qui ont les rapports génétiques les plus étroits. Ces méthodes présentent des avantages techniques très appréciables lorsqu'il s'agit de les utiliser pour la première fois dans une université qui dispose d'un ordinateur: le plus souvent les programmes sont déjà mis au point pour les sciences biologiques ou sociales.

L'autre méthode considère les groupes comme des classes monothétiques: ils sont toujours caractérisés par la présence d'un certain nombre de traits constants. On peut ainsi avoir la prétention de reconstruire l'arbre généalogique et essayer de retrouver la façon dont le même matériel se trouve transformé dans d'autres réalisations. Il s'agit alors de se rendre compte du fait que le schéma recherché possède un certain nombre de propriétés mathématiques qu'on peut utilement décrire soit dans les termes de la théorie des ensembles, soit dans ceux de la théorie des graphes.

Quelle que soit la méthode qu'on adopte, on peut reconnaître, et par là tolérer, une légère forme de contamination, bien que les bases théoriques diffèrent. Dans les méthodes statistiques on peut admettre cette contamination faible, puisque l'arbre ne prétend pas autre chose que de fournir la meilleure approximation (ou l'une des meilleures approximations) du degré de ressemblance entre les manuscrits. Une contamination légère n'influencera pas ou très peu ces rapports.

Dans les modèles "monothétiques" on exclut préalablement toute contamination, bien que le mécanisme des graphes permette sa présence (D. NAJOCK). Dans la construction du *stemma* il est fondamental qu'on distingue des phases, et il faut au minimum qu'on indique les deux phases d'*enchaînement* et d'*orientation* (J. FROGER, G.P. ZARRI, V. DEARING). Les programmes réalisés montrent toujours le même ordre qui est celui de deux programmes de DEARING: PRE-LIMDI "constructs a stemma without an archetype as yet", ARCHETYP "provides archetypes for the preliminary diagrams worked out by PRELIMDI".

On commence par relier les manuscrits pour arriver à une structure non orientée. Ensuite on cherche le point de suspension. On fait abstraction de la contamination et c'est à plusieurs moments qu'on peut la réintroduire. Il y a une préférence certaine pour le faire tout à fait à la fin de l'opération, mais comme nous l'avons dit plus haut, on peut admettre une légère forme de contamination avant la fin de la procédure.

La première phase, celle qui aboutit à un *stemma* non orienté, consiste toujours en une comparaison de tous les manuscrits entre eux, soit par deux, soit par trois. Ensuite, on groupe les manuscrits tout en excluant les combinaisons "impossibles" qui sont en contradiction avec les autres combinaisons (recherche des zéros ou quasi-zéros caractéristiques). Ensuite, pour orienter le *stemma*, il faut recourir à la notion d'erreur ou à d'autres critères: date ou localisation, *stemma* du *codex* confronté avec celui du texte (A. KLEINLOGEL).

Les procédés pour trouver l'enchaînement et orienter ensuite le *stemma* sont nombreux et il convient de les évaluer. Il faut qu'il y ait une théorie pour évaluer les théories, et il me semble que les critères mathématico-linguistiques de force explicative, simplicité, élégance, et puissance de généralisation s'imposent. On a parlé d'évaluation de théories, mais il s'agit plutôt de méthodes où les mêmes critères jouent un rôle. Notamment pour ce qui est des méthodes statistiques il faut se demander si telle ou telle méthode s'est avérée meilleure dans un cas précis ou s'il s'agit d'une propriété généralisable à d'autres recherches. Si pour le groupement dans un espace à n dimensions l'agglomération donne de meilleurs résultats que la division (F. BERGHAUS), il convient de se demander si pour les problèmes qui nous occupent il faut de manière générale préférer cette méthode. Cette évaluation est d'autant plus nécessaire que, notamment pour les sciences sociales ou biologiques, les programmes et les procédures du type "cluster analysis" tendent à devenir très nombreux.

On peut tout simplement maintenir que méthodologiquement l'ordinateur constitue un outil parmi d'autres (S. LUSIGNAN). Mais alors il faut ajouter que c'est bien un outil qui exerce une influence sur son utilisateur. Ainsi beaucoup d'utilisateurs (S. FOLLET) ont constaté que le recours à l'ordinateur les a amenés à définir avec une plus grande précision leurs problèmes en vue de leur formalisation, et que leur travail en a profité. Mais, en se servant de l'ordinateur, le philologue introduit aussi dans son travail des méthodes et techniques qui viennent d'autres sciences. On constate alors que le risque est très grand de voir se produire un transfert des connaissances techniques sans le support des connaissances théoriques. La scission qui pourrait en être la conséquence nuirait finalement au but proposé (A. KLEINLOGEL). C'est par intuition et par analogie que le philologue se met à utiliser notamment les méthodes de la taxinomie numérique récente. Il n'y a aucune objection à formuler contre l'influence de l'intuition ou de l'analogie, si ce n'est qu'il faut une base théorique indépendante. Il faut donc, en principe, la collaboration étroite du logicien (ou mathématicien), de l'informaticien et du philologue. La situation idéale serait qu'on réunisse ces trois qualités en une seule personne. C'est d'autant plus nécessaire que bien des chercheurs (E. POOLE) sont d'accord pour dire que le travail garde toujours un élément subjectif: les données sont influencées par la façon dont on les a collationnées, et le tri des données pour l'établissement du *stemma* connaît toujours un stade dans lequel le jugement du philologue doit intervenir.

La critique du texte n'est pas scientifique dans le sens étroit du terme: elle ne se base pas sur une description complète et non ambiguë des propriétés des éléments, mais relève, selon l'expression heureuse de ZARRI, du domaine de l'ingénieur. Or, dans ce genre de travail, il faut un équilibre entre les connaissances théoriques, les connaissances de l'outil et les connaissances du matériau.

Cette collaboration étroite joue surtout lorsqu'il s'agit de la reconnaissance du phénomène de la contamination. Si, en première analyse, on essaie d'éliminer les cas de contamination, cela ne veut pas dire qu'on rejette la possibilité de l'étudier. Au contraire, toutes les recherches montrent que l'expression "Gegen die Kontamination ist kein Kraut gewachsen" est trop peu nuancée. On distingue entre contamination faible et forte, polygénèse faible et forte, et s'il est difficile d'indiquer au préalable quelle est la limite entre les deux, il est évident qu'il s'agit d'une réalité. Si le niveau de polygénèse est bas, il ne faut pas renoncer à un *stemma* (G.P. ZARRI). Cet avis est général, mais dans le cas de contamination forte les opinions sont partagées. On comprend aisément pourquoi: puisqu'on se base sur des fréquences, on risque d'avoir une image complètement fausse de la réalité. Les cas normaux minoritaires risqueraient d'être considérés comme exceptionnels et par là d'être éliminés (J. FROGER). Devant une telle éventualité il serait plus sage de renoncer. Mais si l'on veut persévérer, il faut suivre l'autre voie, et chercher à dresser un *stemma* en indiquant, par des procédés empruntés à la taxinomie numérique, le degré de similitude entre les manuscrits. On arrive alors à un arbre dont on n'est pas sûr qu'il décrive la généalogie, mais qui a l'avantage de grouper les manuscrits qui se ressemblent beaucoup.

En travaillant ainsi de proche en proche, le chercheur est bien obligé de sacrifier chaque fois un peu d'information pour arriver à un *stemma* qui est l'abstraction la plus éloignée de la réalité des textes qu'il a collationnés. Il ne faut pas oublier que le *stemma* n'est qu'un élément parmi d'autres: on ne publie jamais un *stemma* sans commentaire, et en principe il y a un texte qui l'accompagne. On a fait le travail en vue d'un certain but, qui est toujours de rendre service à ceux qui veulent prendre connaissance d'un texte. Le philologue prend ses décisions en fonction de ses idées sur l'usage que fera son public de l'information fournie. A certains moments le philologue seul peut décider quelle information est essentielle, quelle autre a une valeur relativement moins grande. C'est lui aussi qui, à chaque moment, devra opter pour telle méthode qui lui semble plus adaptée à son cas ou aux circonstances dans lesquelles il travaille (programmation disponible, qualités des personnes travaillant avec lui, temps de calcul à l'ordinateur disponible). Dans ce but il faut des échanges de vue et des contacts réguliers entre les spécialistes.

# RÉFÉRENCES

ADAM, A. *et al.*
1967    *Littérature française,* I. Paris.

ALMANSI, G.
1974    *L'estetica dell'osceno.* Einaudi.

APFEL, E.
1970    *Anlage und Struktur der Motetten im Codex Montpellier.* Heidelberg.

ASSUNTO, R.
1963    *Die Theorie des Schönen im Mittelalter.* Köln.

AUBRY, P. & A. JEANROY
1909    *Le chansonnier de l'Arsenal.* Paris.

BARTSCH, K. (Hrsg.)
1856    *Denkmäler der provensalischen Literatur.* Leipzig.
1870    *Altfranzösische Romanzen und Pastourellen.* Leipzig.

BEC, P.
1977    *La lyrique française au moyen âge,* I. Paris.

BECK, J. & L. BECK
1938    *Le chansonnier du Roi,* I. Londres, Oxford, Philadelphia.

BECK, J.
1927    *Les chansonniers des troubadours et des trouvères,* 2 vol.

BEDIER, J.
1893    *Les fabliaux.* Paris.
1908-1913  *Les légendes épiques.* Paris.

BERGER, R.
1963-1970  *Le Nécrologe de la Confrérie des Jongleurs et des bourgeois d'Arras (1194-1361),* I-II. Arras.

BLAKE, N.
1977    *The English Language in Medieval Literature.* Londres.

BLEEK, W.H.I.
1864    *Reynard the Fox in South Africa,* or *Hottentot Fables and Tales.* Londres.

BLOMQVIST, A. (éd.)
1951    Gace de la Buigne, *Le Roman des Deduis.* Karlshamn.

BOCHENSKI, I.M. (éd.)
1947    Petri Hispani *Summulae logicales.* Turin.

BOER, C. de
1956    *Over een Middeleeuws-Franse prozabewerking van Ovidius' "Ars amatoria".* Amsterdam.

BRAKELMANN, J.

1867-1868 Die altfranzösische Liederhandschrift N° 389 der Stadtbiblio-
thek zu Bern. *Archiv für das Studium der neueren Sprachen und Literaturen* 42 (1867), 374-375; 42 (1868), 258-281; 43 (1868), 308-
309.

BREMOND, Cl.

1973 *Logique du récit.* Paris.

BUKOFZER, M.

1940 Popular Polyphony in the Middle Ages. *Musical Quarterly 26.*

CHARLAND, Th.-M.

1936 *Artes Praedicandi.* Paris, Ottawa.

CHENU, M.-D.

1969 *La théologie comme science au XIIIe siècle.* Paris.

CHEVALIER, U.

1903/1960 *Répertoire des sources historiques du Moyen-Age, bio-biblio-
graphie.* New York.

CRANE, Th.F.

1890 *The Exempla of Jacques de Vitry.* Londres.

CREMONESI, C.

1955 *Lirica francese del medio evo.* Milan.

DELBOUILLE, M. (éd.)

1932 *Le Tournoi de Chauvency.* Liège, Paris.

DELHAYE, Ph.

1969 Arts libéraux et programmes scolaires au XIIIe siècle. In: *Arts
libéraux et philosophie médiévale.* Montréal, Paris.

DINAUX, A.

1837 *Trouvères cambrésiens.* Paris.

DOLEŽEL, L.

1969 A Framework for the Statistical Analysis of Style. In: DOLEŽEL &
BAILEY (1969:10-25).

DOLEŽEL, L. & R.W. BAILEY

1969 *Statistics and Style.* New York, Londres, Amsterdam.

DOMENICA LEGGE, M.

1963/1971 *Anglo-Norman Literature and its Background.* Oxford.

DORAN, J.E. & F.R. HODSON

1975 *Mathematics and Computers in Archaeology.* Edinburgh.

DRAGONETTI, R.

1960 *La technique poétique des trouvères dans la chanson courtoise.*
Bruges.

DRONKE, P.

1965   Mediaeval Latin and the Rise of European Love-Lyric, I-II. Oxford.

DUBOIS, C. et al.

1969   Chrétien de Troyes, Philomena: concordances et index établis d'après l'édition C. de Boer. Liège.

DUFEIL, M.-M.

1972   Guillaume de Saint-Amour et la polémique universitaire parisienne (1250-1259). Paris.

DUGGAN, J.J.

1973   The Song of Roland: formulaic style and poetic craft. London.

EITNER, R.

1959   Biographisch-Bibliographisches Quellen-Lexikon. Graz.

FARAL, E. & J. BASTIN (éds.)

1969   Oeuvres complètes de Rutebeuf², II. Paris.

FARAL, E.

1933   D'Amour et de Jalousie, complainte d'Amour du XIIIe siècle. Romania 59, 333.

1934   Le Manuscrit 19.152 du fonds français de la Bibliothèque Nationale. Paris.

1962   Les Arts poétiques du XIIe et du XIIIe siècle². Paris.

1964   Les jongleurs². Paris.

FETIS, F.J.

1865-1866   Biographie universelle des musiciens et bibliographie générale de la musique². Paris.

FINNEGAN, R.

1977   Oral Poetry. Cambridge.

FLINN, J.

1963   Le Roman de Renart dans la littérature française et dans les littératures étrangères au moyen âge. Toronto.

FRANK, I.

1953-1957   Répertoire métrique de la poésie des troubadours, I-II. Paris.

FRAPPIER, J.

1962   La poésie lyrique en France aux XIIe et XIIIe siècles. Paris.

FREEMAN REGALADO, N.

1970   Poetic Patterns in Rutebeuf. New Haven, London.

FROGER, J.

1979   La méthode de Dom Quentin. In: IRIGOIN & ZARRI (1979:13-22).

GALLAIS, P.

1972   Perceval et l'initiation. Paris.

GALLO, E.

1971　The Poetria Nova and its Sources in Early Rhetorical Doctrine (avec éd. & trad. anglaise). La Haye, Paris.

GAUTIER, L.

1878　Les épopées françaises². Paris.

GENNRICH, F.

1958　Bibliographie der ältesten französischen und lateinischen Motetten. Darmstadt.

GEROLD, Th.

1932　La musique au moyen âge. Paris.

GLORIEUX, P.

1971　La Faculté des Arts et ses maîtres au XIIIe siècle. Paris.

GRÖBER, G.

1902　Grundriss der romanischen Philologie, II. Strasbourg.

HANDSCHIN, J.

1930–1931　Über Estampie und Sequenz, II. Zeitschrift für Musikwissenschaft 13, 127–128.

HARVEY, L.P.

1974　Oral Composition and the Performance of Novels of Chivalry in Spain. Forum for Modern Language Studies 10, 270–286.

HAYMES, E.

1969　Mündliches Epos in mittelhochdeutscher Zeit. Erlangen, Nürnberg.

HENRY, A.

1951　Les Oeuvres d'Adenet le Roi, I. Bruges.

HESS, R.

1909　Der Roman de Fauvel. Studien zur Hs. 146 der Nat. Bibl. zu Paris. Göttingen.

HOEPFFNER, E.

1917　Vier altfranzösische Lieder aus dem Archiv des Benediktiner Stifts St. Paul im Lavantal. Zeitschrift für romanische Philologie 38, 167–169.

1938　Les Chansons de Jacques de Cysoing. Studi medievali 11, 69–70.

HOFFMANN, A.

1917　Robert de le Piere, Robert le Clerc, Robert du Castel. Halle.

HOLLIS, A.S. (éd.)

1977　Ovid, Ars amatoria, Book I. Oxford.

HUET, G.

1902　Chansons de Gace Brulé. Paris.

1912　Chansons et descorts de Gautier de Dargies. Paris.

HUIZINGA, J.
1957    Herfsttij der Middeleeuwen. Haarlem[9].

IRIGOIN, J. & G.P. ZARRI (éds.)
1979    La pratique des ordinateurs dans la critique des textes. Paris.

JACOBSSON, H.
1955    Etudes d'anthroponymie lorraine: les bans de tréfonds de Metz. Göteborg.

JAUSS, H.R.
1968    Grundriss der romanischen Literaturen des Mittelalters, VI/1. Heidelberg.

JEANROY, A.
1889    Les Origines de la poésie lyrique en France au moyen âge. Paris.
1917/1965 Bibliographie sommaire des Chansonniers français du Moyen Age . Paris.

JEANROY, A & A. LÅNGFORS
1918–1919 Chansons inédites. Romania 45, 386.

JUBINAL, A.
1835    Jongleurs et trouvères, ou Choix de saluts épîtres, rêveries des XIIIe et XIVe siècles. Paris.
1838    Lettre au directeur de l'Artiste touchant le manuscrit de la Bibliothèque de Berne n° 354 [...] suivie de quelques pièces inédites du XIIIe siècle. Paris.

JÄRNSTRÖM, E. & A. LÅNGFORS
1927    Recueil de Chansons pieuses, II. Helsingfors.

KELLER, A.
1844    Romvart, Beiträge zur Kunde mal. Dichtung aus italienische Bibliotheken.

KERLING, J.
1976    Kunst of Kunstjes? Literatuur en samenleving in de middeleeuwen. Wassenaar.

KOENIG, V.F. (éd.)
1966    Les Miracles de Nostre Dame, I. Genève.

LABORDE, J.B. de & l'Abbé ROUSSIER
1780    Essai sur la musique ancienne et moderne. Paris.

LADD, A.
1973    Lyric Insertions in Thirteenth-Century French Narrative. Yale.

LÅNGFORS, A.
1917    Les Incipit des poèmes français antérieurs au XVIe siècle. Paris.
1927    Mélanges de poésie lyrique française, Deuxième Article. Romania 53, 474–538.

LÅNGFORS, A. *et al.*

1926    *Recueil général des jeux-partis français*, I–II. Paris.

LANGLOIS, E.

1890    *Origines et sources du Roman de la Rose.* Paris.

1910    *Les manuscrits du Roman de la Rose.* Paris.

LAWLER, T. (éd.)

1974    *The Parisiana Poetria of John of Garland.* New Haven, Londres.

LECOY DE LA MARCHE, A.

1886    *La Chaire française au Moyen Age.* Paris.

LECOY, F. (éd.)

1962    Jean Renart, *Le Roman de la Rose ou de Guillaume de Dole.* Paris, CFMA.

LEROND, A.

1964    *Chansons attribuées au Chastelain de Couci.* Paris.

LEWIS, C.S.

1958    *The Allegory of Love.* New York.

LORD, A.B.

1965    *The Singer of Tales*². Cambridge (Mass).

MAETZNER, E.

1853    *Altfranzösische Lieder.* Berlin.

MAILLARD, J.

1961    *Evolution et esthétique du Lai lyrique.* Paris.

MALRAUX, A.

1977    *L'homme précaire et la littérature.* Paris.

MATHIASSEN, F.

1966    *The Style of the Early Motet.* Copenhague.

MENARD, Ph.

1970    *Les poésies de Guillaume le Vinier.* Genève, Paris.

1979    Littérature et Iconographie: les pièges dans les traités de chasse. *Actes du Colloque sur La Chasse au Moyen Age du Centre d'Etudes Médiévales de Nice*, 165.

MEON, M.

1808    *Fabliaux et contes.* Paris.

MEYER, P.

1868    Notice sur le roman de Tristan de Nanteuil. *Jahrbuch für romanische und englische Literatur* 9, 1–42.

MEYER, P. & G. RAYNAUD

1892    *Le Chansonnier de Saint-Germain.* Paris.

MICHAELSSON, K.

1927    *Etudes sur les noms de personne français d'après les rôles de taille parisiens.* Upsal.

MIERLO, J. van

1949    Wanneer leefde Gerrard van Luik? *Ons Geestelijk Erf,* 409–412.

MILETICH, J.S.

1976    The Quest for the 'Formula': A Comparative Reappraisal. *Modern Philology* 2, 111–123.

MONTAIGLON, A. & G. RAYNAUD

1872–1890 *Recueil général et complet des fabliaux des XIIIe et XIVe siècles,* I–VI. Paris.

MOODY, E.A.

1953    *Truth and Consequence in Mediaeval Logic.* Amsterdam.

MORLET, Th.M.

1967    *Etude d'Anthroponymie Picarde.* Paris.

MURPHY, J.J.

1971    *Three Medieval Rhetorical Arts.* Berkeley, Los Angeles, Londres.

MÜLK, U. & F. WOLFZETTEL

1972    *Répertoire métrique de la poésie lyrique française des origines à 1350.* München.

NISSEN, E.

1929    *Les chansons attribuées à Guiot de Dijon et Jocelin.* Paris.

NOACK, F.

1899    *Der Strophenausgang in seinem Verhältnis zum Refrain und Strophengrundstock in der refrainhaltigen altfranzösischen Lyrik.* Marburg.

NOOMEN, W.

.1974    Qu'est-ce qu'un fabliau? *Atti del XIV Congresso Internazionale di linguistica e filologia romanza* V, 421–431.

NYKROG, P.

1957/1973 *Les Fabliaux.* Copenhague, 1957; Genève, 1973.

PARIS, G.

1895    *La poésie au moyen âge,* 2ème série. Paris.

PARIS, P.

1872    De l'origine et du développement des romans de la Table ronde. *Romania* 1, 457–482.

PETERSEN DYGGVE, H.

1929–1930 Chansons françaises du XIIIe siècle. *Neuphilologische Mitteilungen* 30 (1929) et 31 (1930), 19–21.

1934    *Onomastique des trouvères.* Helsinki.

1938    *Moniot d'Arras et Moniot de Paris.* Helsinki.

1951    *Gace Brulé, trouvère champenois: édition des chansons et étude historique.* Helsinki.

PICKFORD, C.E.

1960    *L'évolution du roman arthurien en prose, vers la fin du moyen âge, d'après le manuscrit 112 du fonds français de la Bibliothèque Nationale.* Paris.

POLET, S.

1972    *Literatuur als werkelijkheid, maar welke?* Amsterdam.

RAYNAUD, G.

1884    *Bibliographie des chansonniers français des XIIIe et XIVe siècles, comprenant la description de tous les manuscrits, la table des chansons classées par ordre alphabétique de rimes et la liste des trouvères.* Paris.

RAYNAUD, G. & H. LAVOIX

1881-1884  *Recueil de motets français des XIIe et XIIIe siècles,* I-II. Paris.

RAYNAUD-SPANKE

1955    voir SPANKE (1955).

RIBARD, J.

1969    *Un ménestrel du XIVe siècle, Jean de Condé.* Paris.

RIJK, L.M. de (éd.)

1972    Peter of Spain: *Tractatus.* Assen.

ROBERTS, J.G.

1936    Renart le Nouvel, Date and successive editions, *Speculum* 11, 472-477.

ROHLOFF, E.

1943    *Mediae Latinitatis Musica,* II: *Der Musiktraktat des Johannes de Crocheo.* Leipzig.

ROKSETH, Y.

1935-1939  *Polyphonies du XIIIe siècle,* I-IV. Paris.

ROUSSEL, H. (éd.)

1961    Jacquemart Giélée, *Renart le Nouvel.* Paris.

ROY, B. (éd.)

1974    *L'Art d'Amours.* Leyde.

RYCHNER, J.

1955    *La chanson de geste.* Genève.

1960    *Contribution à l'étude des fabliaux,* I; II: *Textes.* Neuchâtel, Genève.

SALY, A.

1970    Source d'un épisode de Cleomades et de Meliacin. *Travaux de Linguistique et de Littérature* 8/2, 7-22.

SCHENCK, M.J.

1978   Functions and Roles in the Fabliau. *Comparative Literature* 30, 28.

SCHWAN, E.

1886   *Die altfranzösische Liederhandschriften, ihr Verhältnis, ihre Entstehung und ihre Bestimmung.* Berlin.

SEAY, A.

1967   Johannes de Crocheo, *Concerning Music (De Musica).* Colorado Springs.

SEGRE, C.

1968   Ars amandi classica e medievale. In: JAUSS (1968:109–116).

SICILIANO, I.

1968   *Les Chansons de geste et l'épopée.* Turin.

SINCLAIR, K.V.

1965   Anglo-Norman Studies: The Last Twenty Years. *Australian Journal of French Studies* 2, 225–226.

SINCLAIR, K.V. (éd.)

1971   *Tristan de Nanteuil.* Assen.

SMALLEY, B.

1960   *English Friars and Antiquity in the Early Fourteenth Century.* Oxford.

SNEATH, P.H.A. & R.R. SOKAL

1973   *Numerical Taxonomy.* San Francisco.

SPANKE, H.

1908   Die Gedichte Jehan's de Renti und Oede's de la Couroierie. *Zeitschrift für französische Sprache und Literatur* 32, 157–218.

1925   *Eine altfranzösische Liedersammlung, der anonyme Teil der Liederhandschriften KNPX.* Halle.

1936   Beziehungen zwischen romanischer und mittellateinischer Lyrik, mit besonderer Berücksichtigung der Metrik und der Musik. *Abhandlungen der Gesellschaft der Wissenschaften zu Göttingen*, Phil. hist. Klasse 3. Folge 18, 35.

1955   *G. Raynauds Bibliographie des altfranzösischen Liedes.* Leyden.

SPEARING, A.C.

1964   *Criticism and Medieval Poetry.* Londres.

SPRAYCAR, Rudy S.

1976   La Chanson de Roland: An Oral Poem? *Olifant* 4.

STEFFENS, G.

1896–1897  Die altfranzösische Liederhandschrift der Bodleiana in Oxford, Douce 308. *Archiv für das Studium der neueren Sprachen und Literaturen* 97, 294–295; 99, 80.

STENGEL, E.

1886   Die altfranzösische Liedercitate aus Girardin D'Amiens, Conte du Cheval de Fust. *Zeitschrift für romanische Philologie* 10, 460–472.

STIMMING, A.

1906   *Die französische Motette der Bamberger Handschrift.* Halle.

SUDRE, L.

1892   *Les sources du Roman de Renart.* Paris.

SWEETSER, F.P. (éd.)

1964   *Blancandin et l'Orgueilleuse d'Amour.* Genève, Paris.

THIEBAUX, M.

1965   An unpublished allegory of the hunt of love: Li dis dou cerf amoureus. *Studies in Philology* 70, 531–545.

1974   *The Stag of Love.* Ithaca, Londres.

TILANDER, G.

1932   *Glanures lexicographiques.* Lund.

1957   *Nouveaux essais d'étymologie cynégétique.* Lund.

TILANDER, G. (éd.)

1932   *Les Livres du Roy Modus et de la Reine Ratio,* I. Paris.

1960   *La Chace dou Cerf.* Stockholm.

1971   Gaston Phébus, *Livre de la Chasse* (fac-similé). Karlshamn.

TISCHLER, H.

1942   *The Motet in the Thirteenth Century France.* Yale University.

TOBLER, A.

1884   *Li dis dou vrai aniel.* Leipzig.

VANSINA, J.

1973   *Oral Tradition.* Harmondsworth.

VILAMO-PENNTI, E. (éd.)

1953   *La court de Paradis.* Helsinki.

VISING, J.

1923   *Anglo-Norman Language and Literature.* Oxford.

VOORWINDEN, N.T.J.

1976   De dichter van het Nibelungenlied: zanger of schrijver? *Literatuur en samenleving in de middeleeuwen.* Wassenaar.

WERF, H. van der

1972   *The Chansons of the Troubadours and Trouvères: A Study of the Melodies and their Relation to the Poems.* Utrecht.

WEST, M.

1977   *The Navigator.* New York.

WILMART, Dom A.

1931   Un traité inédit de l'amour de Dieu, *Revue d'ascétique et de mystique* 12, 349–430.

1933   Reg. Lat. 71, Les Traités de Gérard de Liège sur l'amour illicite et sur l'amour de Dieu. *Analecta Reginensia, Studi e Testi,* 183–247.

WINTERNITZ

1968   *Geschichte der indischen Litteratur.* Stuttgart, reprint.

WRIGHT, Th.

1942   *A Selection of Latin Stories.* Londres.

WALLENSKÖLD, A.

1925   *Les chansons de Thibaut de Champagne, roi de Navarre.* Paris.

ZUMTHOR, P.

1963   *Langue et techniques poétiques à l'époque romane.* Paris.

1972   *Essai de poétique médiévale.* Paris.

# ÉPILOGUE

# Sur l'oralité

*1.* Il y a quelque chose d'ambigu et de tragique dans l'oralité. C'est qu'elle existe soit comme parole évanescente, au moment même du passage entre les interlocuteurs, soit comme parole figée, par sa transformation en un contraire qui la nie: le texte écrit. Comme l'oralité se manifeste presque toujours comme une série dis-continue de sons et de silences, l'évanescence de chaque parole semble compensée par la persistence de la voix; c'est ainsi que nos activités langagières nous rassurent de l'irréparable fuite des paroles. Du moins, tant que la voix ne tarit...

L'oralité est ainsi assaillie de deux côtés: par le silence qui l'enveloppe et par le texte qui la fige. En deçà de la parole, le silence interdit l'énoncé même. Au-delà de la parole, le texte écrit abolit l'énonciation, le dire, et de l'oralité il ne reste que le dit, l'énoncé. C'est sur cette rationalisation de l'oubli que les civilisations de l'écriture et du livre bâtirent leur su-périorité sur celles de l'oralité. Mais nous gardons, au creux de cette supériorité, la nostalgie du trop-plein de la voix.

Nico van den Boogaard fut de ceux qui surent changer cette nos-talgie en une volonté de récupération. Il consacra ses meilleures années à la publication des fabliaux. Son travail scientifique devait préserver de l'oubli tant leur dit que leur dire et relever dans le foisonnement des copies, entre autres, la présence du co-piste, ou les marques de l'oralité originaire.

Mais pour Nico van den Boogaard, l'oralité a signifié, me sem-ble-t-il, à des niveaux plus profonds: elle a été, pourrait-on dire, une figure du destin. Le lecteur me pardonnera, j'espère, d'oser, pour essayer de déchiffrer cette figure, mêler quelques souvenirs personnels à la trame de cet épilogue.

*2.* Nous ne savions pas, en écoutant Nico van den Boogaard parler, les 22 et 29 octobre 1981, sur l'oralité des textes médiévaux, et en particulier des fabliaux, que ces cours devaient être les der-niers qu'il donnât à l'Université d'Amsterdam. C'est dans cette heureuse ignorance que nous nous sommes réjouis de son brillant exposé, de la précision de son savoir, de l'élégance de sa pré-sence, lucide et passionnée à la fois, comme d'autant de marques

de son oralité à lui. Dans le cadre accueillant de la SLW[1] j'avais
organisé, avec plusieurs collègues[2], un cours sur quelques problèmes et formes de la littérature orale de nos jours, en Roumanie, en Yougoslavie et au Panama *(Cuna)*, ainsi que dans le passé
(moyen âge, XVIIe et XVIIIe siècles). Nous étions très reconnais-
sants à Nico van den Boogaard d'avoir accepté d'y participer en
dépit de ses charges de Doyen de la Faculté des Lettres. Ses cours
ont eu pour moi une importance spéciale. C'est grâce à ses cours,
grâce au beau livre de Jauss sur le moyen âge[3] (que j'avais d'ailleurs connu par N. v.d. Boogaard) et aux travaux de Zumthor[4], que
je me suis mieux rendu compte de l'importante relation qui existe
entre certains aspects de la littérature médiévale et du folklore
(littérature traditionnelle) d'aujourd'hui (je pense en premier
lieu à celui de la Roumanie, que je connais le mieux). Si ces aspects sont familiers aux médiévistes d'une part et aux anthropologues de l'autre, c'est surtout la relation posée entre les deux,
la discussion en l'occurrence des fabliaux *dans le contexte* de la
littérature orale d'aujourd'hui, qui m'ont suggéré que la simila-
rité de leurs formes discursives tenait peut-être à une continuité
historique enfouie, cachée, refoulée, par les formes culturelles
qui ont dominé la scène européenne depuis la Renaissance[5]. N. v.d.
Boogaard s'inscrivait dans la tradition de Parry et de Lord, qui
avaient rapproché les poèmes homériques des chants épiques serbo-
croates, ou de Bakhtine, qui avait vu la continuité des formes
carnavalesques jusqu'aux littératures modernes. Je le savais,
certes, mais seulement parce que je l'avais lu, tandis que la parole de Nico van den Boogaard *disait* maintenant cette relation, la
faisait revivre devant moi. Ce n'était d'ailleurs pas tant la présence de "formules" *dans* le texte, que la situation originaire *du*
texte, l'énonciation concrète de celui-ci par le jongleur devant
son public, l'oralité du texte donc, qui fascinait N. v.d. Boo-

1. SLW = Samenwerkingsverband literatuurwetenschap = groupe d'enseignants
   constitué pour donner des cours de littérature comparée et de théorie
   de la littérature, dans le département de littérature générale.
2. N. v.d. Boogaard (Dépt. de français), S. Lasić (Dépt. des langues
   slaves), F. de Valk et H. Verschuren (tous deux du Dépt. de Littérature générale).
3. H.R. JAUSS, *Alterität und Modernität der mittelalterlichen Literatur*.
   München, 1977.
4. Surtout: P. ZUMTHOR, *Essai de poétique médiévale*, Paris, 1972; P. ZUM-
   THOR, *Introduction à la poésie orale*, Paris, 1983.
5. Voir aussi JAUSS (1977:14-17).

gaard[6], de même que Zumthor et Jauss. Il déplaçait donc l'attention du dit au dire, en tant qu'événement discursif. S'il parlait par exemple d'un dialogue entre deux jongleurs, il le faisait pour y remarquer le catalogue de leurs compétences et la description de leur performance, leur rapport, parfois ironique, à la tradition et leur adaptation au public concret[7]. Il suivait en cela la même réorientation méthodologique que Paredes, Bauman, Ben-Amos[8] et autres anthropologues qui étaient passés de l'étude structurale du mythe, du rite et du texte à l'analyse interactionnelle du *performer*, du public et des forces sociales en place. L'étude de l'oralité comme performance ouvrait ainsi tout un domaine, encore mal exploré, de similarités entre les pratiques discursives (et les textes) du moyen âge et du folklore d'aujourd'hui, en ce qui concerne le récit, mais aussi les textes rituels, lyriques, etc. La direction de recherches esquissée alors par N. v.d. Boogaard se retrouve d'ailleurs confirmée récemment par le dernier livre de Zumthor sur l'oralité. Il s'y occupe de la littérature orale dans le monde d'aujourd'hui mais il fait peu de références aux aspects oraux de la littérature du moyen âge (il se réserve le droit d'y revenir dans un prochain livre[9]). L'appartenance de certains textes médiévaux à la littérature orale est vue ailleurs comme un processus graduel: les fabliaux et certains *exempla* lui appartiennent presque, les chansons de geste lui sont assez proches, tandis que le roman se situe plus près du concept moderne de l'oeuvre littéraire, individuelle et unique[10]. Le fait même que le médiéviste Zumthor en soit arrivé à se consacrer récemment à la littérature orale me semble significatif en soi. Le lecteur moderne ressent dans la littérature médiévale, selon Jauss[11], une "befremdende Andersheit" et il en admire le "Modelcharakter", sa capacité de produire un nouveau modèle du monde. Or il me semble que le lecteur moderne a devant la littérature orale d'aujourd'hui

---

6. Voir *Le Caractère oral de la chanson de geste tardive* (1978), ci-devant, p. 41–58; N. v.d. B. y relève les expressions "métadiscursives" du *Tristan de Nanteuil*, qui renvoient aux séances qui découpent le récit du jongleur.
7. Voir *Les Jongleurs et leur public* (1982), ci-devant, p. 59–70; les conclusions sur l'oralité sont ici différentes de celles de l'article que je cite dans la note 6 (voir notamment p. 68).
8. Voir, entre autres, R. BAUMAN, *Verbal Art as Performance*, Rowley (Ma), 1977; A. PAREDES & R. BAUMAN (eds.), *Toward new Perspectives in Folklore*, Austin, 1972, 1975.
9. ZUMTHOR (1983:46).
10. ZUMTHOR (1972:79–80).        11. JAUSS (1977:9–21).

les mêmes réactions; c'est pourquoi il accorde à ces littératures, à toutes les deux, une valeur esthétique. Une coupure semblable passe à l'intérieur des sociétés modernes où la littérature orale existe encore, soit, pour emprunter la distinction de Zumthor[11], à l'état fonctionnel, soit comme survivance ou comme relique.

Pour autant que dans certaines sociétés est-européennes, comme celle de la Roumanie, les structures féodales et l'économie agraire ont survécu beaucoup plus longtemps qu'à l'Ouest, certaines pratiques discursives orales s'y sont maintenues aussi plus longuement. On pourrait alors avancer l'hypothèse que ces structures discursives étaient les mêmes dans toute l'Europe pendant le moyen âge mais qu'elles ont progressivement "disparu", c'est-à-dire qu'elles ont été marginalisées comme sous-cultures, à l'Ouest, à la suite des changements économiques et sociaux qui s'amorcent à partir de la Renaissance; par contre elles ont continué à exister à l'Est jusqu'au XXe siècle, parce que les changements socio-économiques en question y ont eu lieu plus tard. En suivant cette hypothèse, les textes oraux découverts par les romantiques et publiés en tant que folklore (paysan) étaient engendrés essentiellement par les mêmes pratiques discursives que les textes qui avaient été fixés par écrit, copiés, auparavant et qui avaient été considérés par conséquent comme des textes médiévaux. La découverte du folklore *et* de la littérature du moyen âge par les romantiques ne serait-elle alors que la découverte d'une même pratique discursive, d'une seule altérité culturelle doublement projetée par eux dans un lointain historique (diachronique) *et* dans un lointain social (synchronique)? L'enthousiasme pour "l'histoire" et pour "le peuple", comme autant de mondes "non civilisés", donc purs, demeurés heureusement hors de la civilisation moderne rationaliste, ne serait-il alors que la joie de découvrir l'oralité, existante depuis toujours mais refoulée par d'autres pratiques discursives, comme un moyen d'expression plus riche? Serions-nous ici en présence d'un *seul* référent, dénommé par deux vocables différents – folklore et littérature médiévale – dont le sens culturel a été construit différemment par l'époque romantique[13]?

Cette équivalence, nous dira-t-on peut-être, est hâtive parce qu'elle ne prend en considération qu'un seul critère, celui de l'oralité. Il devrait être corrigé par (au moins) un deuxième,

---

12. ZUMTHOR (1983:63–68).
13. Voir le chapitre "L'héritage romantique" de P. ZUMTHOR, *Parler du Moyen-Age*. Paris, 1980, 49–72.

celui de la fonction sociale des textes en question. N. v.d. Boogaard distinguait lui aussi dans ses cours[14] les éléments courtois
des éléments populaires (bourgeois, paysans) dans les textes médiévaux. On sait qu'il y a, au moyen âge, plusieurs distinctions
qui jouent en même temps et se recoupent l'une l'autre: oral /
écrit, courtois / populaire, style sublime, moyen et bas, narratif
/ non narratif (lyrique, didactique, etc.), latin / langue verna-
culaire, etc. On pourrait donc m'objecter qu'il serait faux d'ig-
norer dans les textes médiévaux les éléments courtois, le style
sublime, la pratique rhétorique de provenance latine, la savante
intertextualité qui, justement, sont difficiles à retrouver dans
les littératures orales d'aujourd'hui et d'hier. Je répondrais
alors que l'exclusion de ces éléments doit elle-même être étudiée
historiquement de plus près. L'idéalisation de la femme et de l'a-
mour dans le grand chant courtois pourrait être comparée aux atti-
tudes exprimées, par exemple, dans les *doïnas* (chants lyriques)
roumaines selon la méthode de "commutation" utilisée par Jauss
pour comparer l'épopée (chansons de geste), le roman (Arthur) et
la nouvelle (le Décaméron)[15]. Le *lăutar,* une sorte de jongleur
roumain, ne jouait et ne chantait d'ailleurs pas seulement pour
les paysans mais aussi à la cour du prince ou du *boier* (noble)
local. Le concept de féodalité lui-même, base du rapprochement,
est historiquement nuancé: à l'Est le féodalisme, de même que le
christianisme populaire, se rapprochent mais en même temps se distinguent de leurs homologues occidentaux. Et, en fin de compte,
l'équivalence de certaines *pratiques discursives* dans le folklore
d'aujourd'hui et dans la littérature du moyen âge ne devrait pas
nous empêcher de remarquer les différences entre certains *textes,*
ou classes de textes, de ces époques.

*3.* Tout ceci pour dire combien a été stimulante pour moi l'analyse de l'oralité médiévale entreprise par Nico van den Boogaard.
Mais l'oralité a été pour lui, je le disais, plus qu'un objet d'é-
tude. Elle a été en fait une attitude.

Sa réputation au niveau de la parole dépassait pour beaucoup de
gens sa réputation au niveau de l'écrit, limitée, elle, au cercle
des spécialistes. On aurait pu dire que la fascination de la parole ensevelie sous les textes médiévaux, qu'il voulait rendre à
nouveau vivante, le travaillait, lui, homme du XXe siècle, en le

---

14. Voir *Les Jongleurs et leur public,* ci-devant p. 59-70
15. JAUSS (1977:334-338).

poussant à investir son énergie dans le *hic et nunc* de la parole
et de l'action. L'homme qui a étudié et édité l'oralité des fabliaux maîtrisait d'ailleurs lui-même, comme peu d'autres, les techniques de la communication orale. Sa présence, sa "force", comme
dit Zumthor de l'oralité en général[16], son poids dans la discussion, étaient remarquables. Il savait briller comme professeur
aussi bien qu'il savait imposer son point de vue comme locuteur.
Il était à la fois admiré pour la clarté de ses arguments et re-
douté pour la force avec laquelle il les maniait. Il était difficile de faire passer dans une réunion une autre résolution que
celle qu'il défendait, et ceci non seulement parce qu'il *avait*
objectivement raison, mais aussi parce qu'il savait amener les
autres à lui *donner* raison[17]. Son grand talent d'organisateur éga-
lait son savoir professionnel et ces deux qualités se manifes-
taient dans le maniement de la parole. Le sens de son *dit* attirait
l'attention aussi bien que l'éclat de son *dire,* que ce fût à la
Faculté, aux congrès, dans ses missions officielles ou dans les
conversations amicales.

**4.** C'est dans la profondeur de cette passion pour la parole que
je crois deviner une troublante figure du destin. Serait-elle un
symbole secret, indéchiffrable? Ou plutôt une simple coïncidence,
donc un trou noir du sens? Ou mon phantasme, projeté sur l'Autre?

Le fait est que ce n'est pas seulement dans le dernier cours de
Nico van den Boogaard que je me suis trouvé si profondément impliqué, mais aussi par sa dernière mission à l'étranger, pour laquelle il est allé en Roumanie, mon ancien, lointain pays. Par la
suite il m'a invité chez lui pour me montrer les photos qu'il
avait prises à Bucarest. Ce fut quelques jours seulement avant sa
mort – comme si son dernier geste d'amitié envers moi devait être
celui de faire surgir devant mes yeux le pays, la ville, les amis
que j'avais quittés...

Par ailleurs, son avant-dernière mission officielle avait porté
Nico van den Boogaard, quelques mois auparavant, au Canada. Il
avait revu à cette occasion Paul Zumthor, auquel il avait succédé
comme professeur à Amsterdam, celui dont les préoccupations à l'é-
poque rejoignaient la problématique de ses derniers cours sur
l'oralité des fabliaux. Le rayonnement de Paul Zumthor à Amster-

---

16. ZUMTHOR (1983:83–102).
17. Le hollandais distingue entre *gelijk hebben* (avoir raison) et *gelijk krijgen* (faire accepter ses raisons, obtenir gain de cause).

258

dam, je l'avais connu moi aussi, parce que c'était lui qui m'y avait fait venir pour donner le cours de roumain en 1969. C'était donc comme si Paul Zumthor n'avait pas seulement su créer un espace intellectuel à Amsterdam – où son absence, après son départ, a été aussi lourde que sa présence avait été stimulante – mais aussi comme s'il nous avait désigné, à Nico et à moi, des positions dans cet espace que nous ressentions tous les deux – moi d'une manière différente de celle de Nico van den Boogaard, n'étant pas comme lui médiéviste – comme autant de dettes morales envers Zumthor. C'est pourquoi j'avais souvent le sentiment que de subtiles isoglosses intellectuelles et affectives se tissaient entre Nico et moi par rapport au Maître absent. Comme je savais de plus, consciemment cette fois, que je devais ma présence à Amsterdam à ces deux hommes – à Paul Zumthor pour m'y avoir invité et à Nico van den Boogaard pour m'avoir aidé à y rester – l'affectif rejoignait pour moi la reconnaissance et les similarités de préoccupations intellectuelles, pour dessiner une figure idéale de l'amitié, lointaine mais réelle.

De ces impressions obscures, peu ou rien n'a été dit; elles perçaient seulement dans l'ombre d'un sourire, ou d'un geste. Elles ont déterminé chez moi, cependant la solidarité instinctive que je sentais pour Nico van den Boogaard.

Tout ceci devait jaillir douloureusement dans la conscience lors de la disparition de Nico van den Boogaard. Une partie de ma figure de l'amitié s'était effondrée. Et, d'un coup, ces rimes, ces intersections biographiques entre Nico van den Boogaard, Paul Zumthor et moi se sont mises à scintiller comme les signifiants d'une figure du destin que je *devais* comprendre. Une grande amitié à demi accomplie parce que restée en deçà de la parole? L'oralité comme seuil infranchissable? La communication écrite comme suppléant insuffisant parce qu'elle confirme l'absence de l'Autre? La fuite du temps, éloignant dans le passé une première rencontre? La grande coupure passant pour moi entre Bucarest et Amsterdam? Le passage à travers le monde au long de routes qui rapprochent, écartent, Bucarest, Amsterdam, Montréal? Ou, simplement, la Mort?

J'ai compris aussi, bien tard, que j'étais trop resté, par rapport à Nico van den Boogaard aussi bien qu'à Paul Zumthor, en deçà de la parole, dans un silence que j'avais vu, à tort, comme de la discrétion. L'oralité, justement, m'avait fait défaut. Elle était restée un simple objet intellectuel car je n'avais pas su passer le seuil de l'énonciation personnelle. C'est pourquoi je le fais

ici, en écrivant ce texte, épilogue pour bien des raisons, té-
moignant d'un au-delà de la parole manquée.

Les derniers voyages de Nico van den Boogaard au pays d'adop-
tion de Paul Zumthor et à mon pays d'origine, aussi bien que ses
derniers cours, où il rejoignait la démarche de Zumthor et stimu-
lait ma réflexion, me semblèrent signifier ainsi un adieu que personne à l'époque n'avait pu comprendre. Ces voyages auront été une
symbolique tentative de relier les espaces d'où, moi, je venais et
où Paul Zumthor, lui, s'en était allé, tentative de tisser par la
parole une continuité entre nos passés, différents mais également
engloutis, et le présent de l'amitié.

Le 10 mars 1983 Paul Zumthor venait à Amsterdam pour la réunion
consacrée à la mémoire de Nico van den Boogaard. Comme je l'accom-
pagnais plus tard à la gare, je lui demandais, pour essayer de
rompre la tristesse qui silencieusement nous étranglait, ce qu'il
était en train de publier. Une introduction à la littérature
orale, me dit-il; elle paraît justement ces jours-ci...

L'oralité n'aura pas été seulement l'objet du savoir de Nico
van den Boogaard et le style de sa présence, mais aussi un emblème
de son être-au-monde, l'étrange figure signifiant à plusieurs niveaux une solidarité de destins, obscurément sentie plutôt que
déchiffrée et énoncée, le passage de trois hommes dans un lieu où
leurs voix, venues de loin, ont résonné, un temps, ensemble, pour
se disperser ensuite dans d'autres lointains.

**5.** Si ce volume paraît maintenant c'est que ses rédacteurs n'ont
pas voulu laisser se perdre la voix de Nico van den Boogaard. Ses
textes, recueillis par nous avec la même affection qu'il mettait à
recueillir les textes anciens, feront lire ce que cette voix a
dit. Mais seule la mémoire gardera le son inoubliable de son dire,
de sa présence.

*Sorin Alexandrescu*